全国高等职业院校营销管理专业改革创新示范教材

市场营销学基础

主　编　多金荣
副主编　张　瑛

中国商业出版社

图书在版编目(CIP)数据

市场营销学基础/多金荣主编.—北京:中国商业出版社,2019.3
 ISBN 978-7-5208-0700-5

Ⅰ.①市… Ⅱ.①多… Ⅲ.①市场营销学-高等职业教育-教材 Ⅳ.①F713.50

中国版本图书馆 CIP 数据核字(2019)第 038967 号

责任编辑:蔡 凯

中国商业出版社出版发行
010-63180647 www.c-cbook.com
(100053 北京广安门内报国寺 1 号)
新华书店经销
涿州市荣升新创印刷有限公司印刷
*
787×1092 毫米 1/16 开 22.25 印张 320 千字
2019 年 3 月第 1 版 2019 年 3 月第 1 次印刷
定价:56.00 元
* * * *
(如有印装质量问题可更换)

前 言

党的十九大报告明确提出,要"完善职业教育和培训体系,深化产教融合、校企合作",并提出要"大规模开展职业技能培训,注重解决结构性就业矛盾,鼓励创业带动就业"。进入新时代,高职教育面对"求学者日益增长的美好生活需要与高职教育发展不平衡、供给不充分之间"的新矛盾,探究职业教育新的发展观是值得每一个职教人思考的全新课题。为了适应新时代社会主义市场经济发展需要,尽快落实国家教育新理念,适应职业教育规模的扩大,以就业为导向改革与发展职业教育逐步成为社会共识。根据市场和社会发展要求,不断更新教学内容,改进教学方法,进行课程开发,提高教育教学质量与效果,促进高职教育的模块化和市场化。

市场营销是研究市场经济发展、变化以及发展变化规律的学科,市场营销基础是这一门系统学科的基础,是目前高职高专市场营销专业的专业基础课程。本书是结合高职高专教育的培养目标和培养特点,专门为了适应高等职业院校学生特点,按照模块化、碎片化编写教学提纲;按照基础理论、实用理论、工具理论、策划理论以及营销人必须具备的基础知识编写教材;内容是讲理论、用案例分析,理论联系实际用习题解决,巩固知识点用实训完成;全书理论、案例、习题、实训特点特别突出。

在我院申报全国优质院校之际,以市场营销为专业群建设中,市场营销教材成为基础中的基础、核心中的核心。目前我院市场营销专业群的建设、发展、招生规模及招生级别在自治区范围内商科类院校排第一。

此书注重基础知识的宽度,新加了市场研究一章;同时考虑到市场营销专业本科学生和部分专科学生继续深造所学知识的需要,增加了宏观市场营销理论和微观市场营销理论。

本教材紧紧围绕市场营销的核心理论知识,引用了国内外较新市场营销相关案例,将较多的较新成功营销案例放在教材中,结合新颖的实证分析重点突出,结构简洁,通俗易懂。诠释市场营销理论最前卫的实战应用;全书十三章每一章节配有复习理解教材内容的练习题和实训内容。

使用此书的学子也会在网上看到同步教学重点、难点的视频教学内容,加深对专业知识的理解,学习起来方便、快捷,便于融会贯通。

总之,教材依据学生的专业和职业需要,采用理论加案例的方式强化市场营销的基础理论与职业技能,利用贴切的习题化解知识的深奥,帮助学生将知识进一步向实践转化。

本书参阅、使用和引证了国内外大量的文献资料,谨对其作者、编者表示诚挚的谢意。限于作者水平,本书难免有各种不足之处,敬请同行专家和读者提出宝贵意见和建议。

本教材由多金荣(第一至六、九章)、邢祥娟(第七至八章)、金悦(第十至十一章)、杜伟(第十二至十三章)编写,最后由多金荣总纂定稿。本教材在编写过程中得到了专家、学者、领导,出版社和相关学院的大力支持,尤其是南京审计学院工商管理学院的教授同人们给予了统计和审计方面的知识点审核。本教材还吸收了一些现代营销新概念、新内容、新方法。在此一并表示感谢。

编者

2019年3月

目 录

第一篇　理论概述 ……………………………………………………（1）

第一章　市场营销概述 ……………………………………………（3）
　　第一节　市场 …………………………………………………（4）
　　第二节　市场营销 ……………………………………………（13）
　　第三节　市场营销发展演变 …………………………………（22）

第二章　市场营销理论概述 ………………………………………（43）
　　第一节　宏观市场营销 ………………………………………（44）
　　第二节　微观市场营销 ………………………………………（49）
　　第三节　消费者市场营销 ……………………………………（57）

第二篇　营销策略 ……………………………………………………（77）

第三章　产品策略 …………………………………………………（79）
　　第一节　产品组合 ……………………………………………（79）
　　第二节　品牌战略 ……………………………………………（84）
　　第三节　新产品开发 …………………………………………（87）
　　第四节　产品生命周期 ………………………………………（91）

第四章　产品定价策略 ……………………………………………（104）
　　第一节　定价概念与因素 ……………………………………（104）
　　第二节　一般定价方法 ………………………………………（106）
　　第三节　价格策略与调整 ……………………………………（112）

— 1 —

第五章 渠道供应链策略 (124)
- 第一节 渠道与供应链概述 (124)
- 第二节 零售与批发 (131)
- 第三节 分销渠道设计策略 (136)
- 第四节 渠道管理决策 (140)

第六章 促销沟通策略 (153)
- 第一节 促销概述 (153)
- 第二节 促销策略 (159)
- 第三节 营销沟通组合 (172)

第三篇 营销战略 (179)

第七章 市场分析与预测 (181)
- 第一节 市场调研 (181)
- 第二节 市场预测 (189)

第八章 市场研究 (202)
- 第一节 消费者购买市场决策过程分析 (202)
- 第二节 产业购买决策过程分析 (205)
- 第三节 中间商的主要购买决策 (209)
- 第四节 政府与非营利组织购买决策 (210)

第九章 商务洽谈 (223)
- 第一节 市场谈判攻略 (223)
- 第二节 控制回避市场风险 (228)
- 第三节 谈判策略与技巧 (235)
- 第四节 试行订约 (242)
- 第五节 货品管理 (244)
- 第六节 合同纠纷解决 (247)

第十章 顾客满意理念 (268)
- 第一节 顾客满意理念的目标指向 (268)
- 第二节 客户关系管理 (278)
- 第三节 超值服务理念 (282)

第四节　顾客信息是企业命脉案例导入 ………………………………（283）
第十一章　顾客满意策略 ……………………………………………………（289）
　　第一节　顾客让渡价值 …………………………………………………（289）
　　第二节　顾客忠诚 ………………………………………………………（294）
　　第三节　顾客价值测算 …………………………………………………（299）

第四篇　综合理论 ……………………………………………………………（305）
　第十二章　网络营销 …………………………………………………………（307）
　　第一节　网络营销概述 …………………………………………………（307）
　　第二节　网络营销的市场定位 …………………………………………（311）
　　第三节　网络营销与电子商务 …………………………………………（316）
　第十三章　关系营销 …………………………………………………………（330）
　　第一节　关系营销的含义 ………………………………………………（330）
　　第二节　关系营销的实施 ………………………………………………（335）
　　第三节　关系营销理论的发展 …………………………………………（337）

参考文献 ………………………………………………………………………（346）

第一篇 理论概述

第一章　市场营销概述

　　市场是场所，是一个聚合体，市场是生产关系；是一种经营理念，市场是社会关系；是一种制度体现，市场分类广泛，可以涵盖社会一切范围。市场营销是满足社会需求的一种方式，市场营销是一种手段，是一种研究消费者需求激发产品丰富的营销手段，市场营销需要市场这种社会关系支持。

案例引导

我国市场经济发展状况

　　从1978年改革开放到现在，在市场化改革的有力推动下，我国经济发展加速，过去的三十多年间年均增速达9.4%，处于世界前列，经济实力和综合国力大大增强，人均GDP已超过1000美元，人民生活显著改善，总体上已达到小康水平。这表明，用市场经济取代计划经济，能进一步解放社会生产力，能更有效地利用和配置资源，取得更为丰硕的发展成果。

　　在社会市场经济中，支配经济运行的客观规律，最主要的是价值规律，也就是商品和服务的价格随着供求关系的变化而波动，供过于求时上涨，供不应求时下跌，各个企业根据市场价格的变动，决定和调整自己的生产和经营，从而维系社会生产和社会需求的平衡。这就是价值规律调节社会生产和流通的主要含义。资料来源：http://zhidao.baidu.com/question/6941239.html

第一节 市场

本节学习主要内容
- 市场的定义
- 市场的内涵
- 市场的类型

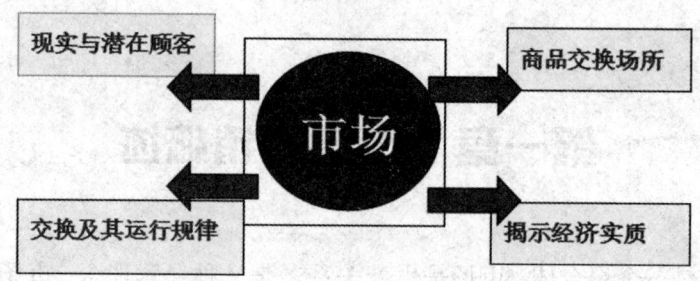

一、市场的定义

1. 什么是市场

市场是社会分工和商品经济发展到一定程度的产物。

传统观念的市场是商品交换的场所。如商店、集市、商场、批发站、交易所等。

（1）狭义上的市场是买卖双方进行商品交换的场所。

（2）广义上的市场是指由那些具有特定需要或欲望，愿意并能够通过交换来满足这种需要或欲望的全部顾客所构成的。

商品交换场所和领域；

商品生产者和商品消费者之间各种经济关系的汇合和总和；

有购买力的需求；

现实顾客和潜在顾客。现实顾客是对产品和服务有购买需求，了解产品和服务的信息和购买渠道，能立即为企业带来收入的人或者团体；潜在顾客是可能成为现实顾客的个人或组织。

市场是商品经济运行的载体及现实表现。商品经济越发达，市场的范围和容量就越扩大，劳动分工使人们各自的产品互相成为商品，互相成为等价物，使人们互相成为市场；社会分工越细，商品经济越发达，市场的范围和容量就越扩大。

(3)市场的定义：市场由一切特定需求或欲求同时也愿意和可能从事交换来使需求和欲望得到满足的顾客及潜在顾客所组成。

2．市场的内涵

市场＝购买者＋购买力＋购买欲望

商品经济运行的载体或现实表现。相互联系的有3层含义：

一是商品交换场所和领域；

二是商品生产者和商品消费者之间各种经济关系的汇合和总和；

三是有购买力的需求。市场是社会分工和商品经济发展的必然产物。市场在其发育和壮大过程中，也推动着社会分工和商品经济的进一步发展。市场通过信息反馈，直接影响着人们生产什么、生产多少以及上市时间、产品销售状况等；联结商品经济发展过程中产、供、销各方，为产、供、销各方提供交换场所、交换时间和其他交换条件，以此实现商品生产者、经营者和消费者各自的经济利益。

市场上各种商品的交换关系，形式上表现为物与物的交换，实质上体现着交换双方当事人之间的经济利益关系，因而反映一定的社会关系。市场上商品交换关系的性质，决定着市场的社会性质。在资本主义市场经济条件下，生产资料私有制的性质决定了市场的实现首先是为资本家实现其剩余价值，商品运动受剩余价值规律、资本积累规律的驱使，因而决定了市场的资本主义性质；在社会主义市场经济条件下，生产资料公有制的性质决定了市场上所发生的交换关系是作为公有制主人的广大劳动者之间的平等互助的关系，市场的实现首先是为满足广大人民群众的物质和文化生活需要，因而决定了市场的社会主义性质。

二、市场的功能

1．市场的基本功能市场把交换活动中产生的经济信息传递、反映给交换当事人，就是市场的反馈功能。商品出售者和购买者在市场上进行交换活动的同时，不断输入着有关生产、消费等方面的信息。这些信息经过市场转换，又以新的形式反馈输出。市场信息的形式、内容多种多样，归结起来都是市场上商品供应能力和需求能力的显像，是市场供求变动趋势的预示，其实质反映了社会资源在各部门的配置比例。市场的信息反馈功能，可以为国家宏观经济决策和企业生产经营决策提供重要依据：一方面，国家可以根据市场商品总量及其结构的信息反馈，判断国民经济各部门之间的比例关系恰当与否，并据此规划和调整社会资源在各部门的分配比例；另一方面，企业也可以根据商品的市场销售状况的信息反馈，对消费偏好和需求潜力做出判断和预测，从而决定和调整企业的经营方向。

随着社会信息化程度的提高，市场的信息反馈功能将日益加强。市场的功能指市场在其内在机制的作用下，能够自动调节社会经济的运行过程和基本比例关系。市场作为商品经济的运行载体和现实表现，本质上是价值规律发生作用的实现形式。价值规律通过价格、供求、竞争等作用形式转化为经济活动的内在机制。市场机制以价格调节、供求调节、竞争调节等方式，对社会生产、分配、交换、消费的全过程进行自动调节。例如调节社会资源在各部门、行业、企业间的配置与生产产品总量和种类构成；调节各个市场主体之间的利益分配关系；调节市场商品的供求总量与供求结构；调节社会消费水平、消费结构和消费方式等。在上述调节的基础上，最终达到对社会经济基本比例关系的自动调节。调节功能是市场最主要的具有核心意义的功能。

2. 市场的重要作用：

在市场经济条件下，市场作为经济运行的中枢和集中体现，还具有如下重要作用：

（1）市场是社会资源的主要配置者。资源指社会经济活动中人力、物力、财力的总和。资源配置是对相对稀缺的资源在各种可能的生产用途之间做出选择，或者说是各种资源在不同使用方向上的分配，以获得最佳效率的过程。合理配置资源，使其得到充分利用，避免不必要的闲置和浪费，是任何社会经济活动的中心问题。资源配置有自然配置、市场配置和计划配置三种方式。其中市场配置是市场经济中资源配置的主要方式，即各种资源通过市场调节实现组合和再组合。具体表现为，各种资源通过参与市场交换在全社会范围内自由流动；按照市场价格信号反映的供求比例流向最有利的部门和地区；企业作为资源配置的利益主体通过市场竞争实现各项资源要素的最佳组合。在市场机制自动配置组合资源的基础上，推动实现产业结构和产品结构的合理化。

（2）市场是国家对社会经济实行间接管理的中介、手段和直接作用对象。在我国，国家作为全民利益的代表者，担负和行使管理社会经济的职能。但是，按照市场经济的内在要求，国家无权直接干预企业的微观经济活动，而只能采取间接调控方式进行宏观管理。市场作为全社会微观经济活动的场所和总体形式，可以成为连接宏观管理主体与微观经济活动的中介。国家运用各种宏观调控手段，直接调节市场商品供求总量及其结构的平衡关系，通过市场发出信号，间接引导和调节企业的生产经营方向，从而实现对社会经济活动全面、有效的控制。

（3）市场对企业的生产经营活动具有直接导向作用。在社会主义市场经济体制下，企业的生产经营活动直接取决于市场的调节和导向。市场运用供求、价格等调节机制引导企业生产方向，企业也根据市场供求信息决定生产什么、生产多少。企业要遵照公平竞争的市场法则、积极参与竞争,实现优胜劣汰。在营销活动中,同样要依照市场导向制定市场营销战略,选择市场营销组合,以使企业获得最佳市场营销效果。

三、市场形成的因素

市场主要构成要素——买卖双方和交易对象可供交换的商品。

1. 市场的对象

这里的商品既包括有形的物质产品,也包括无形的服务,以及各种商品化了的资源要素,如资金、技术、信息、土地、劳动力等。市场的基本活动是商品交换,所发生的经济联系也是以商品的购买或售卖为内容的。因此,具备一定量的可供交换的商品,是市场存在的物质基础,也是市场的基本构成要素。倘若没有可供交换的商品,市场也就不存在了。

(1) 提供商品的卖方

商品不能自己到市场中去与其他商品交换,而必须由它的所有者——出卖商品的当事人,即卖方带到市场上去进行交换。在市场中,商品所有者把他们的意志——自身的经济利益和经济需要,通过具体的商品交换反映出来。因此卖方或商品所有者就成为向市场提供一定量商品的代表者,并作为市场供求中的供应方面成为基本的市场构成要素。

(2) 人格化——买方

卖方向市场提供一定量的商品后,还须寻找到既有需求又具备支付能力的购买者,否则,商品交换仍无法完成,市场也就不复存在。因此,以买方为代表的市场需求是决定商品交换能否实现的基本要素。

商品、供给、需求作为宏观市场构成的一般或基本要素,通过其代表者——买方和卖方的相互联系,现实地推动着市场的总体运动。

2. 微观市场构成要素

企业作为某种或某类商品的生产者或经营者,总是具体地面对该商品有购买需求的买方市场。深入了解企业所面临的现实的市场状况,从中选择目标市场并确定进入目标市场的市场营销策略,以及进一步寻求潜在市场,是企业开展市场营销活动的前提。因此,就企业而言,更具有直接意义的是微观市场的研究。

微观市场构成包括人口、购买力、购买欲望三方面要素,其中:

(1) 人口。需求是人的本能,对物质生活资料及精神产品的需求是人类维持生命的基本条件。因此,哪里有人,哪里就有需求,就会形成市场。人口的多少决定着市场容量的大小;人口的状况,影响着市场需求的内容和结构。构成市场的人口因素包括总人口、性别和年龄结构、家庭户数和家庭人口数、民族与宗教信仰、职业和文化程度、地理分布等多种具体因素。

（2）购买力。购买力是人们支付货币购买商品或劳务的能力。人们的消费需求是通过利用手中的货币购买商品实现的。因此，在人口状况既定的条件下，购买力就成为决定市场容量的重要因素之一。市场的大小，直接取决于购买力的高低。一般情况下，购买力受到人均国民收入、个人收入、社会集团购买力、平均消费水平、消费结构等因素的影响。

（3）购买欲望。购买欲望指消费者购买商品的愿望、要求和动机。它是把消费者的潜在购买力变为现实购买力的重要条件。倘若仅具备了一定的人口和购买力，而消费者缺乏强烈的购买欲望或动机，商品买卖仍然不能发生，市场也无从现实地存在。因此，购买欲望也是市场不可缺少的构成因素。

3. 宏观市场包括市场环境、国家政策、法规、行业指导规范等

宏观市场是企业组织市场营销活动的市场环境，包括国家金融政策、财政支持、行业指导等社会经济活动过程。宏观市场的目的在于求得社会生产与社会需求之间的平衡，满足社会需要，实现社会目标。

四、市场的类型及特征

市场类型的划分是多种多样的。按产品的自然属性划分，可分为商品市场、金融市场、劳动力市场、技术市场、信息市场、房地产市场等；按市场范围和地理环境划分，可分为国际市场、国内市场、城市市场、农村市场等；按消费者类别划分，可分为中老年市场、青年市场、儿童市场，男性市场、女性市场等。

1. 市场的类型

（1）按照商品流通的时序可将市场划分为现货市场和期货市场，按照商品流通顺序可以把市场划分为批发市场和零售市场，以购买者购买行为的特点为标准可以把市场划分为消费者市场和组织市场。

（2）中间商市场是通过购买商品和劳务以转售或出租给他人获取利润的组织构成的市场。

（3）消费品市场对其他各类市场具有决定作用，作为一切市场的基础，一切购买产品和服务并将之用于生产其他产品和劳务，以供销售、出租或供应给他人的组织所构成的市场属于产业市场。

（4）组织市场是由各种组织机构构成的对产品和劳务需求的总和，包括生产者市场、批

发市场、零售商市场、中间商市场、集贸市场、农村联合组织、各类协会等。

2. 现代市场的主要特征

（1）统一市场

一个统一市场不仅使消费者在商品的价格、品种、服务上能有更多的选择，也使企业在购买生产要素和销售产品时有更好的选择。

（2）开放市场

一个开放的市场，能使企业之间在更大的范围内和更高的层次上展开竞争与合作，促进经济发展。

（3）竞争的市场

竞争是指各经济主体为了维护和扩大自己的利益而采取的各种自我保护的行为和扩张行为，努力在产品质量、价格、服务、品种等方面创造优势。其意义：充分的市场竞争，会使经济活动充满生机和活力。

（4）有序市场

是要完善行政执法、行业自律、舆论监督、群众参与相结合的市场监管体系。其意义：市场有序性能保证平等竞争和公平交易，保护生产经营者和消费者的合法权益。

3. 市场的交易原则

（1）自愿原则，是市场交易的基本原则。强买强卖，"搭配"销售风，是违反自愿的交易原则的。特别是"搭配"销售风，是销售者利用某种商品短缺而硬性强迫消费者购买劣次商品的一种销售行为，是变相的"强卖"。

①交易双方的出发点不同。卖者出售自己的商品但不愿意做亏本的事，希望在交易中必然能补偿自己的劳动消耗；买者购买商品但不愿意多花钱，希望交易按可以接受的价格成交以满足自己的消费需要。

②交易双方的意愿不同。卖者希望商品卖得快多赚钱；而买者希望少花钱，购买到更多的商品和服务。

③实行自愿原则，就是基于双方是不同的利益主体，出发点和意愿不同，使得任何一桩交易都必须以自愿为原则，交易条件应该为双方所接受，不能使一方屈从于另一方的意愿。

（2）平等原则，是市场经济的一般特征，也是市场交易的重要原则。平等，是指在商品服务市场上，尽管交易双方是以购买者和销售者的不同身份出现，但都是地位平等、机会均等的市场主体。市场经济是一种平等经济，买卖双方在市场上是一种平等竞争、平等交换关系。任何"势利眼"、"以貌卖货"、以地位和官职高低卖货的现象都是违反平等交易原则的，是对市场秩序的破坏。

①商品是"天生的平等派"，它要求同样的商品卖同样的价钱，实现等价交换。

②为了实现等价交换，市场不管交易双方的身份和地位如何，要求买卖交易双方地位平等、机会均等，是一种平等竞争、平等交换的关系。

③实行平等原则，就是基于交易双方是地位平等、机会均等的市场主体，不存在谁比谁优越或谁对谁恩赐的问题。

④实行平等原则，就是对每一个市场交易主体而言，都应享有人格尊严得到尊重的权利。

（3）公平原则，公平，是市场交易的灵魂，是衡量市场交易活动是否有序、是否规范的"试金石"。公平的行为指在交易中明码标价、秤平尺准、童叟无欺；而缺斤少两、坑蒙拐骗、黑市交易等现象，则违反公平的市场交易原则，消费者的利益就会受到损害，甚至消费者的生命也会受到侵害。公平的市场交易活动一旦遭到破坏，种种矛盾和纠纷就会不断出现。

公平原则是把消费者作为弱者来保护。这是因为，在交易过程中，经营者可以利用所拥有的场所、设备和工具，为自己谋取不正当的利益。尽管交易过程表面看是"自愿"和"平等"的，实际上是不等价交换，构成了对消费者权益的侵害，造成了不公平的后果。

如一方缺斤短两，一方自愿购买。表面上看，这种市场交易活动似乎是自愿和平等的。实际上，消费者是在不知情的情况下购买这种商品的，不是真正自愿的行为，并不是真正处在平等的地位。即使说消费者自愿购买，由于消费者的知情权受到侵害，受到坑蒙拐骗，这种交易活动也是不公平的。仅有自愿平等的原则并不能保证市场交易具有公平的结果，实行公平原则是实现市场交易规范有序的灵魂。

（4）诚实信用原则，诚实信用，是现代市场交易活动的基本精神。

现在我国市场上假冒伪劣、掺杂使假、以次充好、非法销售等种种现象，都是违背诚实信用原则的。这种现象的存在，对我国建立正常的市场经济秩序危害极大。

如市场上假烟、假酒、假种子、假化肥、假农药、假名牌商品等泛滥，已经对市场产生了很大的冲击。在市场交易中不讲诚实信用，已不仅仅是销售商品的问题，它将带来严重的后果，决不可等闲视之。

遵守诚实信用的交易原则，在商品服务市场上，不仅仅是销售者的道德，而是销售者和消费者都应具有的道德。

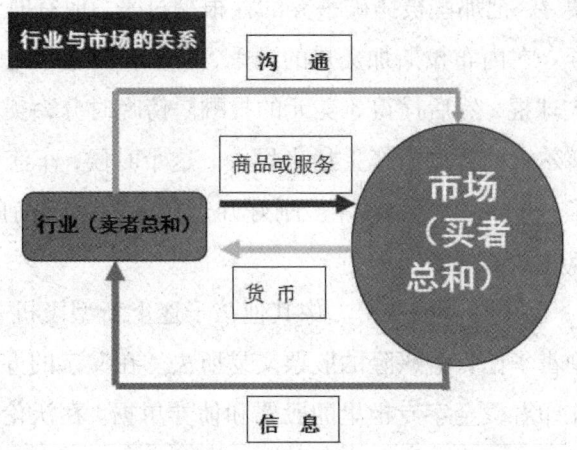

课堂练习

写出市场有几种类型，试举例说明不同类型的市场特点。（时间：10 分钟）

股神巴菲特童年的发现和寻找市场机会

当沃伦·巴菲特还是孩子的时候就对数字情有独钟，常和伙伴鲍勃·拉塞尔在拉塞尔家的前廊里消磨整个下午：观察着繁忙的路口，记录下来来往往的车辆的牌照号码。暮色降临以后，他们就回到屋里，展开《奥马哈世界先驱报》，计算每个字母在上面出现的次数，在草稿纸上密密麻麻地写满了变化的数字，仿佛他们找到了"欧式范数"之谜的答案。

沃伦·巴菲特：他感兴趣的并不仅仅是数字，而是金钱。他拥有的第一份财产是爱丽丝姑妈在圣诞节时送给他的镀镍钱包，他总是自豪地把它拴在自己的皮带上。在他还只有5岁的时候，沃伦就在家里的过道上摆了一个卖口香糖的小摊，向过往的人兜售。后来，他开始卖柠檬汁——这回可不是在巴菲特家那条僻静的街上，而是在拉塞尔家前面，那里是繁华市区。

9岁时，沃伦和拉塞尔在拉塞尔家对面的加油站数着从苏打水机器里出来的瓶盖数。这可不是一个无聊的举动，而是一个简单的市场调查。橘汁的杯子有多少？可乐和无酒精饮料有多少？两个小男孩把这些瓶盖运到货车上，然后把它们在沃伦家的地下室里成堆地贮集起来。他们想知道：哪一种品牌销售量最大？谁的生意最红火？

当大多数孩子都还对商业一无所知时，沃伦就从他那做股票经纪人的父亲手里搞到成卷的股票行情机纸带，他把它们铺在地上，用父亲的标准普尔指数来解决这些报价符号。他还在当地高尔夫球场的草地上寻找用过的但还可以出售的高尔夫球。他也曾来到赛马场，在满是锯末的地板上四处搜寻，把那些被撕破丢弃的存根翻过来，他有时还能发现一些中了奖但又不小心被扔掉的票券。在内布拉斯加炎热的夏季，沃伦和拉塞尔跑去给"奥马哈乡村俱乐部"的大款们扛高尔夫球棍，然后挣得3美元的报酬。傍晚时分，美国中西部笼罩在宁静的暮色中，他们坐在拉塞尔家前廊的滑车上摇来晃去。这个时候，车流和电车发出的叮当响声在沃伦的脑海中形成了一个主意。看到许多刚好开过拉塞尔家门前的车，沃伦会说"要是有办法从它们身上赚点儿钱就好了"。

"沃伦最崇拜父亲，也和父亲很亲密。像其他孩子迷上新型飞机一样，沃伦 被股票深深吸引住了。他常常跑到霍华德日益兴隆的股票交易所去。在父亲的办公室里，沃伦常常目不转睛地盯着那些收藏在印着烫金字专柜里的股票和债券单据。在沃伦眼里，它们具有某种神奇的诱惑。

回到家里，沃伦便开始自己动手画股价图，观察它的涨跌态势，由此引发了他想解释这些态势的念头。在11岁的时候，他在每股38美元的价位上，果断地买进了3股城市设施优先股股票，还给姐姐多丽丝也买了3股。然而，城市设施股的股价跌到了27美元。当股价又回升到40美元时，沃伦抛出股票，扣除佣金之后，第一次在股市上获得5美元的纯利，结果他的股票出手不久，股价升到了200美元。这也是他耐心不够而受到 的第一个教训。

沃伦在跟踪信息方面做得很出色。受到输赢决定中数学原理的启发，他和拉塞尔开发了一套供跑马者使用的信息系统。几天以后，他们便发现系统有效用，于是他们在"马仔的选择"的标题下写出自己选出的号码，然后带着一大堆复印件来到阿克·萨·本跑马场。用拉塞尔 的话来说就是："我们发现自己可以卖出一些。我们四处挥舞着它们，叫喊着'买份马仔的选择'。可是因为我们没有执照，所以生意很快就被停止了。"

沃伦的业绩都是建立在数字基础上的，他对数字的信任超过一切。相比之下，他不赞成家族流传下来的那些信条，甚至当他还很小的时候，就显得太数学化，太逻辑化。

童年的沃伦曾坐在玫瑰山小学的太平梯上，平静地对他的好友们说他将在35岁以前发财。他从来没表现出自吹自擂、头脑发涨的迹象，他自己对此深信不疑。（摘自《沃伦·巴菲特之道》）

案 例 思 考

1. 巴菲特寻找到哪几类市场？
2. 巴菲特找到的市场属于哪几类？

第二节 市场营销

本节主要学习内容
■市场营销定义
■市场营销的相关概念
■市场营销管理理念
■市场营销的内涵
■市场营销范围

一、市场营销定义

在变化的市场环境中，企业或其他组织以满足消费者需要为中心进行的系列营销活动，包括市场调研、选择目标市场、产品市场、产品定价、渠道选择、产品促销、产品储存、产品运输和销售提供服务的一系列与市场有关的企业经营活动。市场营销具有三重含义：

首先，将市场营销看作是一种为消费者服务的理论；

其次，强调市场营销是对社会现象的一种认识；

最后，认为市场营销是通过销售渠1道把生产企业同市场联系起来的过程。从这一个侧面反映了市场营销的复杂性。

此外市场营销还有不同的说法：

美国营销学之父菲利普·科特勒认为："市场营销是个人和群体通过创造并同他人交换产品和价值以满足需求和欲望的一种社会和管理过程。""营销最重要的内容并非推销，推销不过是营销冰山上的顶点，如果营销者把认识消费者的各种需求，开发适合的产品，以及定价、分销和促销等工作做得很好，这些产品就会很容易地销售出去。"

由以上观点，我们认为完整的市场营销概念应包括如下内容：

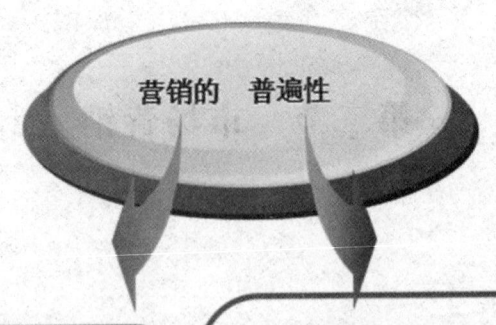

虽然有关市场营销的内涵不尽相同，但可以归纳出以下几点：

（1）市场营销是一个综合的经营管理过程，贯穿于企业经营活动全过程，市场营销以整体性的经营手段，来适应和影响需求。

（2）市场营销是以满足顾客需要为中心来组织企业经营活动，通过满足需要而达到企业获利和发展的目标。

（3）市场营销是管理：管理能力的高低，最终是以能否形成行业最低成本为标志，产品的综合成本是一个企业管理水平高低的最终判断标准。

（4）市场营销是实现利润最大化：企业内部管理所形成的成本优势在产品还没有换出去以前，只是潜在而非现实的利润，通过营销优势才能最终转化成现实利润。

（5）市场营销是推定新产品、新技术的积极采用：如果企业在管理能力、营销能力方面与竞争对手实力相同时，它们最后的竞争优势就要由产品、技术创新能力决定。

（6）市场营销是企业形成竞争优势的能力组合。

总之，市场营销是广告、是销售促进和公共宣传、是微笑和友好的气氛；营销是细分和创新市场定位，营销分析、计划和控制，营销的本质是建立人与人的关系。

二、市场营销相关概念

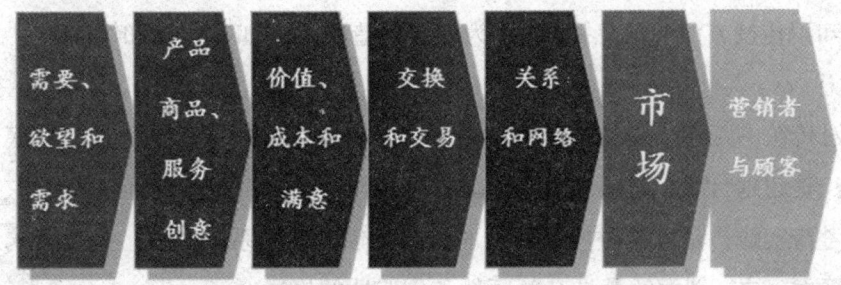

1. 需要、欲望、需求

（1）需要

需要就是人们有能力购买并愿意购买某个产品的欲望。需要实际上也就是对某个特定产品及服务的市场需要。市场营销者总是通过各种营销手段影响需要，并根据需要的预测结果决定是否进入某一产品（或者服务）市场。

简单说，有市场就有需要，只是每个产品的市场需要会有所不同，但是不代表有需要就有市场。营销的基石是人类的需要，所谓需要是指人们因为缺乏某种事物而没有得到某种满足时的心理状态。这些需要不是营销人员创造的，而是人们所固有的。

（2）欲望

是指想得到某种具体的东西以满足或部分满足某种需要的愿望。它受社会文化和人们个性的限制，是由满足需要的东西表现出来的。

（3）需求

需求是指对有能力购买并且愿意购买的某个具体产品的欲望，当具有购买能力时，当考虑到支付能力的时候，欲望就转变为需求。显然，有效需求是由三个要素构成的，即：

有效需求＝购买欲望＋购买力＋产品（服务）

2. 产品、商品、服务、创意

（1）产品和商品

产品和商品并不用很刻意地去区分，商品和产品的唯一区别是：商品是用于交换的劳动产品。即能否交换是商品和产品的唯一区别。产品主要是用于使用，而商品则是为了使用而进行交换，某种意义上讲产品的定义可能比商品的要广些。

（2）服务

服务通常是无形的，并且是在供方和顾客接触面上至少需要完成一项活动的结果。服务的提供可涉及众多方面，例如：在顾客提供的有形产品（如维修的汽车）上所完成的活动；在顾客提供的无形产品（如为准备税款申报书所需的收益表）上所完成的活动；无形产品的交付（如知识传授方面的信息提供）；为顾客创造氛围（如在宾馆和饭店）。

（3）创意

创意是对传统的叛逆；是打破常规的哲学；是一种智能拓展；是一种文化底蕴；是一种闪光的震撼；是超越自我、超越常规的导引；是智能产业神奇组合的经济魔方；是深度情感与理性的思考与实践；是思维碰撞、智慧对接；是创造性的系统工程；是投资未来、创造未来的过程。简而言之，创意就是具有新颖性和创造性的想法。

3. 价值、成本

（1）价值

马克思政治经济学的观点，"价值"就是凝结在商品中无差别的人类劳动，即产品价值。价值是你已拥有某种事实所能得到的，价值可能因外在情况而有很大变化。

（2）成本

成本是商品经济的价值范畴，是商品价值的组成部分。人们要进行生产经营活动或达到一定的目的，就必须耗费一定的资源（人力、物力和财力），其所费资源的货币表现及其对象化称为成本。并且随着商品经济的不断发展，成本概念的内涵和外延都处于不断地变化发展之中。

4. 交换、交易

（1）交换

交换是人们有了需求和欲求，企业亦将产品生产出来，还不能解释为市场营销，产品只有通过交换才使市场营销产生。人们通过自给自足或自我生产方式，或通过偷抢方式，或通过乞求方式获得产品都不是市场营销，只有通过等价交换，买卖双方彼此获得所需的产品，才产生市场营销。可见，交换是市场营销的核心概念。

（2）交易

交易是交换的一个过程，而不是一种事件。如果双方正在洽谈并逐渐达成协议，称为在交换中。如果双方通过谈判并达成协议，交易便发生。交易是交换的基本组成部分。交易是指买卖双方价值的交换，它是以货币为媒介的，而交换不一定以货币为媒介，它可以是物物交换。

交易涉及几个方面，即两件有价值的物品，双方同意的条件、时间、地点，还有来维护和迫使交易双方执行承诺的法律制度。

5. 关系、网络

（1）关系

交易营销是关系营销大观念中的一部分。精明能干的市场营销者都会重视同顾客、分销商等建立长期、信任和互利的关系。而这些关系要靠不断承诺及为对方提供高质量产品、良好服务及公平价格来实现，靠双方加强经济、技术及社会联系来实现。关系营销可以减少交易费用和时间，最好的交易是使协商成为惯例化。

（2）网络

处理好企业同顾客关系的最终结果是建立起市场营销网络。市场营销网络是由企业同市场营销中介人建立起的牢固的业务关系。

市场营销的相关概念是市场营销人必须掌握和经常应用的营销基本用语，是市场营销的基本内容，是市场营销工作中要解决的重要内容。

市场营销理念是企业营销活动的指导思想，是有效实现市场营销功能的基本条件。营销观念贯穿于营销活动的全过程，并制约着企业的营销目标和原则，是实现营销目标的基本策略和手段。市场营销理念正确与否，直接关系到企业营销活动的质量及其成效。

三、市场营销管理理念

市场营销理念经历了六个阶段，分别是生产理念、产品理念、推销理念、市场营销理念、社会营销理念、大市场营销理念。

（一）生产理念

盛行于19世纪末20世纪初。该理念认为，消费者喜欢那些可以随处买到和价格低廉的商品，企业应当组织和利用所有资源，集中一切力量提高生产效率和扩大分销范围，增加产量，降低成本。显然，生产观念是一种重生产、轻营销的指导思想，其典型表现就是"我们生产什么，就卖什么"。以生产观念指导营销活动的企业，称为生产导向型企业。

（二）产品理念

是与生产理念并存的一种市场营销理念，都是重生产轻营销。产品理念认为，消费者喜欢高质量、多功能和具有某些特色的产品。因此，企业管理的中心是致力于生产优质产品，并不断精益求精、日臻完善。在这种观念的指导下，公司经理人常常迷恋自己的产品，以至于没有意识到产品可能并不迎合时尚，甚至市场正朝着不同的方向发展。他们在设计产品时只依赖工程技术人员而极少让消费者介入。

(三) 推销理念

产生于资本主义经济由"卖方市场"向"买方市场"的过渡阶段。盛行于20世纪30—40年代。推销理念认为，消费者通常有一种购买惰性或抗衡心理，若听其自然，消费者就不会自觉地购买大量本企业的产品，因此企业管理的中心任务是积极推销和大力促销，以诱导消费者购买产品。其具体表现是："我卖什么，就设法让人们买什么。"执行推销理念的企业，称为推销导向企业。在推销观念的指导下，企业相信产品是"卖出去的"，而不是"被买去的"。他们致力于产品的推广和广告活动，以求说服甚至强制消费者购买。他们收罗了大批推销专家，做大量广告，对消费者进行无孔不入的促销信息轰炸。如美国皮尔斯堡面粉公司的口号由原来的"本公司旨在制造面粉"改为"本公司旨在推销面粉"，并第一次在公司内部成立了市场调研部门，派出大量推销人员从事推销活动。

但是，推销观念与前两种观念一样，也是建立在以企业为中心的"以产定销"，而不是满足消费者真正需要的基础上。因此，前三种理念被称为市场营销的旧理念。

(四) 市场营销理念

是以消费者需要和欲望为导向的经营哲学，是消费者主权论的体现。形成于20世纪50年代。该理念认为，实现企业诸目标的关键在于正确确定目标市场的需要和欲望，一切以消费者为中心，并且比竞争对手更有效、更有利地传送目标市场所期望满足的东西。

市场营销理念的产生，是市场营销哲学的一种质的飞跃和革命，它不仅改变了传统的旧观念的逻辑思维方式，而且在经营策略和方法上也有很大突破。它要求企业营销管理贯彻"顾客至上"的原则，将管理重心放在善于发现和了解目标顾客的需要上，并千方百计去满足它，从而实现企业目标。因此，企业在决定其生产经营时，必须进行市场调研，根据市场需求及企业本身条件选择目标市场，组织生产经营，最大限度地提高顾客满意程度。

(五) 社会营销理念

是以社会长远利益为中心的市场营销理念，是对市场营销理念的补充和修正。

从20世纪70年代起，随着全球环境破坏、资源短缺、人口爆炸、通货膨胀和忽视社会服务等问题日益严重，要求企业顾及消费者整体利益与长远利益的呼声越来越高。在西方市场营销学界提出了一系列新的理念，如人类理念、理智消费理念、生态准则理念等。其共同点都是认为，企业生产经营不仅要考虑消费者需要，而且要考虑消费者和整个社会的长远利益。这类观念统称为社会营销理念。

社会营销理念的基本核心是：以实现消费者满意以及消费者和社会公众的长期福利作为企业的根本目的与责任。理想的营销决策应同时考虑到：消费者的需求与愿望的满足，消费者和社会的长远利益，企业的营销效益。

创新是企业成功的关键，企业经营的最佳策略就是抢在别人之前淘汰自己的产品，这种把创新理论运用到市场营销中的新做法，包括营销观念的创新、营销产品的创新、营销组织的创新和营销技术的创新，要做到这一点，市场营销人员就必须随时保持思维模式的弹性，让自己成为"新思维的开创者"。

（六）大市场营销理念

大市场营销是对传统市场营销组合战略的不断发展。该理论由美国营销学家菲利普·科特勒提出，他指出，企业为了进入特定的市场，并在那里从事业务经营，在策略上应协调地运用经济的、心理的、政治的、公共关系的等手段，以博得外国或地方各方面的合作与支持，从而达到预期的目的。

市场营销的相关理念：

市场营销理念是企业营销活动的指导思想，是有效实现市场营销功能的基本条件。营销观念贯穿于营销活动的全过程，并制约着企业的营销目标和原则，是实现营销目标的基本策略和手段。市场营销理念正确与否，直接关系到企业营销活动的质量及其成效。

课堂练习

市场营销理念经历的几个阶段，分别是什么阶段？

四、市场营销的内涵

著名管理学家彼得·德鲁克曾经指出："可以设想，某些推销工作总是需要的，然而营销的目的就是要使推销成为多余，营销的目的在于深刻地认识和了解顾客，从而使产品或服务完全地适合它的需要而形成产品自我销售，理想的营销会产生一个已经准备来购买的顾客，剩下的事就是如何便于顾客得到产品或服务"

营销工作早在产品制成之前就开始了。企业营销部门首先要确定哪里有市场，市场规模如何，有哪些细分市场，消费者的偏好和购买习惯如何？营销部门必须把市场需求情况反馈给研究开发部门，让研究开发部门设计出适应该目标市场的最好的可能产品。营销部门还必须为产品走向市场而设计定价、分销和促销计划,让消费者了解企业的产品,方便地买到产品。在产品售出后,还要考虑提供必要的服务,让消费者满意。所以说,营销不是企业经营活动的某一方面,它始于产品生产之前,并一直延续到产品售出以后,贯穿于企业经营活动的全过程。

五、市场营销范围

1. 从有形商品到无形服务。
2. 从策划过程到新闻事件。
3. 从政府机关到个人信誉需要。
4. 从慈善事业到组织机构。
5. 从信息发布到观念开发都是市场营销的范围。

市场营销范围之广、内容之多,营利组织、非营利组织、大专院校、政府机关甚至慈善机构,从个人名义到媒体传播等,都需要营销来推广策划。

中国把"发展社会主义市场经济"写进宪法中,发展市场经济需要分门别类的营销组织,营销策划、营销的功能随处可见,营销观念深入社会,市场营销的范围遍及全社会。例如:

1. 商品(Goods)当然是市场营销的主要内容。
2. 服务(Service)市场是未来营销发展的主流方向。
3. 过程(Experiences)微观市场营销的功能体现。
4. 事件(Events)特色市场营销的策划主体。
5. 个人(Persons)营销是社会发展需要。
6. 地点(Places)是文化创意产业市场的主要对象。
7. 财产权(Properties)资本市场营销的主要载体。
8. 组织(Organizations)市场营销应用的主要内容。
9. 信息(Information)现代化市场营销的重要组成部分。
10. 观念(Ideas)营销改变思想,改变生活方式,改变习惯。

市场营销范围图

汽车
　　化妆品
　　　　快餐
　　　　　　人物
　　　　　　　　事件

　　　　　　　　　　观念
　　　　　　　　　　　　投资管理
　　　　　　　　　　　　　　咨询
　　　　　　　　　　　　　　　　财产权
　　　　　　　　　　　　　　　　　　航空服务

典型案例

营销大师菲利普·科特勒

　　菲利普·科特勒作为现代营销学之父，具有芝加哥大学经济学硕士和麻省理工学院的经济学博士、哈佛大学博士后及苏黎世大学等其他8所大学的荣誉博士学位。同时也是许多美国和外国大公司在营销战略和计划、营销组织、整合营销上的顾问。这些企业包括：IBM、通用电气（General Electric）、AT&T、默克（Merck）、霍尼韦尔（Honeywell）、美洲银行（Bank of America）、北欧航空（SAS Airline）、米其林（Michelin）、环球市场集团（GMC）等。此外，他还曾担任美国管理学院主席、美国营销协会董事长和项目主席以及彼得·德鲁克基金会顾问。同时他还是将近二十本著作的作者，为《哈佛商业评论》《加州管理杂志》《管理科学》等第一流杂志撰写了100多篇论文。

　　菲利普·科特勒晚年的事业重点是在中国，他每年来华六七次，为平安保险、TCL、创维、云南药业集团、中国网通等公司作咨询。他的理论深受全世界总裁，营销、经济、管理、教育等各界人士推崇，演讲场面震撼，座无虚席。菲利普·科特勒本人，也非常重视中国市场的研究。相对于经济平稳发展的欧美国家，中国充满机会。1999年底，有着近三十年历史的科特勒咨询集团（KMG）在中国设立了分部，为中国企业提供企业战略、营销战略和业绩提升咨询服务。自2010年其弟弟米尔顿来华参加GMC总裁论坛后，菲利普·科特勒这位世界级营销学泰斗也表示希望来华与中国企业总裁进行交流。2011年3月，GMC制造商联盟正式邀请菲利普·科特勒来华巡讲,得到菲利普·科特勒的热情回应,"中国 GMC 总裁论坛菲利普·科特勒专场"已于 2011 年 6 月初在中国广州、杭州、宁波举办,现场座无虚席,吸引了大量媒体。

课堂练习

市场营销研究的对象是什么?试举例说明。(时间:10 分钟)

第三节 市场营销发展演变

本节主要学习内容
■营销元素内涵
■营销组合(营销元素发展演变)
■市场营销组合的特点
■市场营销原理
■市场营销管理

一、营销元素内涵

一般来讲,市场营销包括 4 个要素,营销人把它叫作 4Ps 理论,4Ps 理论包括产品(Product)、价格(Price)、渠道(Place)、促销(Promotion)。

(1)产品(Product)。产品策略即指企业制定经营战略时,首先要明确企业能提供什么样的产品和服务去满足消费者的要求,也就是要解决产品策略问题。它是市场营销组合策略的基础,从一定意义上讲,企业成功与发展的关键在于产品满足消费者的需求的程度以及产品策略正确与否。企业的一切生产经营活动都是围绕着产品进行的,即通过及时、有效地提供消费者所需要的产品而实现企业的发展目标。企业生产什么产品?为谁生产产品?生产多少产品?这一似乎是经济学命题的问题,其实是企业产品策略必须回答的问题。企业如何开发满足消费者需求的产品,并将产品迅速、有效地传送到消费者手中,构成了企业营销活动的主体。产品是在市场上能够引起消费者注意并取得的一切因素的总和。

①产品形态、品种、质地、用途、样式、商标、包装。

②产品实质、精度、交通、效能、方便。有时间消费，少消费时间。

③产品服务。有服务的产品与没有服务产品是两种不同产品，顾客买的不是产品而是产品的用途。

（2）价格（Price）。价格策略就是根据购买者各自不同的支付能力和效用情况，结合产品进行定价，从而实现最大利润的定价办法。价格策略是一个比较近代的观念，源于19世纪末大规模零售业的发展。在历史上，多数情况下，价格是买者做出选择的主要决定因素；不过在最近的十年里，在买者选择行为中非价格因素已经相对地变得更重要了。但是，价格仍是决定公司市场份额和盈利率的最重要因素之一。在营销组合中，价格是唯一能产生收入的因素，其他因素表现为成本。价格策略是指企业通过对顾客需求的估量和成本分析，选择一种能吸引顾客、实现市场营销组合的策略。物流企业的成本比较复杂，包括运输、包装、仓储等方面。所以价格策略的确定一定要以科学规律的研究为依据，以实践经验判断为手段，在维护生产者和消费者双方经济利益的前提下，以消费者可以接受的水平为基准，根据市场变化情况，灵活反应，客观地由买卖双方共同决策。

企业制定价格时，要考虑以下因素：①定价目标；②确定需求；③估计成本；④选择定价方法；⑤选定最终价格。

（3）渠道（Place）。渠道策略是整个营销系统的重要组成部分，它对降低企业成本和提高企业竞争力具有重要意义。是规划中的重中之重。随着市场发展进入新阶段，企业的营销渠道不断发生新的变革，旧的渠道模式已不能适应形势的变化。包括渠道的拓展方向、分销网络建设和管理、区域市场的管理、营销渠道自控力和辐射力的要求。

营销渠道策略，指企业为了使其产品进入目标市场所进行的路径选择活动，它关系到企业在什么地点、什么时间、由什么组织向消费者提供商品和劳务。企业应选择经济、合理的分销渠道，把商品送到目标市场。分销渠道因素包括渠道的长短、宽窄决策，中间商的选择以及分销渠道的分析评价和变革等内容。

（4）促销（Promotion）。促销策略是市场营销组合的基本策略之一。促销策略是指企业如何通过人员推销、广告、公共关系和营业推广等各种促销方式，向消费者或用户传递产品信息，引起他们的注意和兴趣，激发他们的购买欲望和购买行为，以达到扩大销售的目的。企业将合适的产品，在适当地点、以适当的价格出售的信息传递到目标市场，一般是通过两种方式：一是人员推销，即推销员和顾客面对面地进行推销；另一种是非人员推销，即通过大众传播媒介在同一时间向大量消费者传递信息，主要包括广告、公共关系和营销推广等多种方式。这两种推销方式各有利弊，起着相互补充的作用。此外，目录、通告、赠品、店标、陈列、示范、展销等也都属于促销策略范围。一个好的促销策略，往往能起到多方面作用，如提供信息情况，及时引导采购；激发购买欲望，扩大产品需求；突出产品特点，建立产品形象；维持市场份额，巩固市场地位等。

二、营销元素发展变革

1. 大市场营销（Mega Marketing），简称6Ps组合

6Ps组合是4Ps与2Ps［Political Power（政治力量）、Public Relations（公共关系）］的组合。大市场营销（Mega Marketing），指为了成功地进入特定市场，并在那里从事业务经营，在战略上协调使用经济、心理、政治和公共关系等手段，以获得各有关方面如经销商、供应商、消费者、市场营销研究机构、有关政府人员、各利益集团及宣传媒介等合作及支持。大市场营销是对传统市场营销组合战略的不断发展，在一般市场营销基础上深化与发展，但大市场营销又具有与一般市场营销不同的特点和作用。大市场营销包括一般市场营销组合（4Ps）外，还包括另外两个P：权力和公共关系。

（1）权力

大市场营销者为了进入某一市场并开展经营活动，必须能经常地得到具有影响力的企业高级职员、立法部门和政府部门的支持。

（2）公共关系

如果权力是一个"推"的策略，那么公共关系则是一个"拉"的策略。舆论需要较长时间的努力才能起作用，然而，一旦舆论的力量增强了，它就能帮助公司去占领市场。

2. 7P组合

美国服务营销学家布姆斯和比特纳将原有的4Ps（产品、价格、促销、渠道）营销组合中加上人员（P）、有形展示（P）、服务过程（P）3Ps要素，简称7P组合。

3. 4C理论

4Cs理论是美国市场营销专家劳特朋于20世纪90年代提出的。用新的"4Cs"理论取代"4Ps"理论。它以消费者需求为导向，重新设定了市场营销组合的四个基本要素：顾客（Customer）、成本（Cost）、便利（Convenience）和沟通（Communication）。它强调企业首先应该把追求顾客满意放在第一位，其次是努力降低顾客的购买成本，然后要充分注意到顾客购买过程中的便利性，而不是从企业的角度来决定销售渠道策略，最后还应以消费者为中心实施有效的营销沟通。

（1）顾客（Customer）：主要指顾客的需求。企业必须首先了解和研究顾客，根据顾客

的需求来提供产品。同时，企业提供的不仅仅是产品和服务，更重要的是由此产生的客户价值（Customer Value）。零售企业直接面向顾客，因而更应该考虑顾客的需要和欲望，建立以顾客为中心的零售观念，将"以顾客为中心"作为一条红线，贯穿于市场营销活动的整个过程。零售企业应站在顾客的立场上，帮助顾客组织挑选商品货源；按照顾客的需要及购买行为的要求，组织商品销售；研究顾客的购买行为，更好地满足顾客的需要；更注重对顾客提供优质的服务。

（2）成本（Cost）：不单是企业的生产成本，或者说4Ps中的Price（价格），它还包括顾客的购买成本，同时也意味着产品定价的理想情况，应该是既低于顾客的心理价格，亦能够让企业有所盈利。此外，这中间的顾客购买成本不仅包括其货币支出，还包括其为此耗费的时间、体力和精力消耗，以及购买风险。

顾客在购买某一商品时，除耗费一定的资金外，还要耗费一定的时间、精力和体力，这些构成了顾客总成本。所以，顾客总成本包括货币成本、时间成本、精神成本和体力成本等。由于顾客在购买商品时，总希望把有关成本包括货币、时间、精神和体力等降到最低限度，以使自己得到最大限度的满足，因此，零售企业必须考虑顾客为满足需求而愿意支付的"顾客总成本"。努力降低顾客购买的总成本，如降低商品进价成本和市场营销费用从而降低商品价格，以减少顾客的货币成本；努力提高工作效率，尽可能减少顾客的时间支出，节约顾客的购买时间；通过多种渠道向顾客提供详尽的信息、为顾客提供良好的售后服务，减少顾客精神和体力的耗费。

（3）便利（Convenience）：所谓为顾客提供最大的购物和使用便利。4Cs营销理论强调企业在制定分销策略时，要更多地考虑顾客的方便，而不是企业自己方便。要通过好的售前、售中和售后服务来让顾客在购物的同时，也享受到了便利。便利是客户价值不可或缺的一部分。最大限度地便利消费者，是目前处于过度竞争状况的零售企业应该认真思考的问题。如上所述，零售企业在选择地理位置时，应考虑地区抉择、区域抉择、地点抉择等因素，尤其应考虑"消费者的易接近性"这一因素，使消费者容易到达商店。即使是远程的消费者，也能通过便利的交通接近商店。同时，在商店的设计和布局上要考虑方便消费者进出、上下，方便消费者参观、浏览、挑选，方便消费者付款结算等。

（4）沟通（Communication）：则被用以取代4Ps中对应的Promotion（促销）。4Cs营销理论认为，企业应通过同顾客进行积极有效的双向沟通，建立基于共同利益的新型企业/顾客关系。这不再是企业单向的促销和劝导顾客，而是在双方的沟通中找到能同时实现各自目标的通途。零售企业为了创立竞争优势，必须不断地与消费者沟通。与消费者沟通包括向消费者提供有关商店地点、商品、服务、价格等方面的信息；影响消费者的态度与偏好，说服消费者光顾商店、购买商品；在消费者的心目中树立良好的企业形象。在当今竞争激烈的零售市场环境中，零售企业的管理者应该认识到：与消费者沟通比选择适当的商品、价格、地点、促销更为重要，更有利于企业的长期发展。

课堂练习

营销元素是可控的还是不可控的？试举例说明。（时间：5分钟）

三、市场营销组合的特点

1. 可控性

营销组合各因素对企业来讲都是"可控制因素"。就是说企业可以根据市场的需要，选择生产经营的产品结构，制定产品的价格，选择分销渠道和促销方式等，对这些营销手段的运用和搭配，企业有自主权。但是这种自主性是相对的，是不能随心所欲的，因为企业营销过程中不但要受本身资源和目标的制约，而且还要受各种微观和宏观环境因素的影响和制约，这些是企业不可控的变量，即"不可控因素"。因此，营销管理者的任务就是在综合运用营销组合策略时，既要善于利用各种可控因素，又要善于灵活地适应外部环境的变化。这样，才能在市场上争得主动。也就是说，企业在制定营销组合时，必须以深入细致的市场调研为基础，充分掌握市场环境变化态势及目标市场的需求特点，只有根据市场环境变化和目标市场需要制定的营销组合，才是最优组合。

2. 动态性

市场营销组合是一个动态组合。每一个组合因素都是不断变化的，是一个变数；同时又是相互影响的，每一个因素都是另一个因素的潜在替代者。在四个大的营销因素中，又各自包含着若干小的变数，每一个变数的变动，都会引起营销组合的变化，形成一个新的组合。因此，企业在环境千变万化、需求瞬息万变的市场上，为适应市场环境和消费需求的变化，企业必须及时调整营销组合的结构和策略，使营销组合与市场环境保持一种动态的适应关系。"动"是绝对的，"不动"是相对的，在"动"中才能求生存、求发展。

3. 复合性

营销组合是一个复合系统，具有复合结构。四个大因素（即4Ps）中又各自包含若干小的因素，形成各个"P"的亚组合。因此，营销组合是至少包含两个层次的复合系统。企业在确定营销组合时，不但应求得四个大因素之间的最佳搭配，而且要安排好每个大因素内部的搭配，使所有这些因素达到灵活运用和有效组合。

首先是四大因素的整体组合。假设企业根据目标市场的需要设计生产一种质量上乘的产品，那么，与此相适应，产品的价格必须与产品的质量相一致，分销渠道也必须与产品品质相一致，促销活动必须与产品品质、价格和分销渠道相一致，使四个因素密切配合起来，形成整体策略。

其次是各个大因素内部的组合。以促销为例，企业要根据整体组合的目标和要求，对广告、人员推销、公共关系、营业推广等因素进行选择配置，使这些因素相互配合，形成促销组合，实现整体组合的目标和要求。以此类推，还要对促销组合的各个因素进行更深层次的组合，使企业各层次各环节的营销因素都协调配合，共同为实现企业营销目标发挥作用。

4. 整体性

营销组合是企业根据营销目标制定的整体营销策略，它要求企业市场营销的相关因素协调配合，一致行动，发挥整体功能。因为各因素独立发挥作用时，难免缺乏整体的协调性，有些功能就会相互抵消，或效果不明显；而在组合条件下，各个因素相互补充、协调配合、目标统一，其整体功能必然大于局部功能之和。因此，企业在制定营销组合时，应追求整体最优，而不能要求各个因素最优；各个亚组合也必须服从整体组合的目标和要求，维护营销组合的整体性，充分发挥营销组合系统的整体效用。

四、市场营销的三大原理

1. 顾客价值原理（需求导向）。顾客价值理论是指，顾客所能感知到的利得与其在获取产品或服务中所付出的成本进行权衡后对产品或服务效用的整体评价。

2. 竞争优势理论（竞争导向）。包括四种本国的决定因素（Country Specific Determinants）和两种外部力量。

四种本国的决定因素包括：①要素条件；②需求条件；③相关及支持产业；④公司的战略、组织以及竞争。两种外部力量是随机事件和政府。

3. 集中优势原理（成本导向）。对企业资源的耗费和使用进行预算和控制的理论、程序和方法的总称。

在20世纪"90年代的营销策略"研讨会上，美国的菲利普·科特勒教授以"PENCILS"（铅笔）的比喻，形象地提出了营销公关所涉及的七个领域：

P（Publication）——出版物

E（Event）——事件

N（News）——新闻

C（Community Relation）——社区关系

I（Identify Media）——确定媒体

L（Lobby）——游说

S（Social cause Marketing）——社会理念营销

一是在产品广告实施前构造市场氛围。

二是利用广告制造新闻。

三是为顾客提供新的超值服务计划。

四是构筑产品与顾客之间的有效通道。

五是控制消费倾向倡导者意见。

六是借用公益团体的社会影响力。

七是实现社会大市场营销理念。

五、市场营销管理

1. 需求与欲望

（1）潜在需求的开发

第一类是某些服务或产品从根本上说对消费者是有益的，但存在一定的副作用，消费者由于过多地看到其副作用或未掌握其使用方法而产生否定需求。

第二类是某些服务或产品对消费者有益而基本无害，但消费者由于偏见而产生否定需求。

（2）实现欲望

转换性营销的任务有三：一种是宣传产品的利益；二是普及产品知识和使用方法；三是消除偏见。

2. 需求发展性营销与再生性营销

（1）潜在需求是指消费者对目前尚未实际存在的产品或服务有强烈的需求。与潜在需求相对应的是建议性生产和发展性营销。

（2）退却需求是指某种产品或服务的要求低于正常水平，出现下降或衰退趋势。

（3）再生性营销

a. 对于不可逆转的退却需求应转移市场开发新市场来增加需求。

b. 对于由于新产品出现而暂时出现退却需求的产品可通过找出原产品的优越性和新用途而赋予其再生的活力。

c. 对由于消费习惯和消费风潮暂时改变而出现的退却需求可通过说明原产品优点或不可替代性来逆转风潮。

3. 其他需求

①不规则需求与同步性营销

不规则需求是指需求水平就平均来说达到预期水平，但需求与供应在时间上存在差异，供不应求与供过于求交替发生。

同步性营销也称协调性营销，是指面对由于季节、时点等变化造成的某些产品或服务需求波动时企业的营销对策。

同步性营销的任务是通过运用灵活的价格策略、推销方法和各种刺激手段，来引导和改变消费者的需求习惯和方式，达到减少需求大幅度波动的目的。

②对应同步性营销

a. 充分需求与维持性营销。

b. 有害需求与反向营销。

总之，市场需求是指一定的顾客在一定的地区、一定的时间、一定的市场营销环境和一定的市场营销计划下对某种商品或服务愿意而且能够购买的数量。可见市场需求是消费者需求的总和。

奇瑞QQ——"年轻人的第一辆车"

"奇瑞QQ卖疯了！"在北京亚运村汽车交易市场2003年9月8日至14日的单一品牌每周销售量排行榜上，奇瑞QQ以227辆的绝对优势荣登榜首！奇瑞QQ能在这么短的时间内拔得头筹，归结为一句话：这车太酷了，讨人喜欢。

在北京街头已经能时不时遭遇"奇瑞QQ"的靓丽身影了，虽然只是5万元的小车，但是"奇瑞QQ"那艳丽的颜色、玲珑的身段、俏皮的大眼睛、邻家小女儿般可人的笑脸，在滚滚车流中是那么显眼，仿佛街道就是她一个人表演的T型台！

公司背景

奇瑞汽车公司成立于1997年，全称上汽集团奇瑞汽车有限公司。公司拥有整车外形等十多项专利技术，先后推出了SQR系列发动机和"奇瑞·风云"系列轿车，2003年4月推出"奇瑞·QQ"系列和"奇瑞·东方之子"系列轿车。

奇瑞公司成立以来，在不到两年的时间里顺利实现3万辆轿车下线。2002年，奇瑞轿车产销量双双突破5万辆，比上年同比增长78.11%，在国内汽车市场占有率达到4.4%，成功跻身国内轿车行业"八强"之列，成为行业内公认的车坛"黑马"。与此同时，奇瑞轿车还连创五个国内第一，六次走出国门，以自己的不懈努力创造了中国汽车史上的奇迹。

微型车行业概述

微型客车曾在 20 世纪 90 年代初持续高速增长，但是自 90 年代中期以来，各大城市纷纷取消"面的"，限制微客，微型客车至今仍然被大城市列在"另册"，受到歧视。同时，由于各大城市在安全环保方面的要求不断提高，成本的抬升使微型车的价格优势越来越小，因此主要微客厂家已经把主要精力转向轿车生产，微客产量的增幅迅速下降。

在这种情况下，奇瑞汽车公司经过认真的市场调查，精心选择微型轿车打入市场；它的新产品不同于一般的微型客车，是微型客车的尺寸、轿车的配置。QQ 微型轿车在 2003 年 5 月推出，6 月就获得良好的市场反应，到 2003 年 12 月，已经售出 28000 多辆，同时获得多个奖项。

QQ 上市之路

2003 年 4 月初，奇瑞公司开始对 QQ 的上市做预热。在这个阶段，通过软性宣传，传播奇瑞公司的新产品信息，引发媒体对 QQ 的关注。由于这款车的强烈个性特征和最优的性价比，媒体自发掀起第一轮的炒作，吸引了消费者的广泛关注。

2003 年 4 月中下旬，蜚声海内外的上海国际车展开幕，也是通过媒体，告知奇瑞 QQ 将亮相于上海国际车展，与消费者见面，引起消费者更进一步关注。就在消费者争相去上海车展关注奇瑞 QQ 的时候，奇瑞 QQ 以未做好生产准备为由没有在车展上亮相，只是以宣传资料的形式与媒体和消费者见面，极大地激发了媒体与公众的好奇心，引发媒体第二轮颇有想象力的炒作。在这个阶段，厂家提供大量精美的图片资料给媒体以供炒作，引导消费者对奇瑞 QQ 的关注度走向高潮：2003 年 5 月，上市预热阶段，就在消费者和媒体对奇瑞 QQ 充满了好奇时，公司适时推出奇瑞 QQ 的网络价格竞猜，在更进一步引发消费者对产品关注的同时，让消费者给出自己心目中理想的奇瑞 QQ 的价格预期。网上的竞猜活动，有 20 多万人参与。当时普遍认为 QQ 的价格应该在 6 万~9 万元之间。

2003 年 5 月底，上市预热阶段结束，奇瑞 QQ 的价格揭晓了——4.98 万元，比消费者期望的价格更吸引人。这个价格与同等规格的微型客车差不多，但是从外观到内饰都是与国际同步的轿车配置。此时媒体和消费者沸腾了，媒体开始了第三轮自发的奇瑞 QQ 现象讨论，消费者中也产生了奇瑞 QQ 热，此时人们的心情就是尽快购买。

2003 年 6 月初，上市阶段，消费者对奇瑞 QQ 的购买欲望已经具备，媒体对奇瑞 QQ 的关注已经形成，奇瑞 QQ 自身的产能也已具备，开始在全国同时供货，消费者势如潮涌。此阶段，一边是大批量供货，另一边是借助平面媒体，大面积刊出定位诉求广告，将奇瑞 QQ 年轻时尚的产品诉求植根于消费者的脑海。除了平面广告，同时邀请了专业的汽车杂志进行实车试驾，对奇瑞QQ的品质进行更深入的真实报道，在具备了强知名度后进一步加深消费者的认知度，促进消费者理性购买。

2003年6月中下旬，上市阶段，奇瑞QQ在全国近20个城市同时开展上市期的宣传活动，邀请各地媒体，对奇瑞QQ进行全面深入的报道，保持对奇瑞QQ现象持续不断的传播。

2003年7、8、9月，奇瑞QQ开始了热卖阶段，这阶段的重点是持续不断刊登全方位的产品诉求广告，同时针对奇瑞QQ的目标用户年轻时尚的个性特点，结合互联网的特性，联合新浪网，推出"奇瑞QQ"网络flash设计大赛，吸引目标消费者参与。

2003年10月，这时奇瑞QQ已经热卖了3个多月，在全国各地都有相对的市场保有量，这时，厂家针对已经购车的消费者开展了"奇瑞QQ冬季暖心服务大行动"，为已经购车的用户提供全方位服务，以不断提高消费者对奇瑞QQ产品的认知度及对奇瑞品牌的忠诚度。

2003年11月下旬，厂家更进一步针对奇瑞QQ消费者时尚个性的心理特征，组织开展了"QQ秀个性装饰大赛"。由于"奇瑞QQ"始终倡导"具有亲和力的个性"的生活理念，因此在当今社会的年青一代中深获共鸣。从这次个性装饰大赛中不难看出，"奇瑞QQ"已逐渐成为年青一代时尚生活理念新的代言者。

奇瑞QQ的目标客户是收入并不高但有知识有品位的年轻人，同时也兼顾有一定事业基础、心态年轻、追求时尚的中年人。一般大学毕业两三年的白领都是奇瑞QQ潜在的客户。人均月收入2000元即可轻松拥有这款轿车。

许多时尚男女都因为QQ的靓丽、高配置和优性价比就把这个可爱的小精灵领回家了，从此与QQ成了快乐的伙伴。

奇瑞公司有关负责人介绍说，为了吸引年轻人，奇瑞QQ除了轿车应有的配置以外，还装载了独有的"I-say"数码听系统，成为了"会说话的QQ"，堪称目前小型车时尚配置之最。据介绍，"I-say"数码听是奇瑞公司为用户专门开发的一款车载数码装备，集文本朗读、MP3播放、U盘存储多种时尚数码功能于一身，让QQ与电脑和互联网紧密相连，完全迎合了离开网络就像鱼儿离开水的年青一代的需求。（摘自创业网2013-8-1目标市场经典案例）

案例思考

奇瑞QQ是怎样选定目标市场的？

综合练习

一、选择题

(一) 单项选择题（每题只有一个最恰当的答案）

1. 市场是指由一切具有特定的欲望和需求并且愿意和能够以（ ）来满足此欲望和需求的潜在顾客构成。
   (A) 交换　　　(B) 乞求　　　(C) 生产　　　(D) 掠夺

2. 在市场营销学中，一切具有特定的欲望和需求并且愿意和能够以交换来满足此欲望和需求的潜在顾客构成了（ ）。
   (A) 客户群　　(B) 市场　　　(C) 客户　　　(D) 目标市场

3. 按照商品流通的顺序可将市场划分为（ ）。
   (A) 一般商品市场和特殊商品市场　　(B) 现货市场和期货市场
   (C) 批发市场和零售市场　　　　　　(D) 消费者市场和组织市场

4. 把市场划分为现货市场和期货市场的标准是（ ）。
   (A) 商品流通顺序　　(B) 商品流通地域
   (C) 商品流通时间　　(D) 商品流通属性

5. 按照（ ）可以把市场划分为批发市场和零售市场。
   (A) 商品流通时序　　(B) 商品流通时间
   (C) 商品流通顺序　　(D) 商品流通次序

6. 以（ ）为标准可以把市场划分为消费者市场和组织市场。
   (A) 商品属性　　　　(B) 购买者购买行为的特点
   (C) 商品流通的时序　(D) 商品流通的地域

7. 作为一切市场的基础，（ ）对其他各类市场具有决定作用。
   (A) 产业市场　(B) 中间商市场　(C) 零售市场　(D) 消费品市场

8. 一切购买产品和服务并将之用于生产其他产品和劳务，以供销售、出租或供应给他人的组织所构成的市场属于（ ）。
   (A) 消费者市场　　　(B) 产业市场
   (C) 中间商市场　　　(D) 非营利组织市场

9. 组织市场是由各种组织机构构成的对产品和劳务需求的总和,下列不属于组织市场范畴的是( )。
 (A) 生产者市场 (B) 农村家庭市场
 (C) 零售商市场 (D) 各级政府市场

10. 那些通过购买商品和劳务以转售或出租给他人获取利润的组织构成的市场属于( )。
 (A) 消费者市场 (B) 产业市场
 (C) 中间商市场 (D) 非营利组织市场

11. 在交换双方中,如果一方比另一方更主动、更积极地寻求交换,则前后者分别被称为( )。
 (A) 潜在顾客,市场营销者 (B) 实际顾客,市场营销者
 (C) 市场营销者,潜在顾客 (D) 市场营销者,实际顾客

12. 市场营销是与( )有关的人类活动。
 (A) 交换 (B) 产品 (C) 销售 (D) 市场

13. ( )是市场营销最基本的概念,同时也是人类经济活动的起点。
 (A) 消费者的需求 (B) 消费者的欲望
 (C) 人的基本需求 (D) 人的基本欲望

14. 市场营销最基本的概念是人的( )。
 (A) 基本需求 (B) 欲望 (C) 产品需求 (D) 价值

15. 马斯洛在对人的基本需求研究的基础上把其划分为五个层次,最高层次的需求是( )。
 (A) 生理需求 (B) 安全需求
 (C) 社会需求 (D) 自我实现需求

16. 市场营销思考问题的出发点是( )。
 (A) 目标市场的大小 (B) 所能提供的产品的功能特征
 (C) 消费者的需求和欲望 (D) 企业的各种资源状况

17. 企业营销活动的出发点和归宿是( )。
 (A) 顾客 (B) 企业 (C) 产品 (D) 营销人员

18. 作为日本人,上班时穿漂亮套装,社交时穿和服,此时他们所具有的是( )。
 (A) 需求 (B) 需要 (C) 欲望 (D) 价值

19. 在中国大多数家庭中都有电视机,从核心产品层面上来看,人们在生活中真正需要的是（   ）。
    (A) 高性能、满足视听需要的终端设备   (B) 物美价廉的电视机
    (C) 信息和娱乐   (D) 自我实现的满足感

20. 市场营销人员的任务不仅是激起消费者的欲望,更重要的是激起（   ）。
    (A) 客户购买本公司产品的需求   (B) 消费者了解本公司产品的欲望
    (C) 消费者了解本公司产品的价值   (D) 客户了解本公司产品的交易情况

21. 一个人可能会有无限的欲望,但却有有限的财力,当（   ）时,欲望即变为产品需求。
    (A) 进入市场参加交易   (B) 愿意购买
    (C) 有购买力支持   (D) 进行市场营销活动

22. 当人们决定通过（   ）来满足需要和欲望时,才出现了市场营销。
    (A) 乞讨   (B) 掠夺   (C) 交换   (D) 生产

23. 消费者评估产品选择系列,并选择一个能极大满足自己需求系列产品的依据是（   ）。
    (A) 需求   (B) 欲望   (C) 感觉   (D) 价值观

24. 人为了生存需要食物、衣服、房屋等,这些都属于人的（   ）。
    (A) 欲望   (B) 产品需求   (C) 基本需求   (D) 兴趣

25. 某人需要娱乐,而能满足其娱乐需求的产品或服务可有多种表现形式：旅游、打球、看电影、听戏、唱卡拉OK等,这些表现形式就构成这个人的一个（   ）。
    (A) 产品选择系列   (B) 供给选择系列
    (C) 需求选择系列   (D) 愿望满足系列

26. 市场营销理论的中心是（   ）。
    (A) 消费   (B) 交换   (C) 需求   (D) 欲望

27. 以提供某物作为回报而与他人换取所需产品的行为构成（   ）。
    (A) 交换   (B) 交易   (C) 买卖   (D) 洽谈

28. （   ）是先于市场营销的前提性概念。
    (A) 消费   (B) 交换   (C) 需求   (D) 欲望

29. A把x给B同时获取了y,此时,在A与B之间所发生的行为属于（   ）。
    (A) 交换活动   (B) 交易活动   (C) 买卖活动   (D) 协商活动

30. 市场营销管理的实质是（　）。
    (A) 销售管理　　　(B) 生产管理　　　(C) 需求管理　　　(D) 品牌管理
31. 在目标市场上，可能没有需求、需求很小或超量需求。市场营销管理就是要应对（　）。
    (A) 这些不同的需求情况　　　　　　(B) 没有需求的情况
    (C) 需求很小的情况　　　　　　　　(D) 超量需求的情况
32. 对于预防性注射、牙科手术等，市场上大部分人都不喜欢，甚至宁愿付出一定代价来躲避该产品，则对这类产品的需求属于（　）。
    (A) 负需求　　　(B) 无需求　　　(C) 下降需求　　　(D) 不规则需求
33. 对于市场上的预防性注射、牙科手术等产品，企业营销管理的任务是（　）。
    (A) 刺激市场营销　　　　　　　　　(B) 开发市场营销
    (C) 重振市场营销　　　　　　　　　(D) 改变市场营销
34. 顾客对产品根本不感兴趣或无动于衷，这种需求叫作（　）。
    (A) 负需求　　　(B) 无需求　　　(C) 潜伏需求　　　(D) 下降需求
35. 农场主可能会根本无意于某一新式耕作方法。此时，市场营销管理的任务是刺激需求，使无需求变为正需求，即实行（　）。
    (A) 刺激市场营销　　　　　　　　　(B) 开发市场营销
    (C) 重振市场营销　　　　　　　　　(D) 改变市场营销
36. 对于潜伏需求，市场营销管理的任务是（　）。
    (A) 改变市场营销　　　　　　　　　(B) 刺激市场营销
    (C) 开发市场营销　　　　　　　　　(D) 协调市场营销
37. 面对无害香烟和大量节油汽车的需求，企业市场营销管理的任务是（　）。
    (A) 开发市场营销　　　　　　　　　(B) 刺激市场营销
    (C) 改变市场营销　　　　　　　　　(D) 协调市场营销
38. 娱乐场所和购物中心平日门可罗雀，而周末又人满为患，则该类需求是（　）。
    (A) 负需求　　　(B) 无需求　　　(C) 下降需求　　　(D) 不规则需求
39. 对于不规则需求，市场营销管理的任务是（　）。
    (A) 改变市场营销　　　　　　　　　(B) 开发市场营销
    (C) 刺激市场营销　　　　　　　　　(D) 协调市场营销
40. 对于充分需求，市场营销管理的任务是（　）。

(A) 反市场营销　　　　　　　　(B) 降低市场营销
(C) 维持市场营销　　　　　　　(D) 协调市场营销

41. 当公司的业务量达到满意程度时，所面临的是充分需求，此时公司市场营销管理的任务是（　　）。
 (A) 重振市场营销　　　　　　　(B) 协调市场营销
 (C) 维持市场营销　　　　　　　(D) 开发市场营销

42. 烟、酒、毒品、色情电影的禁售活动此起彼伏，面对此类产品的需求，企业市场营销管理的任务是（　　），从而使嗜好有害产品的公众戒掉它们。
 (A) 维持市场营销　　　　　　　(B) 改变市场营销
 (C) 刺激市场营销　　　　　　　(D) 反市场营销

43. 瑞士雀巢公司经过漫长的努力，使几千年来都崇尚茶文化的日本等国的青年一代以喝咖啡为时髦，该公司的这种行为属于（　　）。
 (A) 适应需求　　(B) 满足需求　　(C) 创造需求　　(D) 管理需求

44. 日本某公司采取免费赠送等方法，改变了美国人的消费习惯，成功地开拓了原来不知酱油为何物的美国市场，该公司的做法属于（　　）。
 (A) 适应需求　　(B) 满足需求　　(C) 创造需求　　(D) 管理需求

45. 实际存在但未被利用和尚未实现的潜在需求，构成了市场的（　　）。
 (A) 表面机会　　(B) 潜在机会　　(C) 全新机会　　(D) 未来机会

46. 消费者喜欢那些可以随处买得到而且价格低廉的产品，企业应致力于提高生产效率和分销效率，扩大生产，降低成本以扩展市场。这种市场营销观念叫作（　　）。
 (A) 生产观念　　　　　　　　　(B) 推销观念
 (C) 产品观念　　　　　　　　　(D) 市场营销观念

47. 消费者最喜欢高质量、多功能和具有某种特色的产品，企业应致力于生产高值产品，并不断加以改进。这种市场营销观念属于（　　）。
 (A) 生产观念　　　　　　　　　(B) 产品观念
 (C) 推销观念　　　　　　　　　(D) 市场营销观念

48. 在产品观念的指导下，企业的营销行为中比较容易产生（　　）。
 (A) 市场营销轻视　　　　　　　(B) 市场营销远视
 (C) 市场营销重视　　　　　　　(D) 市场营销近视

49. 20世纪50年代中期，随着市场竞争的加剧，市场营销管理哲学逐渐演变为（　　）。

(A) 生产观念 　　　　　　　　(B) 产品观念
(C) 推销观念 　　　　　　　　(D) 市场营销观念

50. 现代市场营销学理论研究的主要对象是（　　）。
(A) 消费者市场　(B) 组织市场　(C) 中间商市场　(D) 产业市场

51. 实现企业各项目标的关键，在于正确确定目标市场的需要和欲望，并且比竞争者更有效地传送目标市场所期望的物品或服务，进而比竞争者更有效地满足目标市场的需要和欲望。这种市场营销观念叫作（　　）。
(A) 生产观念 　　　　　　　　(B) 推销观念
(C) 产品观念 　　　　　　　　(D) 市场营销观念

52. 市场营销观念与推销观念之间存在着巨大的差别，这是因为市场营销观念是以（　　）需求为中心。
(A) 卖方　　　(B) 买方　　　(C) 生产方　　　(D) 销售方

53. 客户观念则强调满足的是（　　）。
(A) 每一个子市场的需求 　　　(B) 多个子市场的需求
(C) 每一个客户的特殊需求 　　(D) 多个客户的特殊需求

54. 企业在招揽年轻的消费者时，要注意产品和服务的教育性和娱乐性，同时应该保护环境不受污染和侵害。可见，对年轻消费者实施CS战略时要把（　　）放在一切考虑的因素之首。
(A) 产品的教育性和娱乐性　　　(B) 对环境无侵害、无污染
(C) 产品的高科技因素　　　　　(D) 年轻消费者的需要和满意

55. 在既定条件下，某特定产品的价格为100元，该产品的购买者数量为100万，而每个购买者的购买数量为2，当某企业所生产的这种产品的市场占有率为20%时，该企业所面对的市场需求是（　　）亿元。
(A) 0.1　　　(B) 0.4　　　(C) 1.6　　　(D) 2.0

56. 市场营销组合因素通常都是由市场营销人员来决定的，所以他们也时常被称为（　　）。
(A) 宏观环境变量 　　　　　　(B) 微观环境变量
(C) 可控变量 　　　　　　　　(D) 不可控变量

57. 下列关于市场营销组合的说法中，正确的是（　　）。
(A) 无形服务不属于产品

（B）市场营销组合通常不可控

（C）产品的价格是产品价值的反映形式

（D）市场营销组合中的因素经确定下来后总是不变

58. 市场营销组合的特点是（　　）。

（A）对企业来说都是"不可控因素"　　（B）一个单一结构

（C）一个静态组合　　（D）受企业市场定位战略的制约

59. 市场营销组合的"4Ps"之外，还应该再加上两个"P"，即权力（power）与公共关系（Public Relations），成为"6Ps"。这种新的战略思想称为（　　）。

（A）宏观市场营销　　（B）大市场营销

（C）微观市场营销　　（D）整合市场营销

60. 大市场营销观念是著名营销学者（　　）提出来的。

（A）菲利普·科特勒　　（B）麦卡锡

（C）迈克尔·波特　　（D）彼得·德鲁克

61. 下列几个营销要素中，不属于4C理论内容的是（　　）。

（A）价格　　（B）成本　　（C）便利　　（D）沟通

62. 4C理论是市场营销理论研究的新发展，但是它与4Ps理论又有相互对应的关系，下面选项中对应不正确的有（　　）。

（A）Communication – Promotion　　（B）Cost – Price

（C）Convenience – Place　　（D）Contain – Product

63. 在4Cs的营销观念下，企业的定价模式将（　　）列为决定性因素。

（A）企业生产成本　　（B）消费者接受价格

（C）同行业竞争价格　　（D）企业目标利润要求

64. 4Cs理论用（　　）取代了传统4Ps理论中的促销，强调企业应重视与顾客的双向沟通。

（A）沟通　　（B）顾客　　（C）成本　　（D）便利

（二）多项选择题（每题有两个或两个以上正确答案）

1. 市场是指由一切具有特定的欲望和需求并且愿意和能够以交换来满足此欲望和需求的潜在顾客构成。由此可知，市场的构成要素包括（　　）。

（A）有某种需要和欲望的人　　（B）拥有使别人感兴趣的资源

（C）为满足需要的购买能力　　（D）购买欲望

2. 在市场营销学中,市场的大小取决于那些( )的人数。
   (A) 有某种需要　　　　　　　　　　(B) 拥有使别人感兴趣的资源
   (C) 愿意以这种资源来换取其需要的东西　(D) 处于一定的市场环境

3. 任何一个企业所面对的现实市场都是由三个相互制约、缺一不可要素结合构成的,这三个要素分别是( )。
   (A) 人口　　　　(B) 购买力　　　(C) 购买欲望　　　(D) 生产能力

4. 以商品流通地域为标准可以把市场划分为( )。
   (A) 城市市场　　(B) 农村市场　　(C) 全国市场　　　(D) 国际市场

5. 以商品属性为标准来划分,可以把市场划分为( )。
   (A) 一般商品市场　(B) 特殊商品市场　(C) 消费者市场　(D) 组织市场

6. 下列各类市场中,是按商品属性来划分的是( )。
   (A) 消费品市场　(B) 批发市场　　(C) 劳动力市场　　(D) 金融市场

7. 特殊商品市场是由具有特殊性的商品以及不是商品但采取了商品形式的产品所形成的市场,主要包括( )。
   (A) 劳动力市场　　　　　　　　　　(B) 消费品市场
   (C) 生产资料市场　　　　　　　　　(D) 金融市场

8. 下列市场属于组织市场的是( )。
   (A) 金融市场　　　　　　　　　　　(B) 产业市场
   (C) 中间商市场　　　　　　　　　　(D) 非营利组织市场

9. 一般商品市场包括( )。
   (A) 消费品市场　(B) 劳动力市场　(C) 生产资料市场　(D) 金融市场

10. 以购买者购买行为的特点为标准来划分,可以把市场划分为( )。
    (A) 一般商品市场　(B) 特殊商品市场　(C) 消费者市场　(D) 组织市场

11. 马斯洛在对人的基本需求研究的基础上,把其划分为( )。
    (A) 生理需求　　(B) 安全需求　　(C) 社会需求　　　(D) 受尊重需求

12. 关于市场营销人员的作用,说法正确的是( )。
    (A) 市场营销人员创造消费者的需要
    (B) 市场营销人员并不创造消费者的需要,而是影响消费者的欲望
    (C) 可以开发及销售特定的服务或产品来满足消费者的欲望
    (D) 市场营销人员使人们购买并不需要的东西

13. 下列对交换与市场营销的关系的描述正确的是（　　）。
    （A）市场营销是先于交换的前提性概念
    （B）交换是市场营销理论的中心
    （C）当人们决定通过交换来满足需求和欲望时，才出现了市场营销
    （D）如果没有交换行为，就不能构成市场营销活动

14. 对于不同类型的需求，实施不同的市场营销管理任务，其中实施正确的是（　　）。
    （A）对潜伏需求状况实施开发市场营销
    （B）对无需求状况实施改变市场营销
    （C）对下降需求状况实施刺激市场营销
    （D）对不规则需求实施协调市场营销

15. 市场机会的类型主要有（　　）。
    （A）表面机会　　（B）潜在机会　　（C）全新机会　　（D）实现机会

16. 在现代市场经济条件下，企业创造需求的途径是多方面的，下列选项中，可以帮助企业创造需求的是（　　）。
    （A）设计生活方式　　　　　　　　（B）把握全新机会
    （C）营造市场空间　　　　　　　　（D）扩大生产产量

17. 市场营销管理哲学是指企业在开展市场营销活动的过程中，在处理（　　）之间利益方面所持的态度、思想和观念。
    （A）企业　　　　（B）顾客　　　　（C）社会　　　　（D）政府

18. 生产观念是一种重生产、轻市场营销的商业哲学，这种观念的形成主要来源于（　　）。
    （A）供不应求，因而消费者更在乎得到产品而不是它的优点
    （B）产品质量差，因而消费者最喜欢高质量、多功能和具有某种特色的产品
    （C）成本太高，因而必须以提高劳动生产率来扩大市场
    （D）大规模生产，因而商品产量迅速增加，产品质量不断提高

19. 社会市场营销观念要求市场营销者在制定市场营销政策时要统筹兼顾（　　）。
    （A）企业利润　　（B）消费者需要　　（C）所有者利益　　（D）社会利益

20. 产品是市场营销组合的一个变量，与之相关的因素包括（　　）。
    （A）产品的开发与生产　　　　　　（B）产品的包装
    （C）产品的商标　　　　　　　　　（D）产品的质量保证

21. 一般说来，产品的价格取决于（　　）。
    （A）市场需求　　（B）总成本费用　　（C）竞争状况　　（D）价格折扣

22. 渠道是市场营销组合的一个变量，与之相关的策略包括（　　）。

（A）选择产品销售的地点　　　　　（B）保持适当的库存
（C）选择合适的中间商与零售商　　（D）维持有效的流通中心

23. 促销是市场营销组合的一个变量，与之相关的策略包括（　　）。
（A）在顾客中形成对该公司完美的形象
（B）向潜在顾客介绍本公司的新产品
（C）使客户不断保持对该公司产品的信赖和兴趣
（D）激起潜在顾客购买该公司产品的欲望

24. 下列说法中正确的是（　　）。
（A）企业能够影响自己所处的市场营销环境
（B）企业只能被动地适应所处环境
（C）市场营销组合中的变量在一定程度上都可控
（D）企业所处的环境对企业而言是不可控的

25. 下列对市场营销组合特点的描述正确的是（　　）。
（A）市场营销组合要素对企业来说都是可控要素
（B）市场营销组合是一个复合结构
（C）市场营销组合是一个动态组合
（D）市场营销组合要受企业市场定位战略的制约

26. "大市场营销"战略思想中所包括的组合要素有（　　）。
（A）产品　　　（B）权力　　　（C）渠道　　　（D）公共关系

27. 大市场营销观念认为，市场营销组合要素除了传统的4Ps以外，还应该加入的要素是（　　）。
（A）权力　　　（B）政治　　　（C）公共关系　　　（D）人员

28. 随着经济的发展，传统的4Ps理论已不适应新的情况，需要用4Cs理论来替代，下列属于4Cs理论内容的是（　　）。
（A）产品　　　（B）顾客　　　（C）成本　　　（D）渠道

二、简答题

1. 什么是市场营销？什么是市场营销者？

2. 市场营销观念有哪些？传统营销观念与现代营销观念有何不同？

3. 市场营销战略包括哪些内容？市场营销组合有何特点？

4. 市场需求状况有哪些？相应的营销管理任务分别是什么？市场营销的相关概念是什么？

5. 营销元素内涵是什么?

6. 营销组合有怎样的发展变化?特点分别是什么?

三、实训

1. 实训名称:对熟悉地区(或者区域)的市场进行分类

2. 实训目的:理解市场分类的意义

3. 实训内容:对各类市场进行全面了解

4. 实训步骤:

在自己所在城市寻找熟悉市场,准确定位市场类型。

5. 分组讨论并填实训手册:

(1) 每个人将所在城市的市场及类型填好。

(2) 实训要求及评分标准:

①每小组成员亲自填写自己所在城市的服务业优势和资源条件。

②小组成员缺一人填写扣除小组实训成绩10分。(请假除外)

③实训建议和总结由小组讨论后形成统一意见填写在实训报告册上,总结不能少于3条。缺一条扣总成绩的20%。

第二章 市场营销理论概述

从市场营销理论诞生以来，营销学家研究微观市场营销理论比较深入透彻，产品的选择、产品生命周期的研究、定价策略的一系列研究、渠道布局的合理安排与运营、促销手段的逐步升级等营销策略已经被市场化经济广泛应用。我国市场经济体制是以公有制为基础的，计划调控是构成政府对市场经济宏观调控的重要组成部分。因此，我国宏观营销理论研究的关注点是宏观营销如何促进社会总供需的平衡。当代市场经济必须是在国家宏观调控下的市场运行机制，市场经济成为社会资源优化配置的基础手段。宏观市场营销的研究则始于20世纪70年代，政府采用经济手段、法律手段及行政手段对社会经济进行间接调控，其中亦包括对宏观市场营销活动的调控。用宏观市场营销理论来正确地引导社会市场营销活动，对促进企业微观市场营销活动的良性循环，以及促进社会市场体系的发育和发展具有重大的意义。

案例引导

房地产是国民经济的先导性、基础性产业，对国民经济的增长具有较强的带动作用，但同时又依赖于经济发展所创造的市场需求，取决于经济增长所决定的社会、居民的房地产支付能力。房地产商品的社会需求包括投资性的生产用房需求和消费性的生活用房需求两大方面，既包括国内、地区内需求，也包括外商的需求，而这些需求的地区性又特别强，更多的是要求在地区或一个城市内达到供求平衡。

一般来说,房地产市场宏观调控的手段有多种,如经济手段、行政手段和法律手段等。房地产市场在选择调控手段时,仅靠经济调节手段不一定能达到调控的目标,而要根据一定时期房地产市场的发展状况,按照经济、行政、法律、政策手段等多种手段相结合的原则来进行调控。房地产的微观市场管理需要考虑居民收入水平,居民消费结构;房地产价格;土地供给情况;资金扶持状况;城市化水平;消费者对未来的预测等因素。(http://www.gwyoo.com/Article/shuzhibaogao)

第一节　　宏观市场营销

本节主要学习内容
■宏观市场营销的功能
■宏观市场营销案例导入

宏观市场营销是把市场营销活动与社会联系起来,着重阐述市场营销与满足社会需要、提高社会经济福利的关系,它是一种重要的社会过程。宏观市场营销的存在是由于社会化大生产及商品经济社会要求某种宏观市场营销机构及营销系统来组织整个社会所有的生产者与中间商的活动,组织整个社会的生产与流通,以实现社会总供需的平衡及提高社会的福利。

一、宏观市场营销定义

宏观市场营销是一种社会经济活动过程,其目的在于求得社会生产与社会需求之间的平衡,满足社会需要,实现社会目标。

宏观市场营销是把市场营销活动与社会联系起来,着重阐述市场营销与满足社会需要、提高社会经济福利的关系,它是一种重要的社会过程。宏观市场营销的存在是由于社会化大生产及商品经济社会要求某种宏观市场营销机构及营销系统来组织整个社会所有的生产者与中间商的活动,组织整个社会的生产与流通,以实现社会总供需的平衡及提高社会的福利。

通过宏观市场营销活动,引导商品或劳务从生产者手中流转到消费者手中,可以有效地调节商品社会供需的基本平衡,实现社会的发展目标,提高社会及广大消费者的福利。从总体或从社会的角度来考察的市场营销活动,属宏观市场营销,它是在企业市场营销活动基础上产生的。其一,宏观市场营销囊括了国民经济各行业的营运活动。其二,宏观市场营销活动是通过宏观市场营销机构来实现的。这些市场营销机构,包括中间商机构(批发商和零售商)、交通运输部门、仓储机构及市场营销活动的附属机构如金融保险机构等。其三，宏观市场营销活动还通过宏观市场营销系统来实现。

二、宏观市场营销体系

1. 商业机构

宏观市场营销机构的重要组成部分。它通过购销商品来执行宏观市场营销的交换功能。如果按其是否拥有商品所有权，可划分为经销商和代理商。经销商是指从事商品经营业务并拥有商品所有权的经济单位。它向生产企业购买商品并取得所有权，然后独立组织商品销售，并对用户提供各种销售服务。代理商机构则不直接从事商品的购销经营活动，对商品不具有所有权，而是接受买卖者的委托，为买卖双方洽谈生意，为买卖者的交易起穿针引线的作用。如果按其在流通中所起的作用，可分为批发商机构与零售商机构。批发商机构专门从事批发贸易。它是从生产企业购买商品，又将产品转售给其他单位（如零售商或生产用户）进一步转售或生产加工的中间商。如果没有批发商业机构承担宏观营销的交换功能，宏观营销活动难以顺畅地发展。

2. 交通运输机构

交通运输机构是宏观市场营销机构的重要组成部分。它包括铁路、公路、水路、空运及管道运输机构等。交通运输机构执行着宏观市场营销的部分职能，即承担着商品从生产者转向消费者的空间移动的职能。它是实体分配中最重要的环节。

3. 金融机构

金融机构虽不直接参与产品的购销活动，但它是经济运行的神经中枢。它通过对生产者、中间商、运输部门、仓储部门提供信贷，使它们有足够的资金运作，以保证宏观市场营销活动的健康发展。金融机构主要包括银行、投资公司及保险公司等中国金融体系，以中国人民银行为核心，以专业银行（包括中国银行、中国工商银行、中国农业银行、中国人民建设银行、交通银行等）为主体，各种金融机构（非银行金融机构、信托公司、金融公司、财务公司及租赁公司）并存和分工协作。

4. 广告组织

这是指经营广告活动的机构。它帮助工商企业设计、联系或传递广告信息，促进工商企业购销活动的顺利发展。广告组织主要包括专业广告组织、媒体广告组织及工商企业的广告部门和群众性的广告团体。

三、宏观市场营销职能

1. 购销或交换的职能

这是宏观市场营销机构最重要的职能，是由批发商机构及零售商机构承担的实现商品所有权转移的职能。

2. 实体分配职能

这是保证企业产品能最终实现的功能。具体由交通运输机构及仓储机构承担这一职能。实体分配具体包括商品的包装（即保护性包装）、搬运、装卸、储存、加工整理及运输等环节。运输与储存又是实体分配的中心环节。

3. 便利交换功能

（1）标准化及分级的职能。这是由批发商与零售商承担的宏观市场营销职能。它们购买商品后，在出售商品之前，根据产品类别或品种的不同、产品规格大小、产品质量高低，分门别类进行整理和包装，最后销售给广大用户。

（2）融资功能。这是由金融机构（包括银行、信贷公司、保险公司等）承担的职能。这些金融机构对生产、购销、运输、仓储及促销等宏观营销活动提供必要的贷款，以保证这些宏观营销活动正常、协调地发展。

（3）风险承担职能。这是由中间商与保险公司所承担的宏观营销辅助职能。

（4）沟通市场信息的功能。这是由批发商机构、零售商机构、市场营销调研机构及广告公司等所承担的职能。

四、宏观市场营销系统

1. 宏观市场营销系统中参加者的子系统。

（1）企业。它包括全国所有的工农业企业，它们是商品经济社会的基本细胞，是社会财富的最基本的创造者，是宏观市场营销的物质基础。

（2）消费者。消费者一般通过出售一般产品或特殊产品获得货币收入，然后用货币收入去购买自己所需的产品。

（3）政府。政府也是宏观市场营销系统中重要的组成部分，它包括政府的行政机构及全部职能机构。

2. 宏观市场营销系统中市场子系统，包括要素市场及产品市场。

（1）要素市场。它主要包括生产资料市场、资金市场、劳动力市场、技术市场及房地产市场等。这些要素市场为企业经营活动提供人、财、物。

（2）产品市场。这里主要是指消费品市场，它为企业产品价值的实现提供了场所。

3. 宏观市场营销系统中的流程子系统。这一子系统主要包括资源流程、商品或劳务流程、货币流程及信息流程。

宏观市场营销系统是由各子系统组成的有机整体。市场子系统是宏观市场营销系统运行的中心，企业经营活动子系统是宏观市场营销运作的基础，政府宏观调控子系统是宏观市场营销系统运行的保证。这三个子系统本身是否健全和完善，它们之间能否协调地发展，对宏观市场营销系统的正常运行，从而对宏观市场营销活动的正常发展产生深刻的影响。

课堂练习

试举例说明宏观市场经济元素。（时间：10 分钟）

案例导入

庆丰包子宏观市场营销案例

可以说，庆丰包子铺之前几乎完全处于人们的主要视线之外，至少从来没有成为一个聚焦点。但习大大的光临让庆丰包子铺在 2013 年的冬天烧起了一把热情的火焰。1948 年首创之后，庆丰包子一直声名不显，但 2013 年 12 月 28 日之后，由于被赋予了特殊意义，庆丰包子成为了现下最火爆的就餐首选，21 元一位的套餐成为其标配。

火爆之后，庆丰包子铺就从各种渠道接到了不少加盟的咨询和申请。根据庆丰包子铺官方网站提供的加盟要求，在与加盟者签订特许经营合同时，需要加盟者交纳32万元，其中包括一次性加盟费10万元，保证金16万元，首年权益金6万元。另外，以后每年交费6万元。加盟门槛确实不低，但却阻挡不了投资者的热情。据悉，从2013年12月30日上午9点开始，北京老字号庆丰包子铺的加盟电话一直处于忙线状态。

点评：这其实算是无心插柳柳成荫的一个案例。在包子铺火起来之后，庆丰包子铺已经变成了一个"景点"，庆丰也抓住了这个时机为自己做了加盟的宣传。庆丰包子铺也为加盟者算了一笔账。以一个使用面积为220平方米的店铺为例，装修费用大概需要20万元，设备、设施及餐具需要约15万元，不计房租，前期投入（店铺正常运营）大概约70万元到80万元。加盟商还是需要看到光环之下的真正商机所在。

营销启示：

1. 给别人留有余地，更要为自己争取尽可能大的领地。只有这样，才会于不声不响中获胜。销售不仅仅是方法问题，更多的是对消费心理的理解。

2. 许多人常常抱怨难以开拓新市场，事实是新市场就在你的面前，只不过你怎样发现这个市场而已。

3. 忠诚顾客是靠感情培养的，也同样是靠一点一点优惠获得顾客的忠诚的，当我们固执地执行我们的销售政策的时候，我们放走了多少忠诚顾客呢？

4. 奔跑起来吧，在这个竞争的社会中，如果企业停滞不前，还沉浸在旧日的辉煌里面，那么最终的命运就是被吃掉或者饿死。

5. 任何一个企业都会面临着市场的考验，当竞争对手第一次试探的时候，企业建立起的预警系统——"放哨的白雁"起到了作用，企业严阵以待，却不见对手有什么反应。但是经过反复试探之后，连企业自己也逐渐放松了警惕，致使竞争对手一战而胜。

6. 一个企业的营销团队有不同才能的人，他们都有为企业奉献的精神，但是如果企业没有将他们的才能用到一处，使企业的营销力量形成合力，最终就不能抓住市场。

7. 许多企业都有营销成功的历史，它们依靠这些方法取得丰厚的利润。但是当一个新的市场出现在面前的时候，环境变了、消费者的心理变了就要采用新的营销模式。每个企业都有自己的营销模式，但是当市场发生变化的时候，企业应调整自己的营销策略来适应市场，毕竟市场永远是对的。

8. 每个企业在市场中可能存在资金短缺、组织混乱、顾客背弃、经销商反叛等，市场子系统是宏观市场营销系统运行的中心，企业经营活动子系统是宏观市场营销运作的基础，政府宏观调控子系统是宏观市场营销系统运行的保证。

9. 顾客需求是多样的，顾客的偏好也是多样的。企业营销的问题是找出解决顾客需求的产品和方法，并且这种产品和方法能够满足顾客的需求，这才是成功的营销。

10. 决策理论认为，决策是从众多的方案中选择最优的方案，但是，事实上在很多情况下是不可能的，于是决策又有一个原则是满意原则，也就是说，只要决策的结果使决策者满意就行了。

11. 在营销过程中，优势是相对的，只有凭借客观的营销环境创造优势才能够取胜市场。

课 堂 练 习

宏观市场营销的功能是什么？

第二节　微观市场营销

本节主要内容
■ 微观市场营销的功能
■ 微观市场营销案例分析

一、微观市场营销概述

（一）定义

微观市场营销是一种企业的经济活动过程，企业研究顾客的特点和需求，生产适销对路的产品，从生产者流转到目标顾客，使自己的产品、服务和营销方案与地理、人口、心理和行为因素相适应，因此而取代了原先的标准化或大众化市场营销模式。

微观市场营销要求企业把自己的产品和营销方案与地理、人口、心理和行为因素相适应，它因此而取代了原先的标准化或大众化市场营销模式。促使这种变化的原因有三点：

1. 世界大市场已慢慢地分裂为众多更小的微观市场；
2. 不断改善的信息和市场调研技术也激发了微观市场营销的产生；
3. 零售店扫描器给零售商提供大量的市场信息，这增强了零售商对生产商的影响力。

最普通的微观市场营销形式之一是地域化，即使品牌、促销手段适合于单独的地理区域、市场，甚至居民区。除此以外，企业还对准了人口、心理及行为等微观市场。例如，宝洁公司为它的佳洁士牙膏做了6种广告，分别针对不同年龄和种族细分市场，包括儿童、美国人和西班牙人。为了占领这些市场，宝洁公司运用了各种高效的传播手段。

微观市场营销发展到极端就是大规模定制（Mass Customization），即在大量生产准备的基础上，为个人进行专门设计以满足每个客户的要求。营销人员正在试行一项新的制度，以期提供定制的产品和服务。这些产品和服务可以从旅馆住宿和家具一直罗列到成衣和自行车。例如丽兹—卡尔顿公司用电脑记录了其28家饭店接待过的每一位客人的喜好。如果某位客人上次在蒙特利尔的丽兹饭店里要了一个海绵枕头，那么几个月甚至几年以后当他住进亚特兰大的丽兹饭店时，就会有一只海绵枕头正等着他使用。

尽管微观市场营销带来许多希望，但同时也伴随着许多问题。对十几个乃至几百个微观市场搞营销远远复杂于大市场营销。此外，生产不同的产品和进行不同的促销活动会导致更高的成本费用。除了这些问题之外，大多数市场营销人员认为微观市场营销预示着一个全新的市场营销时代的开始。他们说企业只用一种促销手段就能有效地把产品推销给消费者的时代已经一去不复返了。

（二）微观市场营销的功能

微观市场营销是一种企业经济活动过程，其目的在于满足目标顾客的需要，实现企业的目标。

（三）微观营销环境包括

1. 供应商。供应商是指对企业进行生产所需而提供特定的原材料、辅助材料、设备、能源、劳务、资金等资源的供货单位。这些资源的变化直接影响到企业产品的产量、质量以及利润，从而影响企业营销计划和营销目标的完成。

2. 企业内部门。企业开展营销活动要充分考虑到企业内部的环境力量和因素。企业是组织生产和经营的经济单位，是一个系统组织。企业内部一般设立计划、技术、采购、生产、营销、质检、财务、后勤等部门。企业内部各职能部门的工作及其相互之间的协调关系，直接影响企业的整个营销活动。

营销部门与企业其他部门之间既有多方面的合作，也经常与生产、技术、财务等部门发生矛盾。由于各部门各自的工作重点不同，有些矛盾往往难以协调。如生产部门关注的是长期生产的定型产品，要求品种规格少、批量大、标准订单、较稳定的质量管理，而营销部门注重的是能适应市场变化、满足目标消费者需求的"短、平、快"产品,则要求多品种规格、少批量、个性化订单、特殊的质量管理。所以,企业在制订营销计划、开展营销活动时,必须协调和处理好各部门之间的矛盾和关系。这就要求进行有效沟通、协调、处理好各部门的关系,营造良好的企业环境,更好地实现营销目标。

3. 营销中介。营销中介是指为企业营销活动提供各种服务的企业或部门的总称。营销中介对企业营销产生直接的、重大的影响,只有通过有关营销中介所提供的服务,企业才能把产品顺利地送达到目标消费者手中。营销中介的主要功能是帮助企业推广和分销产品。

4. 顾客。顾客是指使用进入消费领域的最终产品或劳务的消费者和生产者,也是企业营销活动的最终目标市场。顾客对企业营销的影响程度远远超过前述的环境因素。顾客是市场的主体,任何企业的产品和服务,只有得到了顾客的认可,才能赢得这个市场,现代营销强调把满足顾客需要作为企业营销管理的核心。

5. 社会公众。社会公众是企业营销活动中与企业营销活动发生关系的各种群体的总称。公众对企业的态度,会对其营销活动产生巨大的影响,它既可以有助于企业树立良好的形象,也可能妨碍企业的形象。所以企业必须采取处理好与主要公众的关系,争取公众的支持和偏爱,为自己营造和谐、宽松的社会环境。

6. 竞争者。竞争是商品经济的必然现象。在商品经济条件下,任何企业在目标市场进行营销活动时,不可避免地会遇到竞争对手的挑战。即使在某个市场上只有一个企业在提供产品或服务,没有显在的对手,也很难断定在这个市场上没有潜在的竞争企业。

企业竞争对手的状况将直接影响企业营销活动。如竞争对手的营销策略及营销活动的变化就会直接影响企业营销,最为明显的是竞争对手的产品价格、广告宣传、促销手段的变化,以及产品的开发、销售服务的加强都将直接对企业造成威胁。为此,企业在制定营销策略前必须先弄清竞争对手,特别是同行业竞争对手的生产经营状况,做到知己知彼,有效地开展营销活动。

二、微观市场营销案例分析

案例导入

青岛海尔集团自 1984 年开始创业,至今已由一个亏损 147 万元的小型集体企业,发展为一个集科研、生产、贸易、金融于一体,跨地区、跨行业、跨所有制、跨国经营的现代化企业集团。2000 年实现全球营业额 406 亿元,比 1984 年的 348 万元增长 11600 多倍;海尔产品已由单一型号的冰箱拓展到目前的空调、洗衣机、手机等包括白色、黑色、米色家电在内的69大门类、10800多个品种的产品群;产品出口160多个国家,2000年实现出口创汇2.8亿元,自1998年以来,出口创汇每年以翻一番的速度增长,是中国家电业出口创汇最多的企业。2001年8月出版的《福布斯》杂志刊登资料表明,海尔已在全球白色家电制造商中雄居第六位;2000年海尔品牌价值已达330亿元,是1995年第一次评估的7.8倍,成为中国家电第一品牌。16年来,海尔之所以能够不断地超越自我,保持年均80%的持续快速增长,关键是得益于其创新的理念与实践。

最初的海尔与许多企业一样,在"市场营销观念"指导下,以具体产品为营销客体,把营销对象主要定位于目标市场的消费者身上。但是随着海尔人经营观念变化,把营销客体变成无形的企业整体形象和名牌企业的战略得到实施和深入发展。从90年代开始,海尔人开始把营销对象的选择从目标市场的消费者扩大到目标社会公众,在广泛且可能对企业的经营目标产生影响的目标社会公众中传播、维护和完善目标企业形象,这是海尔经营观念改变的必然结果。在此我们采撷其中两个精彩的片断。

从1996年8月起,青岛海尔冰箱股份有限公司陆续投入近千万元,为139个县农民送映一万场电影。据报道,激动的23场电影首映式,就迎来了5万多农民兄弟,最多的一场挤满了5000多名观众。海尔冰箱放映队在每场电影放映前总要放一段专题片。该专题中不仅有宣传海尔及其产品的有关内容,而且还集中宣传中国民族家电工业的发展道路及其在国际市场竞争中的地位,以教育农民支持民族工业的发展,为国争光。同时,海尔还充分利用这一个极好而又难得的机会在农民兄弟心目中传播、维护和完善海尔良好的企业形象。在电影场,他们把经特别设计、印刷精美的《农村手册》赠送给农民兄弟。手册中有许多农民熟悉而又陌生的并且是作为一个新时代农民所必须具备的知识。

1997年6月16日至7月16日,海尔冰柜总公司在南京举行"海尔冷柜夏令营欢迎您"活动。全国其他地区也同时开展这一活动。通过这项活动,将推选出100名青少年参加7月中旬在青岛举办的"海尔冷柜夏令营"活动。在举国欢庆香港回归祖国怀抱的时刻对入营青少年开展以爱国主义为主题的旅游活动,以丰富广大青少年的暑期生活,激活青少年的爱国热情。海尔的成功,无不与其成功的营销管理有关。本文将以海尔的双动力洗衣机为例,详细地分析其开发策略和营销策略,对此作出评价,并对今后发展作出预测。

(一) 开发策略

海尔双动力洗衣机的成功开发创造了国内洗衣机界的殊荣,首创了世界上第四种洗衣机类型,体现了其企业集团敏锐的市场洞察力和技高一筹的市场开发研制策略。

目前，全球全自动洗衣机分为三种，分别是波轮式、滚筒式和搅拌式。滚筒式、搅拌式洗衣机流行于欧美等发达国家，具有上百年的历史。20世纪五六十年代，日本研制出独具风格的波轮式洗衣机，形成亚洲波轮式、美洲搅拌式、欧洲滚筒式各成一派，三分天下的局面。

海尔双动力洗衣机的创新发明之处是具有两个传动系统，同时相向运转，增大了水流强度，形成强劲翻滚的沸腾水流。同时，双动力洗衣机内桶壁设有搅拌叶，形成特有的搅、揉、搓三模式洗涤，这种独特设计，较好地把波轮、滚筒、搅拌的功能合三为一，防缠绕、磨损率低，提高了洗净比。

申报国际发明专利PCT的海尔双动力洗衣机创新性地采用一个电机转化为两个动力输出，实现双向转动形成沸腾水流，并且吸收了波轮、搅拌和滚筒洗衣机各自的优点，实现了省水省时各一半，洗净比提高50%，磨损率降低60%，各项性能指标均已达到国际领先水平，填补了国内外洗衣机技术的空白。

海尔双动力洗衣机的各项性能指标在此之前已经通过了国家家用电器质量监督检验中心以及山东省产品质量监督检验所的检测。如果说"不用皮带，直接传动"的海尔"同心洗"洗衣机给了大家一个惊喜的话，那么，海尔推出的申报国际PCT发明专利的双动力洗衣机更是给了行业一个震惊，它不仅仅实现了洗涤干净无缠绕，其省水、省时更是做到了消费者的心坎里。

海尔的主要竞争对手无锡小天鹅洗衣机有限公司是中国洗衣机行业产量和销售量最大的企业，小天鹅公司利用其在洗涤机械制造、洗涤技术领域的优势全力制造全自动洗衣机取得很大的成功，并且积极寻求国际合作以扩大出口抢占国际市场。在这方面对海尔集团构成极大的威胁。

另一个主要竞争对手山东小鸭电器股份有限公司与世界同步的高新科技接轨，造就了小鸭全自动滚筒洗衣机的精良品质，同时小鸭还善于走多样化路线，在成功生产出滚筒洗衣机新品之后，又研制出纳米滚筒洗衣机、迷你滚筒洗衣机、烘干滚筒洗衣机等系列新品，再一次掀起了市场热潮。

单从以上的竞争对手来看，相对小天鹅公司，海尔走的是产品多元化路线，不如对方可以集中资金和精力在洗衣机上；而小鸭集团虽然在实力上不如海尔雄厚，但同样具有其发展的优势。根据SWOT分析，海尔虽然面临不少挑战，但其也有着极好的市场机遇和品牌优势，因此海尔根据自己所拥有的波轮洗衣机、滚筒洗衣机和搅拌洗衣机方面的技术优势，及其本身的专利品牌优势，创造性地发现了市场消费者对三种功能合一的洗衣机的需求，成功开发研制出了海尔双动力洗衣机。

从中也可见海尔成功的产品开发策略在于,善于把发现的市场机会与自身的企业实力相结合,在适当的时机制造出满足消费者需求的产品。正如松下集团前总裁盛田昭夫所说:"创造就是要想别人没有想的,造别人没有造的。"而海尔正是成功地做到了这一点,并把双动力洗衣机成功推向市场,获得了丰厚的回报。

(二) 营销策略

1. 产品定价、定位及其品牌战略

(1) 定价定位

"要么不干,要干就要争第一。"海尔名牌战略的核心思想就是要干最好的,争最优、创最佳、追求卓越。海尔这个名牌并不是靠铺天盖地的广告狂轰滥炸吹出来的,而是凭借高科技,以质量取胜。在目前国内市场冰箱大战、空调大战、彩电大战愈演愈烈的条件下,许多厂商都采取了降价销售、买"一"送"一"清仓大甩卖、特价销售等促销手段。这些促销手段,有一个共同的缺陷,即眼睛只盯着某种具体商品,希望通过这些宣传促销活动,提高该商品销售额和市场占有率。这些行为在很大程度上仍然停留在以推销产品为中心的"产品促销"阶段。相反,海尔集团公司所开展的这些宣传促销活动,则已不是仅仅针对某种具体产品而进行的,而是都集中于一个共同的目标——海尔品牌。降价似乎已经成了占领市场的不二法则。然而我们仔细观察不难发现,作为家电企业的老大,海尔似乎总是远离降价,其所有产品都始终如一地保持着较高的价格。双动力洗衣机刚推出市场之际,其2780元的市场价格也比其他洗衣机产品普遍高出300~500元。而它的市场占有率始终占据前三名,在大多数产品的高端市场,牢牢占据着老大的位置。这一切,都是因为海尔坚定地实施品牌战略的结果。凭借其良好的品牌形象打价值战,而不是打价格战,正是海尔高人一筹的定价策略。

(2) 品牌战略

所谓品牌战略就是把品牌看成企业发展的第一要素,强调通过品牌树立企业及产品的差异化形象。品牌使海尔集团在参与国内外的市场竞争中获得了持续发展的竞争优势,表现出强劲的竞争力。

海尔有句格言:"质量是产品的生命,信誉是企业的灵魂,产品合格不是标准,用户满意才是目的。"海尔人知道,只有给市场提供了最满意的产品和服务,才会给企业回报最好效益。

海尔品牌策略的核心是凸显服务优势和强调技术与创新在缺乏诚信和好的服务理念的时

期，海尔的策略更加关注于服务。这时期，海尔以其独特性、差异性、价值性和延展性获得了消费者的信赖。

海尔品牌的独特性，除表现在产品质量、服务、信誉等方面外，更重要的是它独特的成长过程。海尔品牌策略经历了三个不同的发展阶段，它们分别是——名牌战略阶段、品牌多元化战略阶段和品牌国际化战略阶段。作为最显著的品牌个性，它在其产品质量、服务水平上表现出与其他产品的差异，它的独到之处决定了企业赢得竞争优势的关键。海尔品牌凝聚了高质量的产品、人性化的服务、迅速反应市场的能力和强大的市场整合力等一系列竞争资源及其资源的相互协调与融合，这也形成了海尔今天的品牌优势。海尔凭借其高质量、人性化、"真诚到永远"的服务赢得了广大用户的尊重和忠诚。其理念的领先和水平的差距，也造就了海尔品牌与其他家电品牌的差距和差异。

对于顾客来说，品牌的价值性主要表现在他们对品牌的认同上。现代市场经济是信用经济。海尔作为一种知名品牌，不仅得到我国广大用户的认同，也为世界所公认，具有难以估算的品牌价值特性。

品牌之所以成为海尔的核心竞争力，首先在于品牌具有天然的延展性。因为经过科学而有效运作的品牌有了知名度美誉之后，这个品牌就可获得良好的市场信誉，得到消费者的普遍认同。在赢得较高的品牌忠诚度后，企业就要考虑该品牌在其他产品上的拓展与延伸，使新产品借助于成功品牌的市场信誉在节省促销费用的情况下顺利地占领市场。

当人们提起海尔，能够自然地联想到服务好、值得信赖，在同等质量的情况下，消费者仍然愿意多花几百元购买海尔的品牌价值，其实消费者购买的就是海尔始终如一的真诚。

而在服务差异越来越小的时代，海尔则更注重于创新。海尔的创新既是战略的、观念的，又是技术的，同时也是组织和市场的创新。这一切，都使海尔逐步形成了自己的核心技术优势，让消费者看到海尔对产品质量和技术的不断超越精神，进一步加强了消费者的信赖。

海尔的品牌战略还有一个特性，就是它的文化性。品牌附着特定的文化，独特的海尔文化是海尔品牌具有核心竞争力的本质和源泉。它是海尔品牌的内涵和本质，渗透进海尔的经营管理的每一个环节。

（三）销售特色

如果说服务也是产品的话，那海尔的销售服务也是精品。与消费者之间零距离，随时了解他们的想法，及时跟踪服务，把服务向全方位拓展，这就是海尔的服务精神。在20世纪80年代，中国家电业处于快速成长的阶段，由于市场处于卖方向买方转变的阶段，大多数国产的家电普遍质量较差、可靠性低，且缺乏完备的售后服务。而就在此时，海尔打出了"真诚到永远"的品牌口号，突出海尔的品牌理念，构建海尔的服务优势，并把海尔的真诚表现得淋漓尽致，在国内海尔的售后服务用户称绝，用户打一个电话，45分钟就可上门服务。他们这种"视用户为父母，用户永远是对的"服务理念为海尔树立其品牌打下了扎实的基础。海尔打出了"真诚到永远"的品牌口号，突出海尔的品牌。当人们提起海尔，能够自然地联想到服务好、值得信赖，在同等质量的情况下，消费者仍然愿意多花几百元购买海尔的品牌价值，其实消费者购买的就是海尔始终如一的真诚。

海尔集团公司郑重向消费者推出海尔全程管家365服务新概念，将海尔服务以直观的传达到消费者。海尔家电全程管家服务人员一年365天为用户提供全天候上门服务，海尔全程管家365的具体内容包括售前上门设计、集中咨询导购、送货到位、售后安装调试、电话回访等。

（四）渠道管理

在新经济时代，由于电子商务的发展，靠打价格战发展的经销商生存空间将越来越小，传统的搬箱子型经销商将会逐渐被淘汰出市场，为了实现海尔与渠道的双赢，海尔实行个性化营销，根据不同渠道的特点，进行专业化的分工。海尔为自己的双动力洗衣机的渠道代理商规划出了五个发展方向：

1. 物流商。拥有物流运作能力的代理商可以成为海尔在各个区域的物流配送商。
2. 渠道运营商。拥有自己的销售网络，有区域的渠道运营能力。
3. 服务提供商。拥有技术服务能力及服务网络。
4. 资源增值商。有资源整合及增值能力。
5. 零售商。有强大的最终用户销售能力。

海尔将针对不同的代理，制定不同的代理政策，提供不同的支持。其渠道管理是严格的，每地区只设一家核心代理商，作为物流平台和服务中心，分区域控制，每大区的不同专卖标志和不同的抽奖，免去串货之忧，序列号提前记录。海尔规定了成为核心连锁加盟代理的条件，同时还实施了14个渠道建设的举措，从目前海尔双动力洗衣机在国内外洗衣机市场所占的市场份额来看，该洗衣机的独特性能使得其正逐步成为洗衣机市场的主流产品，渐渐取代波轮式洗衣机、滚筒式洗衣机、搅拌式洗衣机，因此该产品正处于其产品生命周期的成熟阶段。在未来的相当一段时期内，可以预测双动力洗衣机的销售情况还是相当乐观的，而且借此还可以进一步提高海尔在洗衣机市场的竞争力。

但在洗衣机市场上是没有绝对的主导产品的，双动力洗衣机也只能是一时的潮流，要想继续在洗衣机市场上领跑,海尔还必须不断地对其新一代产品进行适当改进。诸如根据各地区不同的消费习惯、人文特点、地域局限,在维持原有技术特点的基础上设计出适合各地消费者的产品。同时根据该洗衣机特点完善售后服务的相关事宜,维护其良好的品牌形象。

当然在此基础上海尔集团更应该做的是继续深入市场需求调研,及时发现潜在的市场机遇,抓住时机开发出更新更好的洗衣机产品。只有真正做到在产品市场上"想别人没有想,造别人没有造",才是企业在当今激烈竞争的市场环境下立足壮大的根本所在。(来源:世界营销评论)

课堂练习

微观市场营销的功能是什么?

第三节 消费者市场营销

本节主要内容
■市场细分
■市场定位
■目标市场

一、市场细分

按照消费者欲望与需求把因规模过大导致企业难以服务的总体市场划分成若干具有共同特征的子市场,处于同一细分市场的消费群被称为目标消费群,相对于大众市场而言这些目标子市场的消费群就是分众了。

(一)理论依据

企业进行市场细分的目的是通过对顾客需求差异予以定位,来取得较大的经济效益。众所周知,产品的差异化必然导致生产成本和推销费用的相应增长,所以,企业必须在市场细分所得收益与市场细分所增成本之间做一权衡。由此,我们得出有效的细分市场必须具备以下特征:

可衡量性。即市场特性的可衡量性：指各个细分市场的购买力和规模能被衡量的程度。如果细分变数很难衡量的话，就无法界定市场。

可营利性或市场开发的效益性：指企业新选定的细分市场容量足以使企业获利。

可进入性或可实现性：指所选定的细分市场必须与企业自身状况相匹配，企业有优势占领这一市场。可进入性具体表现为信息进入、产品进入和竞争进入。考虑市场的可进入性，实际上是研究其营销活动的可行性。

差异性或可区分性：指细分市场在观念上能被区别并对不同的营销组合因素和方案有不同的反应。

1. 对目标客户进行细分

市场营销对象细分化，客户定位、市场需求定位。

2. 对目标产品进行细分

市场营销客体细分化、市场提供物细分化、产品定位、生产技术定位。

3. 对市场营销者进行细分

市场营销资源优势、能力细分化、战略定位、经营目标定位。

4. 对市场关系进行细分

市场媒介、市场通道细分化、市场关系定位、市场渠道定位基础。

5. 顾客需求的差异性

顾客需求的差异性是指不同的顾客之间的需求是不一样的。在市场上，消费者总是希望根据自己的独特需求去购买产品，我们根据消费者需求的差异性可以把市场分为"同质性需求"和"异质性需求"两大类。

同质性需求是指由于消费者的需求的差异性很小，甚至可以忽略不计，因此没有必要进行市场细分。而异质性需求是指由于消费者所处的地理位置、社会环境不同、自身的心理和购买动机不同，造成他们对产品的价格、质量款式上需求的差异性。这种需求的差异性就是我们市场细分的基础。

（二）顾客需求分类

在同一地理条件、社会环境和文化背景下的人们形成有相对类似的人生观、价值观的亚文化群，他们需求特点和消费习惯大致相同。正是因为消费需求在某些方面的相对同质，市场上绝对差异的消费者才能按一定标准聚合成不同的群体。所以消费者的需求的绝对差异造成了市场细分的必要性，消费需求的相对同质性则使市场细分有了实现的可能性。

1. 地理细分。是按地理特征细分市场,包括以下因素:地形、气候、交通、城乡、行政区等。

2. 人口细分。是按人口特征细分市场,包括以下因素:年龄、性别、家庭人口、收入、教育程度、社会阶层,宗教信仰或种族等。

3. 心理细分。根据个性或生活方式等变量对客户细分。

4. 行为细分。对消费者行为的评估,然后进行细分。

5. 社会文化细分。是按社会文化特征细分市场,以民族和宗教为主进行细分。

6. 使用者行为细分。是按个人特征如职业、文化、家庭、个性细分市场。

（三）分类的作用

1. 有利于企业发掘和开拓新的市场机会。

2. 有利于企业将各种资源合理利用到目标市场。

3. 有利于制定适用的经销策略。

4. 有利于调整市场的营销策略。

（四）分类的意义

1. 有利于选择目标市场和制定市场营销策略

市场细分后的子市场比较具体,比较容易了解消费者的需求,企业可以根据自己经营思想、方针及生产技术和营销力量,确定自己的服务对象,即目标市场。针对着较小的目标市场,便于制定特殊的营销策略。同时,在细分的市场上,信息容易了解和反馈,一旦消费者的需求发生变化,企业可迅速改变营销策略,制定相应的对策,以适应市场需求的变化,提高企业的应变能力和竞争力。

联想的产品细分策略,正是基于产品的明确区分,联想打破了传统的"一揽子"促销方案,围绕"锋行""天骄""家悦"三个品牌面向的不同用户群需求,推出不同的"细分"促销方案。选择"天骄"的用户,可优惠购买让数据随身移动的魔盘、可精彩打印数码照片的3110打印机、SOHO好伴侣的M700多功能机以及让人尽享数码音乐的MP3;选择"锋行"的用户,可以优惠购买"数据特区"双启动魔盘、性格鲜明的打印机以及"新歌任我选"MP3播放器;钟情于"家悦"的用户,则可以优惠购买"电子小书包"魔盘、完成学习打印的打印机、名师导学的网校卡,以及成就电脑高手的XP电脑教程。

2. 有利于发掘市场机会,开拓新市场

通过市场细分,企业可以对每一个细分市场的购买潜力、满足程度、竞争情况等进行分析对比，探索出有利于本企业的市场机会，使企业及时作出投产、异地销售决策或根据本企业的生产技术条件编制新产品开拓计划，进行必要的产品技术储备，掌握产品更新换代的主动权，开拓新市场，以更好适应市场的需要。

  3. 有利于集中人力、物力投入目标市场

  任何一个企业的资源、人力、物力、资金都是有限的。通过细分市场，选择了适合自己的目标市场，企业可以集中人、财、物及资源，去争取局部市场上的优势，然后再占领自己的目标市场。

  4. 有利于企业提高经济效益

  前面三个方面的作用都能使企业提高经济效益。除此之外，企业通过市场细分后，企业可以面对自己的目标市场，生产出适销对路的产品，既能满足市场需要，又可增加企业的收入；产品适销对路可以加速商品流转，加大生产批量，降低企业的生产销售成本，提高生产工人的劳动熟练程度，提高产品质量，全面提高企业的经济效益。

  （五）分类的局限性

  1. 市场细分很昂贵。

  2. 总投资成本上升，因为每个市场的风格、颜色等必须被保持。

  3. 广告成本上升因为每个细分市场必须有不同的广告宣传。

  4. 管理成本上升因为管理部门必须计划和实施几个不同的市场项目。

  （六）消费者市场细分的依据

  通常，企业是组合运用有关变量来细分市场，而不是单一采用某一变量。概括起来，细分消费者市场的变量主要有地理变量、人口变量、心理变量、行为变量这四大类。以这些变量为依据来细分市场就产生了地理细分、人口细分、心理细分和行为细分四种市场细分的基本形式。

  1. 按地理变量细分市场。即按照消费者所处的地理位置、自然环境来细分市场。按地理变数细分市场就是把市场分为不同的地理区域，如国家、地区、省市、东部、西部、南方、北方、城市、农村、山区、平原、高原、湖区、沙漠等。以地理变数作为市场细分的依据，是因为地理因素影响消费者的需求和反应。各地区由于自然气候、交通通信条件、传统文化、经济发展水平等因素的影响，便形成了不同的消费习惯和偏好，具有不同的需求特点。比如生活在我国不同区域的人们的食物口味就有很大差异，俗话说"南甜北咸，东辣西酸"，也由此形成了粤菜、川菜、鲁菜等著名菜系。又比如，我国不同地区的人洗浴习惯各不相同,由此形成对香皂的要求也不同。

2. 按人口变量细分市场。即按人口统计变量,如年龄、性别、家庭规模、家庭生命周期、收入、职业、教育程度、宗教、种族、国籍等为基础细分市场。

性别:由于生理上的差别,男性与女性在产品需求与偏好上有很大不同,例如在服饰、发型、生活必需品等方面均有差别。

年龄:不同年龄的消费者有不同的需求特点,例如青年人对服饰的需求与老年人的需求就有差异,青年人需要鲜艳、时髦的服装,老年人则需要端庄素雅的服饰。

收入:低收入和高收入消费者在产品选择、休闲时间的安排、社会交际与交往等方面都会有所不同。

职业与教育:消费者职业的不同、所受教育的不同也会导致所需产品的不同。例如,农民购买自行车偏好载重自行车,而学生、教师则喜欢轻型、样式美观的自行车。

家庭生命周期:一个家庭,按年龄、婚姻和子女状况,可分为单身、新婚、满巢、空巢和孤独五个阶段。在不同阶段,家庭购买力、家庭成员对商品的兴趣与偏好也会有很大的差别。

3. 按心理变量细分市场。即根据购买者所处的社会阶层、生活方式、个性特点等心理因素细分市场。

社会阶层:指在某一社会中具有相对同质性和持久性的群体。处于同一阶层的成员具有类似的价值观、兴趣爱好和行为方式,而不同阶层的成员对所需的产品也各不相同。识别不同社会阶层消费者所具有的不同特点,对于很多产品的市场细分将提供重要依据。

生活方式:人们追求的生活方式的不相同也会影响他们对产品的选择。例如有的追求新潮时髦,有的追求恬静、简朴;有的追求刺激、冒险,有的追求稳定、安逸。西方的一些服装生产企业为"简朴的妇女""时髦的妇女"和"有男子气的妇女"分别设计不同服装;烟草公司针对"挑战型吸烟者""随和型吸烟者"及"谨慎型吸烟者"推出不同品牌的香烟,均是依据生活方式细分市场。

个性:指一个人比较稳定的心理倾向与心理特征,它会导致一个人对其所处环境做出相对一致和持续不断的反应。一般地,个性会通过自信、自主、支配、顺从、保守、适应等性格特征表现出来。因此,个性可以按这些性格特征进行分类,从而为企业细分市场提供依据。在西方国家,对诸如化妆品、香烟、啤酒、保险之类的产品,一些企业以个性特征为基础进行市场细分并取得了成功。

4. 按行为变量细分市场。行为细分是根据消费者对品牌的了解、态度、使用情况及其反应而将他们分为不同的群体。许多营销人员认为：行为变数是市场细分的最佳起点。

（1）时机。按消费者购买和使用产品的时机细分市场，这些时机包括结婚、离婚、购房、搬家、拆迁、入学、升学、退休、出差、旅游、节假日等。时机细分有助于提高品牌使用率，提高营销的针对性。如旅行社可以为"五一"黄金周提供专门的旅游服务，文具企业可以为新学期开始提供学习用品。有不少产品如新郎西服、喜临门酒就是时机细分的产物。

（2）利益。利益细分是根据消费者从品牌产品中追求的不同利益的一种分类方法。美国曾有人运用利益细分法对钟表市场进行研究，发现手表购买者可分为三类：大约23%侧重价格低廉，46%侧重耐用性及一般质量，31%侧重品牌声望。当时美国各大钟表公司都把注意力集中于第三类细分市场，制造豪华昂贵的手表并通过珠宝店销售。唯有TIME公司慧眼独具，选定第一、第二类细分市场作为目标市场，全力推出一种价廉物美的"天美时"牌手表并通过一般钟表店或大型综合商店出售。该公司后来发展成为世界第一流的钟表公司。

运用利益细分法时，还必须确定人们在产品种类中寻求的主要利益，有谁在寻求这些利益，这些利益对他们的重要程度如何，哪些品牌可以提供这些利益，哪些利益还没有得到满足，进而进行针对性品牌营销策划。美国学者Haley曾运用利益细分法对牙膏市场进行细分而获得成功就是一例。他把牙膏需求者寻求的利益分为经济实惠、防治牙病、洁齿美容、口味清爽四类。牙膏公司可以根据自己所服务的目标市场的特点，了解竞争者是什么品牌，市场上现有品牌缺少什么利益，从而改进自己现有的产品，或另外再推出新产品，以适应牙膏市场上未满足的利益需要。

（3）使用者状况。许多品牌可以按使用状况将消费者分为曾经使用者、未曾使用者、潜在使用者、初次使用者、偶尔使用者和经常使用者等类型，针对不同使用群体应采用不同的营销策略和方法。市场占有率高的品牌特别重视将潜在使用者转变为实际使用者，例如领导型品牌；一些小企业则只能以经常使用者为服务对象。

（4）品牌忠诚度。消费者的忠诚是企业最宝贵的财富。美国商业研究报告指出：多次光顾的顾客比初次登门者，可为企业多带来20%～85%的利润；固定客户数目每增长5%，企业的利润则增加25%。根据消费者的品牌忠诚度，可以将消费者分为四种类型：专一忠诚者、潜在忠诚者、迟钝忠诚者和缺乏忠诚者。

专一忠诚者：这四个类型中最高的一层，是构成顾客群体的最重要的部分。例如瑞士万用刀的爱好者，他们会不断地告诉他们的朋友和邻居这种刀的好处、用途以及他们每天、每个星期、每个月的使用频率。这些专一的忠诚者会成为品牌的免费宣传者，并不断地向别人推荐。对任何企业而言，这都是他们最欢迎的顾客类型。

潜在忠诚者：顾客高度偏好与低度重复购买的结合，意味着潜在忠诚。例如美国有一个标准的中国食物迷，而且她家附近就有一家她很喜欢的中国餐馆。但她的先生却对中国食物不感兴趣，所以她只是偶尔光顾这家中国餐馆。如果该餐馆了解潜在忠诚者的这些情况，就可以采取一些应对的策略。比如该餐馆可心考虑增加一些美式餐点，以吸引像她先生这样顽固的顾客。

迟钝忠诚者：顾客低度偏好与高度重复购买的结合，便形成了迟钝忠诚。这类顾客的购买原因不是因为偏好，而是"因为我们经常用它"或"因为它方便"。大多数经常购买产品的顾客都属于这种类型。比如有人总在一条街上购买日常用品，在另一条街上的干洗店干洗衣物，至于修鞋子，则是就近到自己家的隔壁。如果能积极争取这类客户，提高产品或服务质量，形成自己的特色，这类顾客就可能会由迟钝的忠诚度转变为高度的忠诚度。

缺乏忠诚者：由于不同的原因，某些顾客就是不会对某些品牌产生忠诚。一般来说，企业应避免将目标针对缺乏忠诚的顾客，因为他们永远不会成为真诚的顾客，他们对企业的发展只有很少的贡献。

（5）使用率。可以根据品牌的轻度、中度和重度等使用者情况来细分市场。品牌重度使用者一般在市场上所占比例不大，但他们的消费量在全部消费量中所占的比例却相当高。营销广告界的巴莱多定律是说，20%的品牌重度使用者的消费量却占该品牌消费量的80%。以啤酒为例，有人曾做过调查，啤酒消费者中，大量消费者与小量消费者各占一半，其中大量消费者的消费量占总销量的88%，而小量消费者的消费量只占12%。又据调查，啤酒的大量消费者多为劳动阶层，年龄在25～50岁。而年龄在25岁以下和50岁以上为小量消费者。这种细分有助于企业作出相应的对策。

（6）态度。消费者对品牌的态度大体可以分为五种，即热爱、肯定、冷淡、拒绝和敌意。态度是人们生活方式的一种体现，态度决定着成败，也决定着品牌定位。企业可以通过调查、分析，针对不同态度的顾客采取不同的营销对策。例如对抱有拒绝和敌意态度者，就不必浪费时间去改变他们的态度；对冷淡者则应设法去争取他们。

（七）市场细分策略

根据各个细分市场的独特性和公司自身的目标，共有三种目标市场策略可供选择：

1. 无差异市场营销

指公司只推出一种产品，或只用一套市场营销办法来招徕顾客，当公司断定各个细分市场之间差异很小时可考虑采用这种大量市场营销策略。

2. 密集性市场营销

这是指公司将一切市场营销努力集中于一个或少数几个有利的细分市场。

3. 差异性市场营销

指公司根据各个细分市场的特点，相应扩大某些产品的花色、式样和品种，或制定不同的营销计划和办法，以充分适应不同消费者的不同需求，吸引各种不同的购买者，从而扩大各种产品的销售量。

优点：在产品设计或宣传推销上能有的放矢，分别满足不同地区消费者的需求，可增加产品的总销售量，同时可使公司在细分小市场上占有优势，从而提高企业的声誉，在消费者中树立良好的公司形象。

缺点：会增加各种费用，如增加产品改良成本、制造成本、管理费用、储存费用。

二、目标市场

（一）目标市场定义

在市场细分的基础上，从满足现实或潜在的目标顾客的需求出发，并根据企业自身经营条件而选定的特定市场。

著名的市场营销学者麦卡锡提出了应当把消费者看作一个特定的群体，称为目标市场。通过市场细分，有利于明确目标市场，通过市场营销策略的应用，有利于满足目标市场的需要。即目标市场就是通过市场细分后，企业准备以相应的产品和服务满足其需要的一个或几个子市场。

营销大师科特勒认为：所谓目标市场，就是指企业在市场细分之后的若干"子市场"中，所运用的企业营销活动之"矢"而瞄准的市场方向之"的"的优选过程。例如，现阶段我国城乡居民对照相机的需求，可分为高档、中档和普通三种不同的消费者群。调查表明，33%的消费者需要物美价廉的普通相机，52%的消费者需要使用质量可靠、价格适中的中档相机，16%的消费者需要美观、轻巧、耐用、高档的全自动或多镜头相机。国内各照相机生产厂家，大都以中档、普通相机为生产营销的目标，因而市场出现供过于求，而各大中型商场的高档相机，多为高价进口货。如果某一照相机厂家选定16%的消费者目标，优先推出质优、价格合理的新型高级相机，就会受到这部分消费者的欢迎，从而迅速提高市场占有率。

（二）选择目标市场策略

1. 市场集中化

企业选择一个细分市场，集中力量为之服务。较小的企业一般这样专门填补市场的某一部分。集中营销使企业深刻了解该细分市场的需求特点，采用针对的产品、价格、渠道和促销策略，从而获得强有力的市场地位和良好的声誉。但同时隐含较大的经营风险。

2. 产品专门化

企业集中生产一种产品，并向所有顾客销售这种产品。例如服装厂商向青年、中年和老年消费者销售高档服装，企业为不同的顾客提供不同种类的高档服装产品和服务，而不生产消费者需要的其他档次的服装。这样，企业在高档服装产品方面树立很高的声誉，但一旦出现其他品牌的替代品或消费者流行的偏好转移，企业将面临巨大的威胁。

3. 市场专门化

企业专门服务于某一特定顾客群，尽力满足他们的各种需求。例如企业专门为老年消费者提供各种档次的服装。企业专门为这个顾客群服务，能建立良好的声誉。但一旦这个顾客群的需求潜量和特点发生突然变化，企业要承担较大风险。

4. 有选择的专门化

企业选择几个细分市场，每一个对企业的目标和资源利用都有一定的吸引力。但各细分市场彼此之间很少或根本没有任何联系。这种策略能分散企业经营风险，即使其中某个细分市场失去了吸引力，企业还能在其他细分市场盈利。

5. 完全市场覆盖

企业力图用各种产品满足各种顾客群体的需求，即以所有的细分市场作为目标市场，例如上例中的服装厂商为不同年龄层次的顾客提供各种档次的服装。一般只有实力强大的大企业才能采用这种策略。例如IBM公司在计算机市场、可口可乐公司在饮料市场开发众多的产品，满足各种消费需求。

（三）目标市场营销策略

选择目标市场，明确企业应为哪一类用户服务，满足他们的哪一种需求，是企业在营销活动中的一项重要策略。选择目标市场，因为不是所有的子市场对本企业都有吸引力，任何企业都没有足够的人力资源和资金满足整个市场或追求过分大的目标，只有扬长避短，找到有利于发挥本企业现有的人、财、物优势的目标市场，才不至于在庞大的市场上瞎撞乱碰。

1. 差别性市场策略

差别性市场策略就是把整个市场细分为若干子市场，针对不同的子市场，设计不同的产品，制定不同的营销策略，满足不同的消费需求。根据人群对时尚的追求偏好把人分为时髦型、气质型、朴素型。有针对性地设计出不同风格的产品，使产品对各类消费者更具有吸引力。

2. 无差异市场营销策略

指公司只推出一种产品，或只用一套市场营销办法来招徕顾客。当公司断定各个细分市场之间差异很小时可考虑采用这种大量市场营销策略,最大的优点为成本的经济性;最大的缺点为顾客的满意度低,适用范围有限。

3. 集中性市场策略

集中性市场策略就是在细分后的市场上,选择两个或少数几个细分市场作为目标市场,实行专业化生产和销售。在个别少数市场上发挥优势,提高市场占有率。采用这种策略的企业对目标市场有较深的了解,这是大部分中小型企业应当采用的策略。

采用集中性市场策略,能集中优势力量,有利于产品适销对路,降低成本,提高企业和产品的知名度。但有较大的经营风险,因为它的目标市场范围小、品种单一。如果目标市场的消费者需求和爱好发生变化,企业就可能因应变不及时而陷入困境。同时,当强有力的竞争者打入目标市场时,企业就要受到严重影响。因此,许多中小企业为了分散风险,仍应选择一定数量的细分市场为自己的目标市场。

考虑因素	无差异性市场策略	集中性市场策略	差异性市场策略
1. 企业实力	强	弱	强
2. 商品特性	同质性	异质性	异质性
3. 市场需求	差异性小	差异性大	差异性大
4. 产品生命周期	引入阶段	成长或成熟阶段	成长或成熟阶段
5. 市场竞争者	少	多	多

三种目标市场策略各有利弊。选择目标市场时,必须考虑企业面临的各种因素和条件,如企业规模和原料的供应、产品类似性、市场类似性、产品寿命周期、竞争的目标市场等。选择适合本企业的目标市场策略是一个复杂多变的工作。企业内部条件和外部环境在不断发展变化,经营者要不断通过市场调查和预测,掌握和分析市场变化趋势与竞争对手的条件,扬长避短,发挥优势,把握时机,采取灵活的适应市场态势的策略,去争取较大的利益。

(四)影响目标市场战略的因素

1. 企业能力。是指企业在研发、生产、技术、分销、促销、管理和资金等方面力量的总和。

2. 产品同质性。
3. 产品寿命周期阶段。
4. 市场的类同性。
5. 竞争者战略。

三、市场定位

市场定位是企业及产品确定在目标市场上所处的位置，是指企业根据竞争者现有产品在市场上所处的位置，针对顾客对该类产品某些特征或属性的重视程度，为本企业产品塑造与众不同的、给人印象鲜明的形象，并将这种形象生动地传递给顾客，从而使该产品在市场上确定适当的位置。市场定位是市场营销学中一个非常重要的概念，市场上常见主流商业管理课程如 MBA、EMBA 等均对市场定位有详细介绍。

（一）市场定位定义

市场定位也称作"营销定位"，是市场营销工作者用以在目标市场的心目中塑造产品、品牌或组织的形象或个性的营销技术。企业根据竞争者现有产品在市场上所处的位置，针对消费者或用户对该产品某种特征或属性的重视程度，强有力地塑造出本企业产品与众不同的、给人印象鲜明的个性或形象，并把这种形象生动地传递给顾客，从而使该产品在市场上确定适当的位置。

（二）市场定位目的

市场定位并不是你对一件产品本身做些什么，而是你在潜在消费者的心目中做些什么。市场定位的实质是使本企业与其他企业严格区分开来，使顾客明显感觉和认识到这种差别，从而在顾客心目中占有特殊的位置。

（三）市场定位步骤

市场定位的关键是企业要设法在自己的产品上找出比竞争者更具有竞争优势的特性。竞争优势一般有两种基本类型：一是价格竞争优势，就是在同样的条件下比竞争者定出更低的价格。这就要求企业采取一切努力来降低单位成本。二是偏好竞争优势，即能提供确定的特色来满足顾客的特定偏好。这就要求企业采取一切努力在产品特色上下功夫。因此，企业市场定位的全过程可以通过以下三大步骤来完成：

1. 识别潜在竞争优势

这一步骤的中心任务是要回答以下三个问题：

(1) 竞争对手产品定位如何？

(2) 目标市场上顾客欲望满足程度如何以及确实还需要什么？

(3) 针对竞争者的市场定位和潜在顾客的真正需要的利益要求企业应该及能够做什么？

要回答这三个问题，企业市场营销人员必须通过一切调研手段，系统地设计、搜索、分析并报告有关上述问题的资料和研究结果。

通过回答上述三个问题，企业就可以从中把握和确定自己的潜在竞争优势在哪里。

2. 核心竞争优势定位

竞争优势表明企业能够胜过竞争对手的能力。这种能力既可以是现有的，也可以是潜在的。选择竞争优势实际上就是一个企业与竞争者各方面实力相比较的过程。比较的指标应是一个完整的体系，只有这样，才能准确地选择相对竞争优势。通常的方法是分析、比较企业与竞争者在经营管理、技术开发、采购、生产、市场营销、财务和产品七个方面究竟哪些是强项，哪些是弱项。借此选出最适合本企业的优势项目，以初步确定企业在目标市场上所处的位置。

3. 战略制定

(1) 主要任务是企业要通过一系列的宣传促销活动，将其独特的竞争优势准确传播给潜在顾客，并在顾客心目中留下深刻印象。

(2) 应使目标顾客了解、知道、熟悉、认同、喜欢和偏爱本企业的市场定位，在顾客心目中建立与该定位相一致的形象。

(3) 企业通过各种努力强化目标顾客形象，保持目标顾客的了解，稳定目标顾客的态度和加深目标顾客的感情来巩固与市场相一致的形象。

(4) 企业应注意目标顾客对其市场定位理解出现的偏差或由于企业市场定位宣传上的失误而造成的目标顾客模糊、混乱和误会，及时纠正与市场定位不一致的形象。企业的产品在市场上定位即使很恰当，但在下列情况下，还应考虑重新定位：

①竞争者推出的新产品定位于本企业产品附近，侵占了本企业产品的部分市场，使本企业产品的市场占有率下降。

②消费者的需求或偏好发生了变化，使本企业产品销售量骤减。

重新定位是指企业为已在某市场销售的产品重新确定某种形象，以改变消费者原有的认识,争取有利的市场地位的活动。如某日化厂生产婴儿洗发剂,以强调该洗发剂不刺激眼睛来吸引有婴儿的家庭。但随着出生率的下降,销售量减少。为了增加销售,该企业将产品重新定位,强调使用该洗发剂能使头发松软有光泽,以吸引更多、更广泛的购买者。重新定位对于企业适应市场环境、调整市场营销战略是必不可少的,可以视为企业的战略转移。重新定位可能导致产品的名称、价格、包装和品牌的更改,也可能导致产品用途和功能上的变动,企业必须考虑定位转移的成本和新定位的收益问题。

（四）市场定位方式

1. 避强定位策略

这种策略是企业避免与强有力的竞争对手发生直接竞争,而将自己的产品定位于另一市场的区域内,使自己的产品在某些特征或属性方面与强势对手有明显的区别。这种策略可使自己迅速在市场上站稳脚跟,并在消费者心中树立起一定形象。由于这种做法风险较小,成功率较高,常为多数企业所采用。

2. 迎头定位策略

这种策略是企业根据自身的实力,为占据较佳的市场位置,不惜与市场上占支配地位、实力最强或较强的竞争对手发生正面竞争,从而使自己的产品进入与对手相同的市场位置。由于竞争对手强大,这一竞争过程往往相当引人注目,企业及其产品能较快地为消费者所了解,达到树立市场形象的目的。这种策略可能引发激烈的市场竞争,具有较大的风险。因此,企业必须知己知彼,了解市场容量,正确判定凭自己的资源和能力是不是能比竞争者做得更好,或者能不能平分秋色。

3. 重新定位策略

这种策略是企业对销路少、市场反应差的产品进行二次定位。初次定位后,如果由于顾客的需求偏好发生转移,市场对本企业产品的需求减少,或者由于新的竞争者进入市场,选择与本企业相近的市场位置,这时,企业就需要对其产品进行重新定位。一般来说,重新定位是企业摆脱经营困境、寻求新的活力的有效途径。此外,企业如果发现新的产品市场范围,也可以进行重新定位。

（五）市场定位原则

各个企业经营的产品不同,面对的顾客也不同,所处的竞争环境也不同,因而市场定位所依据的原则也不同。总的来讲,市场定位所依据的原则有以下四点:

1. 根据具体的产品特点定位

构成产品内在特色的许多因素都可以作为市场定位所依据的原则。比如所含成分、材料、质量、价格等。"七喜"汽水的定位是"非可乐",强调它是不含咖啡因的饮料,与可乐类饮料不同。"泰宁诺"止痛药的定位是"非阿斯匹林的止痛药",显示药物成分与以往的止痛药有本质的差异。一件仿皮皮衣与一件真正的水貂皮衣的市场定位自然不会一样,同样,不锈钢餐具若与纯银餐具定位相同,也是难以令人置信的。

2. 根据特定的使用场合及用途定位

为老产品找到一种新用途,是为该产品创造新的市场定位的好方法。小苏打曾一度被广泛地用作家庭的刷牙剂、除臭剂和烘焙配料,已有不少的新产品代替了小苏打的上述一些功能。我们曾经介绍了小苏打可以定位为冰箱除臭剂,另外还有家公司把它当作了调味汁和肉卤的配料,更有一家公司发现它可以作为冬季流行性感冒患者的饮料。我国曾有一家生产"曲奇饼干"的厂家最初将其产品定位为家庭休闲食品,后来又发现不少顾客购买是为了馈赠,又将之定位为礼品。

3. 根据顾客得到的利益定位

产品提供给顾客的利益是顾客最能切实体验到的,也可以用作定位的依据。

1975 年,美国米勒(Miller)推出了一种低热量的"Lite"牌啤酒,将其定位为喝了不会发胖的啤酒,迎合了那些经常饮用啤酒而又担心发胖的人的需要。

4. 根据使用者类型定位

企业常常试图将其产品指向某一类特定的使用者,以便根据这些顾客的看法塑造恰当的形象。

美国米勒啤酒公司曾将其原来唯一的品牌"高生"啤酒定位于"啤酒中的香槟",吸引了许多不常饮用啤酒的高收入妇女。后来发现,占 30% 的狂饮者大约消费了啤酒销量的 80%,于是,该公司在广告中展示石油工人钻井成功后狂欢的镜头,还有年轻人在沙滩上冲刺后开怀畅饮的镜头,塑造了一个精力充沛的形象。在广告中提出"有空就喝米勒",从而成功占领啤酒狂饮者市场达 10 年之久。

事实上,许多企业进行市场定位的依据的原则往往不止一个,而是多个原则同时使用。因为要体现企业及其产品的形象,市场定位必须是多维度、多侧面的。

案例分析

把梳子卖给和尚，正如把冰卖给爱斯基摩人，把防毒面具卖给森林中的马鹿一样，推销的都是客户并不需要的产品，看上去都是一件不可能完成的任务，对大多数推销员而言，都会是不可能有结果的。但是，对于推销高手与销售精英而言，更多接受的却正是类似不可能完成的任务和超越自我的挑战，而他们所要完成的工作就是将幻想变成理想，把理想变成现实，将所有不可能通过努力和技巧变成一种实实在在的可能。且看一段推销高手推销实务的精彩案例：

从前，有两名推销梳子的推销员，姑且称他们为张三和李四吧，每天走街串巷，到处推销梳子。有一天，二人结伴外出，无意中经过一处寺院，望着人来人往的寺院，张三大失所望："唉，怎么会跑到这个鬼地方，这里全是一群……哪有和尚会买梳子呢？"于是打道回府。

刚刚看到寺院的招牌，李四本来也是心内一凉，非常失望，但长期以来形成的职业习惯和不断挑战自我的精神又告诉自己："既来之，则安之，不行动怎么会有结果呢？事在人为嘛！"于是，径直走进了寺院，待见到方丈时心内已想好了沟通的切入点。

见面施礼后，李四先声夺人地问道"方丈，您身为寺院住持，可知做了一件对佛大不敬的事情吗？"

方丈一听，满脸诧异，诚惶诚恐地问道："敢问施主，老纳有何过失？"

"每天如此多的善男信女风尘仆仆，长途跋涉而来，只为拜佛求愿。但他们大多满脸污垢，披头散发，如此拜佛，实为对佛之大不敬，而您身为寺院住持，却对此视而不见，难道没有失礼吗？"方丈一听，顿时惭愧万分："阿弥陀佛，请问施主有何高见？"

"方丈勿急，此乃小事一桩，待香客们赶至贵院，只需您安排盥洗间一处，备上几把梳子，令香客们梳洗完毕，干干净净、利利索索拜佛即可！"李四答道。

"多谢施主高见，老纳明日安排人下山购梳。"

"不用如此麻烦，方丈，区区在下已为您备好了一批梳子，低价给您，也算是我对佛尽些心意吧！"

经商讨，李四以每把3元的价格卖给了老和尚10把梳子。

李四满头大汗地返回住所，恰巧让张三看到："嗨，李四，和尚们买梳子了吗？"张三调侃道。

"买了，不过不多，仅仅十把而已。"

"什么！十把梳子？卖给了和尚？"张三瞪大了眼睛，张开的嘴巴久久不能合拢，"这怎么可能呢？和尚也会买梳子？向和尚推销梳子不挨顿揍就阿弥陀佛了，怎么可能会成功呢？"

于是李四一五一十将推销过程告诉了张三，听完以后，张三顿觉恍然："原来如此，自愧不如啊，佩服佩服！"嘴上一边说，心里一边想："为什么我会放弃这个好机会呢？老和尚真是慷慨啊，一下子就买十把梳子，还有没有机会让他卖出更多的价格更高的梳子呢？"脑筋一转，计上心来，当天晚上便与梳子店老板商量，连夜赶制了100把梳子，并在每把梳子上都画了一个憨态可掬的小和尚，并署上了寺院的名字。

第二天一早，张三带着这100把特制梳子来到了寺院，找到方丈后，深施一礼，"方丈，您是否想过振兴佛门，让我们的寺院名声远播、香火更盛呢？"

"阿弥陀佛，当然愿意，不知施主有何高见？"

"据在下调查，本地方圆百里以内共有五处寺庙，每处寺庙均有良好服务，竞争激烈啊！像您昨天所安排的香客梳洗服务，别的寺庙早在两个月前就有了，要想让香火更盛、名声更大，我们还要为香客多做一些别人没做的事情啊！"

"请问施主，我院还能为香客们多做些什么呢？"

"方丈，香客们来也匆匆，去也匆匆，如果能让他们空手而来，有获而走，岂不妙哉？"

"阿弥陀佛，本寺又有何物可赠呢？"

"方丈，在下为贵院量身定做了100把精致工艺梳，每把梳子上均有贵院字号，并画可爱小和尚一位，拜佛香客中不乏达官显贵、豪绅名流，临别以梳子一把相赠，一来高僧赠梳，别有深意，二来他们获得此极具纪念价值的工艺梳，更感寺院服务之细微，如此口碑相传，很快可让贵院名声远播，更会有人慕名求梳，香火岂不愈来愈盛呢？"

方丈听后，频频点头，张三遂以每把5元的价格卖给方丈100把梳子。

张三大功告成，兴致冲冲地回来与李四炫耀自己的成功推销，李四听完，默不作声，悄悄离开。（点评：有启发，有思考，就有更好的结局）

当晚李四与梳子店老板密谈，一个月后的某天清晨，携1000把梳子拜见方丈，双方施礼后，李四首先问了方丈原来购买张三梳子的赠送情况，看到方丈对以往合作非常满意，便话锋一转，深施一礼，"方丈，在下今天要帮您做一件功德无量的大好事！"

待方丈询问原因，李四将自己的宏伟蓝图向方丈描绘：寺院年久失修，诸多佛像已破旧不堪，重修寺院，重塑佛像金身已成为方丈终生夙愿，然则无钱难以明志，如何让寺院在方丈有生之年获得大笔资助呢？李四拿出自己的1000把梳子，分成了两组，其中一组梳子写有"功德梳"，另一组写有"智慧梳"，比起以前方丈所买的梳子，更显精致大方。李四对方丈建议，在寺院大堂内贴有如下告示："凡来本院香客，如捐助 10 元善款，可获高僧施法的智慧梳一把，天天梳理头发，智慧源源不断；如捐助 20 元善款，可获方丈亲自施法的功德梳一把，一旦拥有，功德常在，一生平安。"，如此一来，按每天 3000 香客计算，若有 1000 人购智慧梳，1000 人购功德梳，每天可得善款约 3 万元，扣除我的梳子成本，每把 8 元，可净余善款 1.4 万元，如此算来，每月即可筹得善款 40 多万元，不出一年，梦想即可成真，岂不功德无量？

李四讲得兴致勃勃，方丈听得心花怒放，二人一拍即合，当即购下 1000 把梳子，并签订长期供货协议，如此一来，寺院成了李四的超级专卖店。

课后练习

1. 李四为什么选择寺庙作为销售梳子的目标市场？
2. 李四的营销方案是怎样步步推进的？

综合练习

一、选择题

（一）单项选择题（每题只有一个最恰当的答案）

1. 在目标市场上，可能没有需求、需求很少、超量需求。市场营销管理就是要应对（　）。

    (A) 这些不同的需求情况　　　　　　　(B) 没有需求的情况

    (C) 需求很小的情况　　　　　　　　　(D) 超量需求情况

2. 市场营销组合的"4Ps"之外，还应该再加上两个"P"，即权力（Power）与公共关系（Public Relations），成为"6Ps"。这种新的战略思想称为（　）。

    (A) 宏观市场营销　　　　　　　　　　(B) 大市场营销

    (C) 微观市场营销　　　　　　　　　　(D) 整合市场营销

3. "健力宝"饮料公司大力支持和赞助中国运动员参加奥运会、亚运会，使"健力宝"饮料名扬天下，畅销世界，这是赞助活动中的（　）方式。

    (A) 赞助体育运动　　　　　　　　　　(B) 赞助文化娱乐活动

    (C) 赞助宣传用品的制作　　　　　　　(D) 赞助社会慈善和福利事业

（二）多项选择题（每题有两个或两个以上正确答案）

1. 市场的主要因素包括（　）。

    (A) 人口　　　(B) 购买力　　　(C) 消费　　　(D) 购买欲望

2. 社会市场营销观念要求市场营销者在制定市场营销政策时要统筹兼顾（　）。

    (A) 企业利润　　(B) 竞争对手的利润　(C) 社会利益　　(D) 消费者需要的满足

3. 垂直分销渠道模式包括有（　）的形式。

    (A) 所有权式　　(B) 契约式　　　　(C) 管理式　　　(D) 水平式

4. 下列对市场营销组合的描述正确的是（　）。

    (A) 市场营销组合因素对企业来说都是"可控因素"

    (B) 市场营销组合因素中各自包含若干小的因素

    (C) 市场营销组合是一个动态组合

（D）市场营销组合要受企业市场定位战略的制约

5. 产品线延伸策略有（   ）的实现方式。

（A）向下延伸　　（B）双向延伸　　（C）向上延伸　　（D）中间延伸

6. "MAN 法则"说明认定顾客资格的条件包括（   ）。

（A）具有商品购买力　　　　　　（B）具有对信息服务的认识能力

（C）具有对商品的需求　　　　　（D）具有商品购买决定权

二、简答题

1. 何谓目标市场营销？它的基本步骤有哪些？
2. 什么是市场细分？它的基础是什么？
3. 市场细分的步骤和方法有哪些？细分时应注意哪些问题？
4. 目标市场策略有哪些？应如何选择？
5. 什么是市场定位？其步骤和方法分别有哪些？
6. 竞争者有哪些类型？市场挑战者与市场跟随者有何不同？

三、实训

1. 实训项目：目标市场选择
2. 实训目的：掌握目标市场营销的基本步骤，提高运用目标市场营销理论分析问题、解决问题的能力。
3. 实训类型：方案设计
4. 实训内容：

李宁新产品（2018 四代）在国内外发布——为跑而生。大底橡胶纹路，脚部有弯折槽，有效引导跑步轨迹，轻量防滑。价位 300～350 元，质量外观具有超时代感。但李宁产品库存积压多，原有市场萎缩。

请根据以上资料，①细分运动鞋市场；②选定目标市场；③制定目标市场营销策略；④实施市场定位。

5. 实训方式：教师指导下学生实训
6. 实训过程：

（1）根据学生兴趣，分别成立建议书起草小组（5～8 人）；

（2）各建议书起草小组就实训内容要点进行广泛讨论；

(3) 各建议书起草小组组长代表本组发言，其他成员补充；
(4) 教师答疑，并点评。

7. 实训要求：

确定无尘粉笔的市场营销策略，并拟出相应建议书。

8. 实训结果：

根据目标市场营销策略建议书，填写实训报告。

第二篇 营销策略

第三章 产品策略

第一节 产品组合

本节主要学习内容
■ 产品的概念
■ 产品整体的市场意义
■ 产品的分类
■ 产品组合
■ 产品组合策略

一、产品的概念

产品是企业市场营销组合的首要因素。人们通常理解的产品是指具有某种特定物质形状和用途的物品,是看得见摸得着的东西,这是一种狭义的定义。而市场营销学认为,广义的产品是指人们通过购买而获得的能够满足某种需求和欲望的物品的总和,它既包括具有物质形态的产品实体,又包括非物质形态的利益,这就是产品的整体概念。

20世纪90年代以来,菲利普·科特勒等学者倾向于使用五个层次来表述产品整体概念,认为五个层次的表述方式能够更深刻、更准确地表述产品整体概念的含义。产品整体概念要求营销人员在规划市场供应物时,要考虑到能提供顾客价值的五个层次(如图3-1所示)。产品整体概念的五个基本层次是:

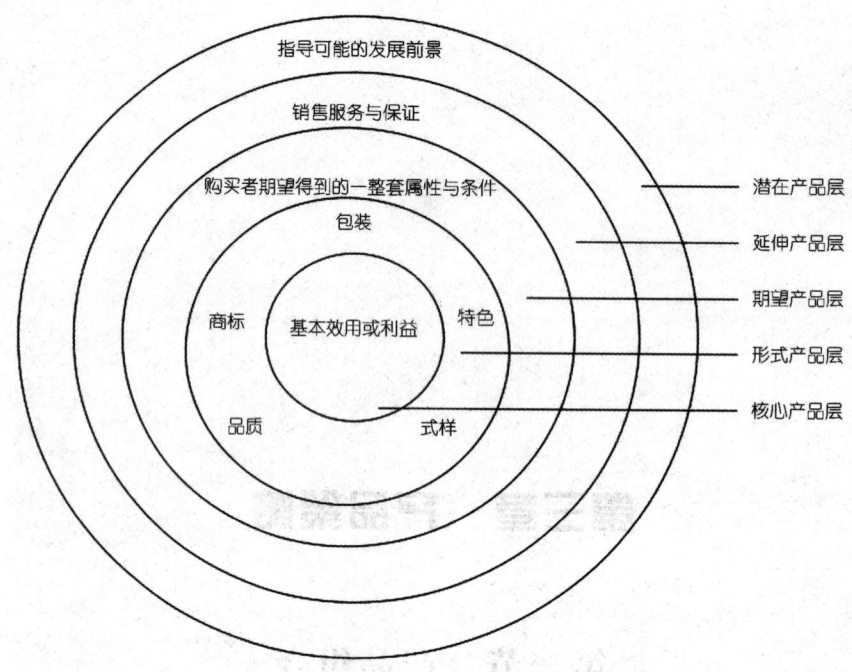

图 3-1　产品整体概念的五个层次

1. 核心产品。核心产品是指向顾客提供的产品的基本效用或利益。如电视机产品的核心是通过图像和音响使消费者获得各种信息与娱乐的效用,而不是为了使消费者获得装有某些机械、电器零部件的一个箱子。从根本上说,每一种产品实质上都是为解决问题而提供的服务。因此,营销人员向顾客销售任何产品,都必须具有反映顾客核心需求的基本效用或利益。

2. 形式产品。形式产品是指核心产品借以实现的形式,是企业向消费者提供的产品实体和服务的外观。有五个特征构成,即品质、式样、特征、品牌及包装。即使是纯粹的服务,也具有相类似的形式上的特点。

3. 期望产品。期望产品是指购买者在购买产品时期望得到的与产品密切相关的一整套属性和条件。例如消费者对冰箱产品的期望包括送货上门、质量、安装与维修保证。消费者的期望产品得不到满足时,会影响其对产品的满意度、购后评价及重复购买率。

4. 延伸产品。延伸产品是指顾客购买形式产品和期望产品时附带获得的各种利益的总和,包括产品说明书、保证、安装、维修、送货、技术培训等。国内外很多企业的成功,在一定程度上应归功于他们更好地认识到服务在产品整体概念中所占的重要地位。

5. 潜在产品。潜在产品是指现有产品包括所有附加产品在内的,可能发展成为未来最终产品的潜在状态的产品。潜在产品指出了现有产品可能的演变趋势和前景。

社会需要是不断变化的，因此，产品的品种、规格、款式也会相应地改变。新产品的不断出现，产品质量的不断提高，产品数量的不断增加，是现代社会经济发展的显著特点。

二、产品整体的市场意义

产品整体概念是对市场经济条件下产品概念的完整、系统、科学的表述。它对市场营销管理的意义表现在：

1. 它以消费者基本利益为核心，指导整个市场营销管理活动，是企业贯彻市场营销观念的基础。企业市场营销管理的根本目的就是要保证消费者的基本利益。消费者购买电视机是希望业余时间充实和快乐；消费者购买计算机是为了提高生产和管理效率；消费者购买服装是要满足舒适、风度和美感的要求，等等。概括起来，消费者追求的基本利益大致包括功能和非功能两方面的要求。消费者对前者的要求是出于实际使用的需要，而对后者的要求则往往是出于社会心理动机。而且，这两方面的需要又往往交织在一起，并且非功能需求所占的比重越来越大。而产品整体概念，正是明确地向产品的生产经营者指出，要竭尽全力地通过有形产品和附加产品去满足核心产品所包含的一切功能和非功能的要求，充分满足消费者的需求。可以断言，不懂得产品整体概念的企业不可能真正贯彻市场营销观念。

2. 只有通过产品四层次的最佳组合才能确立产品的市场地位。营销人员要把对消费者提供的各种服务看作是产品实体的统一体。由于科学技术在今天的社会中能以更快的速度扩散，也由于消费者对切身利益关切度的提高，使得营销者的产品以独特形式出现越来越困难，消费者也就越来越以营销者产品的整体效果来确认哪个厂家、哪种品牌的产品是自己喜爱和满意的。尤其是，国内消费者在购买家电产品时，往往对有两层包装纸盒的产品（"双包装产品"）更为相信，对于不少缺乏电器专业知识的消费者来说，判别家电产品的质量可靠性，往往是以包装好坏作为决策的依据。对于营销者来说，产品越能以一种消费者易觉察的形式来体现消费者购物选择时所关心的因素，越能获得好的产品形象，进而确立有利的市场地位。

3. 产品差异构成企业特色的主体，企业要在激烈的市场竞争中取胜，就必须致力于创造自身产品的特色。不同产品项目之间的差异是非常明显的。这种差异或表现在功能上，如鸣笛水壶与一般水壶之别；或表现在设计风格、品牌、包装的独到之处，甚至表现在与之相联系的文化因素上，如各种服装的差异；或表现在产品的附加利益上，如各种不同的服务，可使产品各具特色。总之，在产品整体概念的三个层次上，企业都可以形成自己的特色，而与竞争产品区别开来。而随着现代市场经济的发展和市场竞争的加剧,企业所提供的附加利益在市场竞争中也显得越来越重要。国内外许多企业的成功,在很大程度上应归功于他们更好地认识了服务等附加产品在产品整体概念中的重要地位。

三、产品的分类

市场中的产品是丰富多彩、多种多样的,但可以按不同的标志进行分类(如图3-2所示)。

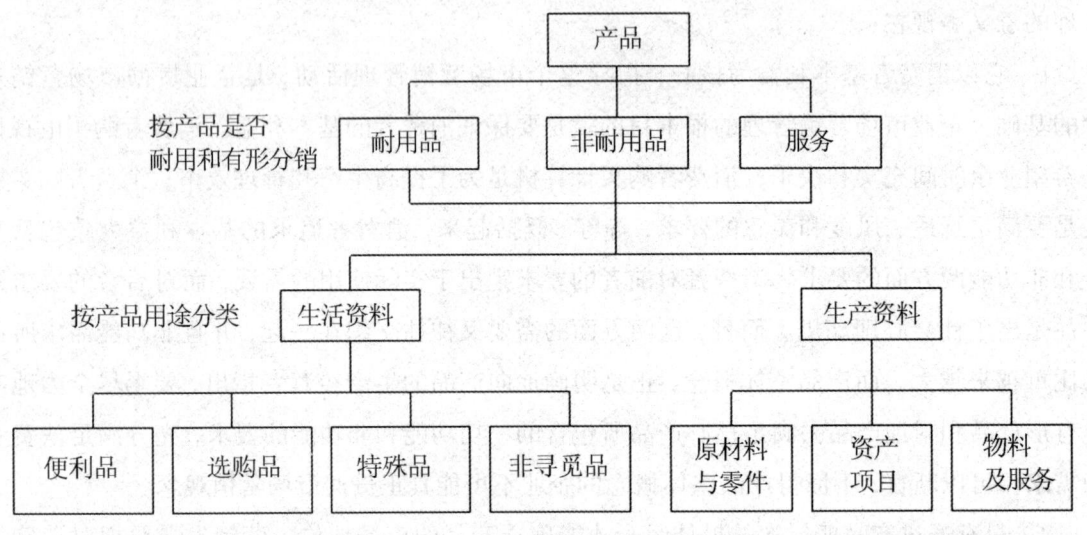

图3-2 产品分类关系图

1. 按产品的耐用性和有形性可分为耐用品、非耐用品、服务(劳务)

(1)耐用品:耐用品也属于有形产品,通常使用期限或寿命较长,可以重复使用,如电视机、手机、汽车等。耐用品倾向于较多的人员推销和售后服务。

(2)非耐用品:非耐用品属于有形产品,指在正常情况下一次或几次使用就被消费的有形物品。例如牙膏、糖果烟酒、肥皂洗衣粉等。经营非耐用消费品,要求网点设置要多且接近居民区,以便于消费者购买,同时坚持薄利多销,注重广告宣传,诱导消费者喜爱与购买。

(3)服务:服务是为出售而提供的活动、利益或满意,如美容与理发。服务是无形的、不可分离的、可变的和易消失的。一般而言,它们需要更多的质量控制,供应者信用能力和实用性。

2. 根据产品的用途,可分为生活资料和生产资料或者是消费品和产业用品

所谓生活资料是指直接用于满足最终消费者生活消费的产品。生活资料按照消费者购买习惯,又可将商品分成便利品、选购品、特殊品和非渴求商品。

（1）便利品：便利品是指顾客经常购买即刻购买，并且几乎不做任何购买比较和购买努力的商品，如肥皂、报纸、牙膏等。便利品还包括日用品、冲动品和急用品三种。日用品是消费者经常购买的产品；冲动品是消费者没有经过计划或寻找而购买的产品；急用品是当消费者的需求十分迫切时购买的产品，如在户外下雨时购买雨伞。

（2）选购品。选购品是指在选购过程中，对产品的适用性、质量、价格和式样等基本方面做有针对性比较的产品。通常选购行为发生于价格较高的产品时，如房子、汽车等。选购品又可以进一步划分为同质选购品（质量相似，便价格却明显不同，所以选择是必要的）和异质选购品（特色和服务上的区别比价格更重要）。

（3）特殊品。特殊品是指具有独有特征或品牌标记的产品。此类产品通常是有特别需要的人才会购买，如摄影器材、药物等。使用特殊品的人对产品知识有相当的了解，有习惯性的购买倾向，所以购买者往往不需花费过多的时间进行选择。

（4）非渴求商品。非渴求商品指消费者不会想到购买此类产品，或根本不知道有这类产品存在，一直等到需求被唤醒时才会购买，如人寿保险、大英百科全书。非渴求商品需要广告和人员推销的支持。

所谓生产资料是指企业或组织购买后用于生产其他产品的产品。生产资料按照进入生产过程的程度以及他们的相对成分进行划分，可以分为原材料与零部件、资产项目、易耗品及服务三类。

（5）原材料和零部件。是指完全进入生产过程的产品，包括原材料和装配于产品之上成为产品的组成部分的零部件。

（6）资产项目。是指在生产过程中长期发挥作用，其价值逐渐、分次地转移到所生产的产品中去的劳动资料，包括主要设备和附属设备。

（7）易耗品及服务。是维持企业生产经营活动所必需的，但其本身完全不进入生产过程的产品，包括使用易耗品、维修易耗品和维修服务、咨询服务等。

产品除了按上述标志进行分类外，还可以进一步细分，分类的目的在于不同类型的产品由于购买对象、购买目的、购买方式和购买组织的不同，决定了购买行为、市场范围、销售渠道和促销方式的差异，因此需要制定不同的营销策略。

第二节　品牌战略

本节主要学习内容
■ 品牌
■ 品牌策略

一、品牌

1. 品牌的定义

品牌是一种名称、术语、标记、符号或设计，或是它们的组合运用，其目的是借以辨认某个销售者，或某群销售者的产品及服务，并使之与竞争对手的产品和服务区别开来。

品牌是整体产品的重要组成部分，具有较广泛的含义。菲利普·科特勒阐述了品牌的六层意思：一是属性，即一个品牌固有的外在印象；二是利益，即使用该品牌带来的满足；三是价值，即该品牌的使用价值和价值感；四是文化，即附加和象征该品牌的文化；五是个性，即品牌可以给人带来浮想和心理定式的特点；六是使用者，即品牌还体现了购买或使用这种产品的是哪一类消费者。一个品牌如果能具备所有6层含义才是一个完整的品牌，而其核心是品牌的价值、文化和个性，它们确定了品牌的基础。

2. 品牌的功能

品牌的功能主要有以下几个：

（1）品牌的辨识功能。品牌最开始的功能就是将不同制造者的商品进行区分，现在，品牌确定了一个产品的来源者或者制造者，从而使制造商或者分销商可以对消费者负责。消费者可以通过对品牌的认识和评价去选购商品，而当消费者的生活越来越复杂、紧迫和繁忙时，品牌的辨别功能对简化顾客购买决策和降低购买风险至关重要。

（2）品牌的保护功能。这主要是指品牌可以为企业的不同特色的产品提供法律保护，如商标保护、专利保护、包装版权保护等。这些知识产权保证了企业可以安全地投资于某品牌并从其有价值的资产中获益。

（3）品牌的优势锁定功能。这主要包括：一是品牌能体现出一定的产品质量水平，使满意的顾客再次选择此产品；二是品牌忠诚度可为企业提供需求预测，且可以形成其他公司进入市场的障碍；三是品牌忠诚也可以转化成顾客出高价购买此产品的意愿；四是竞争可能很容易模仿产品的生产过程和设计，但是很难模仿本企业品牌多年在顾客心目中的形象。

(4) 品牌的资产功能。这主要是指品牌代表着巨大的、能影响消费者行为的、有价值的、具有法律效力的资产，可以被买卖，并且给其拥有者提供未来收入的稳定支持。

3. 品牌内容

(1) 属性。一个品牌首先给人带来特定的属性。

(2) 利益。一个品牌不仅仅限于一组属性。顾客不是购买属性，他们是购买利益。属性需要转换成功能和情感利益。

(3) 价值。品牌还体现了该制造商的某些价值观。

(4) 文化。品牌可能附加象征了一定的文化。

(5) 个性。品牌代表了一定的个性，使得它所代表的产品区别于其他竞争者的产品。

(6) 使用者。品牌还体现了购买或使用这种产品的是哪一类消费者。

二、品牌策略

企业的品牌策略是指企业如何合理地使用品牌，以达到一定的营销目的。企业在进行品牌决策时，一般可以作以下选择。

1. 同一品牌策略

同一品牌策略是指企业生产的一切产品均使用同一种品牌进入市场。如伊利集团的产品，无论是液态奶、奶粉，还是雪糕等，都冠以"伊利"这一品牌。采用这种策略，有利于建立一整套"企业识别体系"和企业统一的品牌商标，广泛传播企业精神和特点，让产品具有强烈的识别性，提高企业的声誉和知名度。还可以利用市场上已知名的品牌推出新产品，有利于节省商标设计费用和促销费用，提高广告效果。但采用这种策略，企业必须具备以下两个条件：①这种品牌必须在市场上已经获得一定信誉；②采用统一品牌的各种产品具有相同的质量水平。否则会因某一产品质量不佳波及其他产品并影响整个企业形象。

2. 个别品牌策略

个别品牌策略是指企业按产品的品种、用途和质量，分别采用不同的品牌。如五粮液酒厂生产的白酒采用"五粮液""五粮醇""五粮春""尖庄"等不同品牌。采用这种策略，能够严格区分不同产品和品种，区别质量档次，反映了不同的特色，以适应市场上不同层次的消费水平，扩大市场容量，以取得规模效益。采用这种策略，企业承担的风险较小。因为，即使有一两种品牌的商品不受市场欢迎，也不会影响到本企业其他品牌商品的销售，不会对企业整体形象造成不良影响。但企业要为每一个产品设计品牌，为每一个品牌做广告宣传，费用高，消费者也不易记住，难以树立企业的整体市场形象。

3. 品牌扩展策略

品牌扩展策略又称特殊品牌策略，是指企业利用成功的品牌推出新产品或改良产品。如春兰集团以生产春兰空调器而闻名遐迩。他们推出摩托车产品时采用"春兰虎""春兰豹"的品牌。采用这种策略，可以节省新产品的宣传广告费用，利用消费者对品牌的信任感，使新产品能够顺利地迅速地进入市场。

4. 更换品牌策略

更换品牌策略就是更换原有企业的品牌，采用新的品牌。如科龙集团原生产容声冰箱，后生产空调器时采用科龙这一品牌。采用更换品牌策略的原因很多：或原有品牌过时，需要更换；或采用某一特别著名产品的品牌；或企业生产方向的变更或扩大；或者企业认为需要重新设计产品形象等。

5. 中间商品品牌策略

中间商品品牌策略是指在销售者品牌下从事市场营销。在传统上，品牌是厂商的制造标记，因产品的设计、质量、特色都是由制造商决定的。但是，近年来，在西方国家，越来越多的中间商大力提高自己的声誉，树立企业的形象，创立品牌。即中间商把制造商生产的产品大批量地买进来，再使用自己的品牌转让出去。如美国著名的零售商西尔斯百货公司，90%以上的商品都用自己的牌子。采用这种策略可以利用中间商良好的品牌声誉以及庞大、完善的分销体系为生产企业在新的市场推销新的产品服务。但采用这种策略，要求中间商对制造者的产品质量严格控制。否则，不仅会影响产品销售，而且会砸掉中间商的牌子。

6. 借用品牌策略

借用品牌策略就是企业生产的产品不用自己的品牌，而用借来的品牌销售。国内许多联营企业常采用这种策略：由主导厂提供技术，严把质量关，协作厂的产品用主导厂的品牌出售。采用这种策略看上去出于无奈，是消极的举措。但从长远看是积极的，借牌是为了使企业渡过难关，出现转机，开创未来。

7. 无品牌策略

一般来说，绝大部分企业或产品者使用品牌或注册商标，但在某些特殊情况下，可以不使用品牌或注册商标，只注明产地或生产厂家名称，也可使用未经注册的临时商标。无品牌策略适用以下三种情况：一是产品技术要求简单，不同生产厂家其产品质量是同质的，故消费者没有必要凭品牌去购买。如原材料、煤炭、电力等。二是小范围的地产、地销产品、习惯只注产地或厂家，也可使用未注册商标。如土特产、手工艺品等。三是企业临时性加工或一次性生产的产品。如接受外商的加工业务，一般是由经营单位重新包装使用经营者的商标。

案例分析

积士佳食品有限公司的营养保健食品销量不断增长

汕头市积士佳食品有限公司立足于保健营养食品的研制、生产和销售,是一家新兴的多元化、现代化产业实体。公司自成立以来,本着"健康、营养、优化、创新"的企业精神,秉承以诚为本、以质为本、以人为本的经营理念,短短数年凸显良好成长性,现已拥有引进20世纪90年代最新技术的"1+3"咖啡生产设备,采用高压喷雾干燥技术的奶粉生产线,以及批量生产保健功能的现代化钙含片设备及适合现代人生活节奏的保健凉茶设备等。公司先后用"百雀""味豪""老中医"等商标向国内外市场推出"1+3"咖啡、即溶营养燕麦片、钙含片、葡萄糖、营养豆奶粉及颗粒凉茶冲剂六大类营养保健食品,其中"1+3"咖啡及"颗粒凉茶冲剂"在粤东地区同行业中的产量、销量均名列前茅,产品销往全国近百个大中城市。目前已在广东、江苏、山东、西安、辽宁、湖南、四川、福建等省组建了驻外办事处,形成了活跃的销售市场,主打品牌"百雀""老中医"更是深受广大消费者的喜爱。

案例思考

1. 品牌策略有哪些内容?积士佳食品有限公司的营养保健食品采取了什么品牌策略?
2. 企业采取这种品牌决策的原因是什么?
3. 企业采取这种品牌决策需要特别注意什么问题?

第三节 新产品开发

本节主要学习内容
■ 新产品开发概述
■ 新产品开发策略

一、新产品开发概述

1. 新产品开发的定义

新产品开发是指从研究选择适应市场需要的产品开始到产品设计、工艺制造设计,直到投入正常生产的一系列决策过程。

不断开发新产品是形成竞争优势的一个主要因素。如何缩短新产品开发周期，是成功推出新产品的关键。市场营销学中使用的新产品概念不是从纯技术角度理解的，产品只要在功能或形态上得到改进与原产品产生差异，并为顾客带来新的利益，即视为新产品。企业新产品开发的实质是推出不同内涵与外延的新产品。对大多数公司来说，是改进现有产品而非创造全新产品。

2. 新产品开发的基本方式

企业开发新产品，选择合适的方式很重要。选择得当，适合企业实际，就能少承担风险，易获成功。一般有独创方式、引进方式、结合方式和改进方式四种。

（1）独创方式。从长远考虑，企业开发新产品最根本的途径是自行设计、自行研制，即所谓独创方式。采用这种方式开发新产品，有利于产品更新换代及形成企业的技术优势，也有利于产品竞争。自行研制、开发产品需要企业建立一支实力雄厚的研发队伍、一个深厚的技术平台和一个科学、高效率的产品开发流程。

（2）引进方式。技术引进是开发新产品的一种常用方式。企业采用这种方式可以很快地掌握新产品制造技术，减少研制经费和投入的力量，从而赢得时间，缩短与其他企业的差距。但引进技术不利于形成企业的技术优势和企业产品的更新换代。

（3）改进方式。这种方式是以企业的现有产品为基础，根据用户的需要，采取改变性能、变换型式或扩大用途等措施来开发新产品。采用这种方式可以依靠企业现有设备和技术力量，开发费用低，成功把握大。但是，长期采用改进方式开发新产品，会影响企业的发展速度。

（4）结合方式。结合方式是独创与引进相结合的方式。

3. 新产品开发的程序

新产品开发是一项极其复杂的工作，从根据用户需要提出设想到正式生产产品投放市场，其中经历许多阶段，涉及面广、科学性强、持续时间长，因此必须按照一定的程序开展工作，这些程序之间互相促进、互相制约，才能使产品开发工作协调、顺利地进行。新产品开发过程一般包括以下几个环节：

（1）市场调研

市场调研旨在获得以下资料：

①市场动向资料。即有关产品品种、规格、数量、价格、行情、供求状况及其发展趋势。

②用户需求资料。即用户对现有产品的技术性能、工艺、产品的经济性、配套性、可维

修性和安全性方面的意见和期望。

③产品技术资料。即产品的技术现状和最新成果、发展趋势和未来可能出现的新技术。

在充分调研的基础上，将所得资料进行整理和分析，发现外部环境要求以及可能给企业带来的机会。根据企业经营目标和资源条件确定企业新产品开发目标。

（2）新产品开发的构思创意阶段

新产品开发是一种创新活动，产品创意是开发新产品的关键。在这一阶段，要根据社会调查掌握的市场需求情况以及企业本身条件，充分考虑用户的使用要求和竞争对手的动向，有针对性地提出开发新产品的设想和构思。产品创意对新产品能否开发成功有至关重要的意义和作用。企业新产品开发构思创意主要来自三个方面：

①来自用户。企业着手开发新产品，首先要通过各种渠道掌握用户的需求，了解用户在使用老产品过程中有哪些改进意见和新的需求，并在此基础上形成新产品开发创意。

②来自该企业职工。特别是销售人员和技术服务人员，经常接触用户，用户对老产品的改进意见与需求变化他们都比较清楚。

③来自专业科研人员。科研人员具有比较丰富的专业理论和技术知识，要鼓励他们发扬这方面的专长，为企业提供新产品开发的创意。此外，企业还通过情报部门、工商管理部门、外贸等渠道，征集新产品开发创意。

新产品创意包括三个方面的内容：产品构思、构思筛选和产品概念的形成。

①产品构思。产品构思是在市场调查和技术分析的基础上，提出新产品的构想或有关产品改良的建议。

②构思筛选。并非所有的产品构思都能发展成为新产品。有的产品构思可能很好，但与企业的发展目标不符合，也缺乏相应的资源条件；有的产品构思可能本身就不切实际，缺乏开发的可能性。因此，必须对产品构思进行筛选。

③产品概念的形成。经过筛选后的构思仅仅是设计人员或管理者头脑中的概念，离产品还有相当的距离。还需要形成能够为消费者所接受的、具体的产品概念。产品概念的形成过程实际上就是构思创意与消费者需求相结合的过程。

（3）新产品设计阶段

产品设计是指从确定产品设计任务书起到确定产品结构为止的一系列技术工作的准备和管理，是产品开发的重要环节，是产品生产过程的开始，必须严格遵循"三段设计"程序。

①初步设计阶段。这一般是为下一步技术设计做准备。这一阶段的主要工作就是编制设计任务书，让上级对设计任务书提出体现产品合理设计方案的改进性和推荐性意见，经上级

批准后，作为新产品技术设计的依据。它的主要任务在于正确地确定产品最佳总体设计方案、设计依据、产品用途及使用范围、基本参数及主要技术性能指标、产品工作原理及系统标准化综合要求、关键技术解决办法及关键元器件、特殊材料资源分析、对新产品设计方案进行分析比较，运用价值工程，研究确定产品的合理性能（包括消除剩余功能）及通过不同结构原理和系统的比较分析，从中选出最佳方案等。

②技术设计阶段。技术设计阶段是新产品的定型阶段。它是在初步设计的基础上完成设计过程中必须的试验研究（新原理结构、材料元件工艺的功能或模具试验），并写出试验研究大纲和研究试验报告；作出产品设计计算书；画出产品总体尺寸图、产品主要零部件图，并校准；运用价值工程，对产品中造价高的、结构复杂的、体积笨重的、数量多的主要零部件的结构、材质精度等选择方案进行成本与功能关系的分析，并编制技术经济分析报告；绘出各种系统原理图；提出特殊元件、外购件、材料清单；对技术任务书的某些内容进行审查和修正；对产品进行可靠性、可维修性分析。

③工作图设计阶段。工作图设计的目的，是在技术设计的基础上完成供试制（生产）及随机出厂用的全部工作图样和设计文件。设计者必须严格遵守有关标准规程和指导性文件的规定，设计绘制各项产品工作图。

(4) 新产品试制与评价鉴定阶段

新产品试制阶段又分为样品试制和小批试制阶段。

①样品试制阶段。它的目的是考核产品设计质量，考验产品结构、性能及主要工艺，验证和修正设计图纸，使产品设计基本定型，同时也要验证产品结构工艺性，审查主要工艺上存在的问题。

②小批试制阶段。这一阶段的工作重点在于工艺准备，主要目的是考验产品的工艺，验证它在正常生产条件下（即在生产车间条件下）能否保证所规定的技术条件、质量和良好的经济效果。

试制后，必须进行鉴定，对新产品从技术上、经济上作出全面评价。然后才能得出全面定型结论，正式投入生产。

(5) 生产技术准备阶段

在这个阶段，应完成全部工作图的设计，确定各种零部件的技术要求。

(6) 正式生产和销售阶段

在这个阶段，不仅需要做好生产计划、劳动组织、物资供应、设备管理等一系列工作，还要考虑如何把新产品引入市场，如研究产品的促销宣传方式、价格策略、销售渠道和提供服务等方面的问题。新产品的市场开发既是新产品开发过程的终点,又是下一代新产品再开发的起点。通过市场开发,可确切地了解开发的产品是否适应需要以及适应的程度;分析与产品开发有关的市场情报,可为开发产品决策、为改进下一批(代)产品、为提高开发研制水平提供依据,同时还可取得有关潜在市场大小的数据资料。

二、新产品开发策略

新产品的开发是企业产品策略的重要组成部分。新产品开发的主要策略有:

1. 领先策略

这种策略就是在激烈的产品竞争中采用新原理、新技术、新结构优先开发出全新产品,从而先入为主,领略市场上的无限风光。这类产品的开发多从属于发明创造范围,采用这种策略,投资数额大,科学研究工作量大,新产品实验时间长。

2. 超越自我策略

这种策略的着眼点不在于眼前利益而在于长远利益。这种暂时放弃一部分眼前利益、最终以更新更优的产品去获取更大利润的经营策略,要求企业有长远的"利润观"理念,要注意培育潜在市场,培养超越自我的气魄和勇气,不仅如此,更需要有强大的技术作后盾。

3. 紧跟策略

采用这类策略的企业往往针对市场上已有的产品进行仿造或进行局部的改进和创新,但基本原理和结构是与已有产品相似的。这种企业跟随既定技术的先驱者,以求用较少的投资得到成熟的定型技术,然后利用其特有的市场或价格方面的优势,在竞争中对早期开发者的商业地位进行侵蚀。

4. 补缺策略

每一个企业都不可能完全满足市场的任何需求,所以在市场上总存在着未被满足的需求,这就为企业留下了一定的发展空间。这就要求企业详细地分析市场上现有产品及消费者的需求,从中发现尚未被占领的市场。

第四节 产品生命周期

本节主要学习内容
■ 产品生命周期
■ 产品生命周期各阶段的营销策略

一、产品生命周期

1. 产品生命周期的含义

产品生命周期（Product Life Cycle，PLC），是指产品的市场寿命。一种产品进入市场后，它的销售量和利润都会随时间推移而改变，呈现一个由少到多、由多到少的过程，就如同人的生命一样，由诞生、成长到成熟，最终走向衰亡，这就是产品的生命周期现象。所谓产品生命周期，是指产品从进入市场开始，直到最终退出市场为止所经历的市场生命循环过程。产品只有经过研究开发、试销，然后进入市场，它的市场生命周期才算开始。产品退出市场，则标志着生命周期的结束。

2. 产品生命周期各阶段的特点

典型的产品生命周期一般可分为四个阶段，即导入期、成长期、成熟期和衰退期，如图3-3所示。

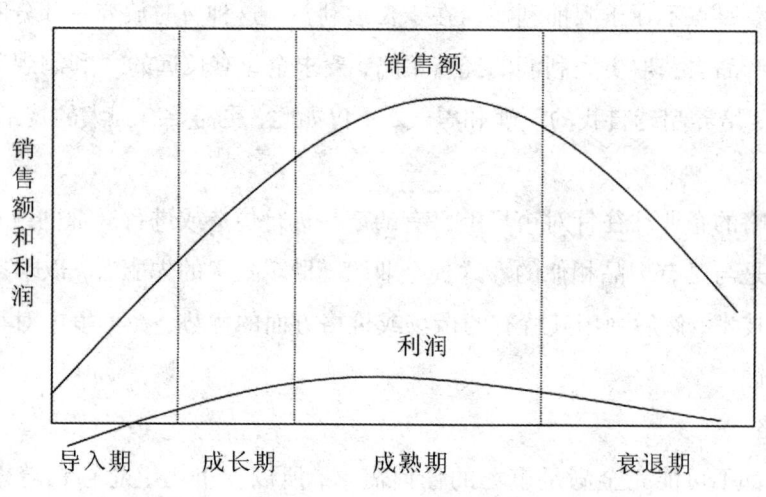

图3-3 产品生命周期曲线

（1）导入期。新产品投入市场，便进入导入期。此时，顾客对产品还不了解，只有少数追求新奇的顾客可能购买，销售量很低。为了扩展销路，需要大量的促销费用，对产品进行宣传。在这一阶段，由于技术方面的原因，产品不能大批量生产，因而成本高，销售额增长缓慢，企业不但得不到利润，反而可能亏损。产品也有待进一步完善。

（2）成长期。产品被市场迅速接受和利润大量增加的时期。这一阶段，消费者对产品已经熟悉，大量的新顾客开始购买，分销渠道顺畅，产品销售量迅速增长，几乎呈直线上升。产品已定型，生产工艺基本成熟，产品大批量生产，生产成本相对降低，企业的销售额迅速上升，利润也迅速增长。竞争者看到有利可图，将纷纷进入市场参与竞争，使同类产品供给量增加，价格随之下降，企业利润增长速度逐步减慢，最后达到生命周期利润的最高点。

（3）成熟期。市场需求趋向饱和，潜在的顾客已经很少，销售额增长缓慢直至转而下降，标志着产品进入了成熟期。在这一阶段，竞争逐渐加剧，产品售价降低，促销费用增加，企业利润下降。

（4）衰退期。随着科学技术的发展，新产品或新的代用品出现，将使顾客的消费习惯发生改变，转向其他产品，从而使原来产品的销售额和利润额迅速下降。于是，产品又进入了衰退期。

二、营销策略

典型的产品生命周期的四个阶段呈现出不同的市场特征，企业的营销策略也就以各阶段的特征为基点来制定和实施。

1. 导入期的营销策略

导入期的特征是产品销量少，促销费用高，制造成本高，销售利润很低甚至为负值。根据这一阶段的特点，企业应努力做到：投入市场的产品要有针对性；进入市场的时机要合适；设法把销售力量直接投向最有可能的购买者，使市场尽快接受该产品，以缩短导入期，更快地进入成长期。

在产品的导入期，一般可以由产品、分销、价格、促销四个基本要素组合成各种不同的市场营销策略。仅将价格高低与促销费用高低结合起来考虑，可以形成四种典型的策略，如图3-4所示：

促销水平

		高	低
价格水平	高	快速撇脂	缓慢撇脂
	低	快速渗透	缓慢渗透

图3-4 引入期的营销策略

（1）快速撇脂策略。快速撇脂策略是指企业以高价格和高促销水平的方式推出新产品。实行高价策略可在每单位销售额中获取最大利润，尽快收回投资；高促销费用能够快速建立知名度，占领市场。实施这一策略须具备以下条件：产品有较大的需求潜力；目标顾客求新心理强，急于购买新产品；企业面临潜在竞争者的威胁，需要及早树立品牌形象。一般而言，在产品引入阶段，只要新产品比替代的产品有明显的优势，市场对其价格就不会那么计较。

（2）缓慢撇脂策略。缓慢撇脂策略是指企业以高价格和低促销水平方式推出新产品。目的是以尽可能低的费用开支求得更多的利润。实施这一策略的条件是：市场规模较小；产品已有一定的知名度；目标顾客愿意支付高价；潜在竞争的威胁不大。

（3）快速渗透策略。快速渗透策略是指企业以低价格、高促销水平的方式推出新产品。目的在于先发制人，以最快的速度打入市场，取得尽可能大的市场占有率。然后再随着销量和产量的扩大，使单位成本降低，取得规模效益。实施这一策略的条件是：该产品市场容量相当大；潜在消费者对产品不了解，且对价格十分敏感；潜在竞争较为激烈；产品的单位制造成本可随生产规模和销售量的扩大迅速降低。

（4）缓慢渗透策略。缓慢渗透策略指企业以低价格、低促销费水平推出新产品。低价可扩大销售，低促销费用可降低营销成本，增加利润。这种策略的适用条件是：市场容量很大；市场上该产品的知名度较高；市场对价格十分敏感；存在某些潜在的竞争者，但威胁不大。

2. 成长期市场营销策略

产品进入成长期的主要标志是销售迅速增长。进入成长期以后，老顾客重复购买，并且带来了新的顾客，销售量激增，企业利润迅速增长，在这一阶段利润达到高峰。随着销售量的增大，企业生产规模也逐步扩大，产品成本逐步降低，新的竞争者会投入竞争。随着竞争的加剧，新的产品特性开始出现，产品市场开始细分，分销渠道增加。企业为维持市场的继续成长，需要保持或稍微增加促销费用，但由于销量增加，平均促销费用有所下降。针对成长期的特点，企业为维持其市场增长率，延长获取最大利润的时间，可以采取下面几种策略：

（1）改善产品品质。如增加新的功能，改变产品款式，发展新的型号，开发新的用途等。对产品进行改进，可以提高产品的竞争能力，满足顾客更广泛的需求，吸引更多的顾客。

（2）寻找新的细分市场。通过市场细分，找到新的尚未满足的细分市场，根据其需要组织生产，迅速进入这一新的市场。

（3）改变广告宣传的重点。把广告宣传的重心从介绍产品转到建立产品形象上来，树立产品名牌，维系老顾客，吸引新顾客。

（4）适时降价。在适当的时机，可以采取降价策略，以激发那些对价格比较敏感的消费者产生购买动机和采取购买行动。

3. 成熟期市场营销策略

进入成熟期以后，产品的销售量增长缓慢，逐步达到最高峰，然后缓慢下降；产品的销售利润也从成长期的最高点开始下降；市场竞争非常激烈，各种品牌、各种款式的同类产品不断出现。

对成熟期的产品，宜采取主动出击的策略，使成熟期延长，或使产品生命周期出现再循环。为此，可以采取以下三种策略：

（1）市场调整。这种策略不是要调整产品本身，而是发现产品的新用途、寻求新的用户或改变推销方式等，以使产品销售量得以扩大。

（2）产品调整。这种策略是通过产品自身的调整来满足顾客的不同需要，吸引有不同需求的顾客。整体产品概念的任何一层次的调整都可视为产品再推出。

（3）市场营销组合调整。即通过对产品、定价、渠道、促销四个市场营销组合因素加以综合调整，刺激销售量的回升。常用的方法包括降价、提高促销水平、扩展分销渠道和提高服务质量等。

4. 衰退期市场营销策略

衰退期的主要特点是：产品销售量急剧下降；企业从这种产品中获得的利润很低甚至为零；大量的竞争者退出市场；消费者的消费习惯已发生改变等。面对处于衰退期的产品，企业需要进行认真的研究分析，决定采取什么策略，在什么时间退出市场。通常有以下几种策略可供选择：

（1）继续策略。继续延用过去的策略，仍按照原来的细分市场，使用相同的分销渠道、定价及促销方式，直到这种产品完全退出市场为止。

（2）集中策略。把企业能力和资源集中在最有利的细分市场和分销渠道上，从中获取利润。这样有利于缩短产品退出市场的时间，同时又能为企业创造更多的利润。

（3）收缩策略。抛弃无希望的顾客群体，大幅度降低促销水平，尽量减少促销费用，以增加利润。这样可能导致产品在市场上的衰退加速，但也能从忠实于这种产品的顾客中得到利润。

（4）放弃策略。对于衰退比较迅速的产品，应该当机立断，放弃经营。可以采取完全放弃的形式，如把产品完全转移出去或立即停止生产；也可采取逐步放弃的方式，使其所占用的资源逐步转向其他的产品。

课堂练习

宝洁公司的产品组合

宝洁公司产品组合的宽度是 5 条产品线（如表 1 所示）（实际上，该公司还有许多另外的产品线，如护发产品、保健产品、饮料、食品等）。

表 1 宝洁公司的产品组合

	产品组合的宽度				
	洗涤剂	牙膏	香皂	方便尿布	纸巾
产品线长度	象牙雪 1930 洁拂 1933 汰渍 1946 快乐 奥克多 1952 达士 1954 大胆 1965 吉恩 1966 黎明 1972 独立 1979	格里 1952 佳洁士 1955 登魁 1980	象牙 1879 柯柯 1885 拉瓦 1893 佳美 1926 爵士 1952 舒肤佳 1963 海岸 1974	帮宝适 1961 露肤 1976	查敏 1928 白云 1958 普夫 1960 旗帜 1982

据表 1 回答以下问题：

（1）该公司产品组合的长度、产品组合的宽度和产品组合的深度分别是多少？

（2）如果宝洁公司的产品项目"佳洁士"牌牙膏有 3 种规格和两种配方（普通味和薄荷味），则"佳洁士"牌牙膏的长度是多少？

（3）如果宝洁公司的产品都通过同样的分销渠道出售，则该公司产品组合的关联性如何？就宝洁公司的产品对消费者的用途而言，该公司产品组合的关联性又如何？

案例分析

摩托罗拉 V998/V8088 的产品策略

摩托罗拉的两款手机 V998 和 V8088 是"V"系列手机的代表，这一系列手机进入市场的四年多历程表明了公司针对 V998/V8088 系列的产品策略特点。

公司推出 V998 手机的市场背景是：摩托罗拉、诺基亚和爱立信三家公司雄踞手机市场的前三位，西门子、三星等品牌还没有引人注意，而国产手机更是悄无声息。

V998 款手机是公司在新年元旦推向中国市场的，其特点是：双频、体积小、大显示屏和大键盘。这些特点在市场上是绝无仅有的，再加上摩托罗拉先进的市场推广手段，很快便凭借功能和品牌，受到市场青睐。当时的市场定价是￥13 000 左右。

伴随着新产品的推出，也产生了一系列的问题，比如手机生产工艺不成熟、原材料供应不足等。公司通过努力，使新产品的各方面情况渐趋稳定，并且新增加了"中文输入"和"录音"的功能，尤其是"中文输入"功能，深受短信息业务使用者的欢迎。此时，其市场价位也降为￥7000 至￥8000。

与此同时，摩托罗拉也在发展另一款手机——V8088。它完全是基于 V998 设计出来的，除了具有 V998 的一切功能之外，还有 WAP 上网、自编铃声、闹钟提示和来电彩灯提示等功能，从外观的曲线设计上也独具特色。与在美国设计的 V998 不同，V8088 是在新加坡设计出来的，更符合亚洲人的审美观点，公司的策略也是将这款手机投放在亚洲市场。

伴随着新千年钟声的敲响，中国的手机市场刮起了"手机上网"的旋风。而号称"摩托罗拉网上通"V8088 恰选择在此时推向市场，风靡一时，售价在￥8000 以上，比同期的 V998 高出了￥2000。以 V998/V8088 为代表的"V"系列手机属于公司四类产品特色中的"时尚型"，其市场目标是成功人士和一些追求时尚的人们。

风光了近半年以后，随着摩托罗拉以及其他公司的一些新产品的推出，V998/V8088 系列手机开始逐渐离开高端市场的位置，其市场价格都降到￥4000 元以下。同时，WAP 上网的狂热逐渐冷却，V8088 的价格也只比同期的 V998 高出不到￥1000 元。价格的降低非常有效地刺激了市场，这两款手机的市场需求量大大提高。从推出第二年第三季度起，V998/V8088 系列手机成为摩托罗拉的主打产品，其需求量在公司手机产品中名列第一。

然而，伴随着 V998/V8088 需求的大幅上升，又产生了一系列质量问题。在全国的很多地方，消费者手中的产品发现有倒屏、显示不全或黑屏的现象。由于问题的突发性和数量较大、地域较广，而公司的售后服务没有跟进，致使福建、浙江、四川和贵州等地出现了消费者拒绝购买 V998/V8088 手机的情况，这两款手机遭受了沉重打击，并可能会影响到后续的 V60 、V66 等还在试制阶段的系列手机。因此，公司采取了断然措施，紧急召回有问题的手机，妥善处理，向消费者真诚道歉。接下来，公司经过努力，发现了产品本身缆线上的设计缺陷，及时予以纠正，终于挽回了市场，V998/V8088 系列手机市场第一的位置又失而复得。此时的产品价位已经降至￥2000 到￥2700，这个大众化的价位再度刺激了消费需求，使得产品的市场需求旺盛，同时也为后续产品的研发和成长提供了有利的条件。

接下来，伴随着市场的激烈竞争，这一系列的手机已定位于中低档，价位稳定在￥1500 至￥1700 。这款手机轻巧且功能齐全，依然深受消费者的喜爱。此外，这一系列手机的工艺已经发展成熟、质量和服务稳定。因此，功能、价位和质量等多方面的特点使得这一系列的手机仍然在市场上有比较重要的地位。

值得关注的是，现在的手机市场竞争异常激烈，该系列的手机不断降价，第四年初，在天津 V998 的市场定价约为￥1700 ，但是到了秋天，就已经降至￥1300 了。同时，手机市场已开始向 2.5G 和 3G 发展，新的 GPRS 和 CDMA 取代 GSM 是一种发展趋势。因此，尚处在 GSM 时代的 V998/V8088 系列手机相对来说也进入了产品的衰退阶段。按照公司的产品策略，这一系列手机将在一年左右的时间淡出市场。

案例思考

1. V998/V8088 系列手机的市场寿命为四年多的时间，试指出该系列手机主要的产品生命周期阶段分别是案例中所描述的哪一时期？

2. 公司针对 V998 手机在产品生命周期的引入期、成长期、成熟期、衰退期分别采取了哪些不同的营销策略？试分析评价这些策略。

综合练习题

一、选择题

(一) 单项选择题（每题只有一个最恰当的答案）

1. 产品的整体概念体现了以（ ）为中心的现代市场营销观念。
(A) 服务　　　(B) 顾客　　　(C) 产品　　　(D) 企业

2. 人们购买化妆品，并不是为了获得它的某些化学成分，而是要获得"美"，从这个角度来说，化妆品所提供的美化功能属于（ ）。
(A) 潜在产品层　(B) 附加产品层　(C) 形式产品层　(D) 核心产品层

3. 包装、品牌、质量等属于产品整体概念中的（ ）产品层。
(A) 核心　　　(B) 附加　　　(C) 形式　　　(D) 潜在

4. 安装、送货、保证、提供信贷、售后服务等属于（ ）产品层。
(A) 核心　　　(B) 附加　　　(C) 形式　　　(D) 潜在

5. 与现有产品相关的未来可发展的潜在性产品是（ ）产品层。
(A) 核心　　　(B) 附加　　　(C) 形式　　　(D) 潜在

6. 在正常情况下能够多次使用的物品叫作（ ）。
(A) 耐用品　　(B) 非耐用品　　(C) 服务　　　(D) 便利品

7. 像肥皂、报纸等消费者通常频繁购买或需要随时购买，并且只花最少精力和最少时间去比较品牌、价格的消费品属于（ ）。
(A) 便利品　　(B) 选购品　　(C) 特殊品　　(D) 非渴求品

8. 对于能够识别的独特产品或名牌产品，消费者习惯上愿意多花时间和精力去购买，则该类消费品属于（ ）。
(A) 便利品　　(B) 选购品　　(C) 非渴求物品　(D) 特殊品

9. 顾客不知道的物品，或者虽然知道却没有兴趣购买的物品属于（ ）。
(A) 便利品　　(B) 选购品　　(C) 非渴求物品　(D) 特殊品

10. 资本项目包括两个部分：装备和附属设备。这种产品是指（ ）。
(A) 部分进入产成品中的商品　　(B) 成为最终产品的商品
(C) 在生产过程中起主导作用的商品　(D) 在销售过程中起辅助作用的商品

11. 企业生产经营各种不同类型产品之间质的组合和量的比例是（　　）。
    (A) 产品组合　　(B) 产品线　　(C) 产品项目　　(D) 产品系列

12. （　　）是指在技术上和结构上密切相关，具有相同使用功能，规格不同而满足同类需求的一组产品。
    (A) 产品组合　　(B) 产品线　　(C) 产品项目　　(D) 产品系列

13. 企业拥有的不同产品线的数目是（　　）。
    (A) 宽度　　(B) 长度　　(C) 深度　　(D) 关联性

14. 每条产品线内不同规格的产品项目的数量是（　　）。
    (A) 宽度　　(B) 长度　　(C) 深度　　(D) 关联性

15. 产品线上平均具有的产品项目数是（　　）。
    (A) 宽度　　(B) 长度　　(C) 深度　　(D) 关联性

16. 如果某企业共有26个产品项目，归属于5条不同的产品线。其中，A产品线有10个产品项目。能准确表示该企业产品组合长度的数值为（　　）。
    (A) 10　　(B) 5.2　　(C) 2.6　　(D) 26

17. 雅芳化妆品公司拥有30条产品线，共有1200个产品项目，则其产品组合的深度为（　　）。
    (A) 30　　(B) 40　　(C) 50　　(D) 60

18. 对于产品组合来说，产品组合深度越大说明（　　）。
    (A) 企业的产品线越多
    (B) 企业产品的规格、品种越多
    (C) 企业每条产品线内产品规格越多
    (D) 各产品线在最终用途、生产条件、分配渠道方面的密切相关程度越高

19. 一个企业缩减自己的产品组合是指（　　）。
    (A) 产品线减少　　(B) 产品线更新
    (C) 产品线号召　　(D) 剔除那些获利小甚至亏损的产品线或产品项目

20. 一个企业把自己的产品线长度延伸超过现有范围是指（　　）。
    (A) 产品线延伸　　(B) 产品线更新
    (C) 产品线号召　　(D) 扩大产品组合

21. 丰田公司为优化产品组合，在其中档产品卡罗纳品牌的基础上，为高档市场增加了佳美品牌，为低档市场增加了小明星品牌。丰田公司这种策略是（　　）。

(A) 向下延伸 (B) 向上延伸
(C) 双向延伸 (D) 扩大产品组合

22. 某空调公司在市场上推出了一种只卖999元的经济型号,而它的高档产品要卖20 000多元,从而在吸引顾客来看经济型空调时,尽力设法影响他们购买更高档的空调。该公司产品大类决策属于(　　)。

(A) 扩大产品组合决策 (B) 产品线更新决策
(C) 缩减产品组合决策 (D) 产品线号召决策

(二) 多项选择题（每题有两个或两个以上正确答案）

1. 按产品的耐用性和有形性可将产品划分为(　　)。
(A) 耐用品 (B) 非耐用品 (C) 服务 (D) 便利品

2. 按消费者的购买习惯,可以把消费品划分为(　　)。
(A) 耐用品 (B) 便利品 (C) 选购品 (D) 特殊品

3. 便利品可分为(　　)。
(A) 常用品 (B) 冲动品 (C) 救急品 (D) 耐用品

4. 按照消费者的消费习惯对消费品进行划分,下列属于选购品的有(　　)。
(A) 名牌男服 (B) 儿童衣料 (C) 家具 (D) 人寿保险

5. 非渴求物品指顾客不知道的物品,或者虽然知道却没有兴趣购买的物品。下列属于非渴求物品的是(　　)。
(A) 刚上市的新产品 (B) 墓地 (C) 人寿保险 (D) 牙膏

6. 根据如何进入生产过程和相对昂贵这两点,可以把工业品分成(　　)。
(A) 材料和部件 (B) 资本项目 (C) 供应品 (D) 服务

7. 根据工业品(　　),可以把工业品分成三类:材料和部件、资本项目以及供应品与服务。
(A) 如何进入生产过程 (B) 相对昂贵
(C) 如何折算成本 (D) 如何加工

8. 下列关于产品组合的说法中,正确的是(　　)。
(A) 产品组合的宽度越大,说明企业的产品线越多
(B) 产品组合的深度越大,企业产品的规格、品种就越多
(C) 产品组合的深度越浅,宽度越窄,则产品组合的关联性越大
(D) 增加产品线和扩大经营范围,可以使企业获得新的发展机会

9. 产品组合决策就是企业根据市场需求、竞争形势和企业自身能力对产品组合的（　）方面做出的决策。

(A) 宽度　　　(B) 长度　　　(C) 深度　　　(D) 关联性

10. 产品组合策略主要有（　）。

(A) 扩大产品组合　　　　　　(B) 产品线现代化决策

(C) 缩减产品组合　　　　　　(D) 产品线号召决策

11. 企业扩大产品组合的方式有（　）。

(A) 扩展产品组合的宽度　　　(B) 产品线更新

(C) 加强产品组合的深度　　　(D) 品牌扩展

12. 企业的下列各种措施中，属于扩大产品组合的是（　）。

(A) 在原产品组合中增加产品线，扩大经营范围

(B) 逐步实现技术改造，以更快的速度用全新设备更换原有产品大类

(C) 在原有产品线内增加新的产品项目

(D) 选择一个或者少数几个产品项目成为号召性产品去吸引顾客

13. 产品延伸策略的实现方式（　）。

(A) 向上延伸　　(B) 向下延伸　　(C) 向左延伸　　(D) 向右延伸

14. 在进行产品线延伸时，向下延伸的必要条件有（　）。

(A) 利用高档产品的声誉，吸引购买力水平较低的顾客来购买此产品线中的廉价产品

(B) 高档产品销售增长缓慢，企业资源设备没有得到充分利用，为争取更多的顾客

(C) 企业已利用高档产品建立起信誉，再进入中低档以扩大市场占有率

(D) 补充企业的产品线空白

15. 在进行产品线延伸时，向上延伸的主要目的有（　）。

(A) 高档产品市场具有较大的潜在成长率和较高利润率的吸引

(B) 企业的技术设备和营销能力已具备加入高档产品市场的条件

(C) 企业要重新进行产品线定位

(D) 抵御高档产品品牌向下延伸

16. 逐步实现技术改造的产品线现代化决策的特点是（　）。

(A) 可以节省资金耗费　　　　(B) 可以出其不意，击败竞争对手

(C) 使竞争者有充足的时间设计产品大类　(D) 时间短

二、简答题

1. 什么是产品？它分为哪些类型？
2. 什么是产品组合？产品组合有哪些策略可用？
3. 试述产品生命周期各阶段的特点及可供选择的营销策略。
4. 什么是新产品？新产品开发的形式有哪些？
5. 举例说明开发新产品的步骤。
6. 什么是品牌？它应如何命名？有哪些策略可用？

三、实训

1. 实训项目：产品策略
2. 实训目的：

使学生亲眼目睹中国规模最大的国际示范牧场、产品生产线、产品生产程序，看到蒙牛的中央控制室、储料罐、闪蒸、成品、入库……了解蒙牛的成长过程、产品策略、透明化管理、企业文化，理解蒙牛开展工业旅游示范的用意。

3. 实训类型：参观访问
4. 实训内容：蒙牛工业园区
5. 实训方式：教师指导下学生实训
6. 实训过程：

（1）教师以书面形式制定参观纪律，编写参观指导材料；

（2）学生通过参观收集蒙牛企业文化信息，了解蒙牛成长过程，熟悉蒙牛的产品及其营销情况；

（3）每个学生写出蒙牛企业参观感想；

（4）组织全体同学在班内讨论发言。

7. 实训要求：

遵守外出参观纪律；认真收集资料；按要求写出800~1000字的观后感。

8. 实训结果：填写实训报告

第四章 产品定价策略

第一节 定价概念与因素

本节主要学习内容
■ 定价的概念
■ 影响定价的因素

一、定价的概念

定价,是市场营销学里面最重要的组成部分之一,主要研究商品和服务的价格制定和变更的策略,以求得营销效果和收益的最佳。对于产品价格,从经济学和市场营销学的观点看,其含义是不同的。

1. 从经济学的观点看。价格是严肃的,是商品价值的货币表现形式,是不可随意变动的。价格总是与利润的实现紧密联系在一起的,即:价格＝总成本＋利润。因此,从经济学的角度来说,定价是一门科学。

2. 从市场营销学的观点看。价格是活泼的,是可以随时随地根据需要而变动的。定价对整个市场的变化可以也应当做出灵活的反应,可变也可不变。价格可根据消费者能否接受为出发点。价格是决定企业盈利的重要因素,但决不是唯一的决定性因素。

尽管市场营销定价要求产品定价采取轻松活泼的态度,但是价格的决定也必须遵循客观经济规律的要求。即使是完全的市场经济条件下的产品定价,也只能在客观经济规律允许的有限范围内自由定价,即必须按照经济学的原理和原则,遵循客观的经济规律来进行定价决策和调节。

二、影响定价的因素

影响产品定价的因素很多,有企业内部因素,也有企业外部因素;有主观的因素,也有客观的因素。概括起来,大体上可以有产品成本、市场需求、竞争因素和其他因素四个方面。

1. 产品成本

在实际工作中,产品的价格是按成本、利润和税金三部分来制定的。成本又可分解为固定成本和变动成本。产品的价格有时是由总成本决定的,有时又仅由变动成本决定。成本有时又分为社会平均成本和企业个别成本。就社会同类产品市场价格而言,主要的是受社会平均成本影响。在竞争很充分的情况下,企业个别成本高于或低于社会平均成本,对产品价格的影响不大。

企业定价时,不应将成本孤立地对待,而应同产量、销量、资金周转等因素综合起来考虑。成本因素还要与影响价格的其他因素结合起来考虑。

2. 市场需求

产品价格除受成本影响外,还受市场需求的影响。即受商品供给与需求的相互关系的影响。当商品的市场需求大于供给时,价格应高一些;当商品的市场需求小于供给时,价格应低一些。反过来,价格变动影响市场需求总量,从而影响销售量,进而影响企业目标的实现。因此,企业制定价格就必须了解价格变动对市场需求的影响程度。反映这种影响程度的一个指标就是商品的价格需求弹性系数。

3. 竞争因素

(1) 完全竞争是一种理想化了的极端情况。在完全竞争条件下,买者和卖者都大量存在,产品都是同质的,不存在质量与功能上的差异,企业自由地选择产品生产,买卖双方能充分地获得市场情报。在这种情况下,无论是买方还是卖方都不能对产品价格进行影响,只能在市场既定价格下从事生产和交易。

(2) 不完全竞争是现实中存在的典型的市场竞争状况。不完全竞争条件下,最少有两个以上买者或卖者,少数买者或卖者对价格和交易数量起着较大的影响作用,买卖各方获得的市场信息是不充分的,它们的活动受到一定的限制,而且它们提供的同类商品有差异,因此,它们之间存在着一定程度的竞争。在不完全竞争情况下,企业的定价策略有比较大的回旋余地,它既要考虑竞争对象的价格策略,也要考虑本企业定价策略对竞争态势的影响。

(3) 完全垄断是指一种商品的供应完全由独家控制,形成独占市场。在完全垄断竞争情况下,交易的数量与价格由垄断者单方面决定。完全垄断在现实中也很少见。

4. 其他因素

(1) 政府或行业组织干预;(2) 消费者心理和习惯;(3) 企业或产品的形象因素。

第二节　一般定价方法

本节主要学习内容
■ 成本导向定价法
■ 需求导向定价法
■ 竞争导向定价法

定价方法是企业在特定的定价目标指导下,依据对成本、需求及竞争等状况的研究,运用价格决策理论,对产品价格进行计算的具体方法。定价方法主要包括以下三种类型。

一、成本导向定价法

成本导向定价法是以产品单位成本为基本依据,再加上预期利润来确定价格的定价方法。成本导向定价是企业定价首先需要考虑的方法。成本是企业生产经营过程中所发生的实际耗费,客观上要求通过商品的销售而得到补偿,并且要获得大于其支出的收入,超出的部分表现为企业利润。成本导向定价法又衍生出了总成本加成定价法、目标收益定价法、边际成本定价法、盈亏平衡定价法等几种具体的定价方法。

1. 总成本加成定价法

在这种定价方法下,是按产品单位成本加上一定比例的利润制定产品价格的方法。大多数企业是按成本利润串来确定所加利润的大小的。

即:价格 = 单位成本 + 单位成本 × 成本利润率 = 单位成本 (1 + 成本利润率)

完全成本加成定价法是企业较常用的定价方法。例:某电视机厂生产2000台彩色电视机,总固定成本600万元,每台彩台的变动成本为1000元,确定目标利润率为25%。则采用总成本加成定价法确定价格的过程如下:

单位产品固定成本 = 6000000/2000 = 3000(元)

单位产品变动成本 = 1000（元）

单位产品总成本 = 单位产品固定成本 + 单位产品变动成本 = 3000 + 1000 = 4000（元）

单位产品价格 = 4000 × （1 + 25%） = 5000（元）

在用成本加成方式计算价格时，对成本的确定是在假设销售量达到某一水平的基础上进行的。因此，若产品销售出现困难，则预期利润很难实现，甚至成本补偿也变得不现实。但是，这种方法也有一些优点：首先，这种方法简化了定价工作，便于企业开展经济核算。其次，若某个行业的所有企业都使用这种定价方法，它们的价格就会相似，因而价格竞争就会降到最低。最后，在成本加成的基础上制定出来的价格对买方和卖方来说都比较公平，卖方能得到正常的利润，买方也不会觉得受到了额外的剥削。

2. 目标收益定价法

目标收益定价法又称目标利润定价法，或投资收益率定价法。它是在成本的基础上，按照目标收益率的高低计算的方法。运用目标收益率的定价法时，企业试图确定这样一个价格，它能带来企业所追求的投资收益率。其计算步骤如下：

（1）确定目标收益率

目标收益率可表现为投资收益率、成本利润率、销售利润率、资金利润率等多种不同方式。

计算公式为：目标收益率 =（1/投资回收期）×100%

（2）确定单位产品的目标利润额

计算公式为：单位产品的目标利润额 =（投资总额 × 目标收益率）/预期销量

（3）计算单位产品的价格

单位产品的价格 = 单位产品的成本 + 单位产品目标利润

目标收益率评定法的优点是可以保证企业既定目标利润的实现。这种方法一般是用于在市场上具有一定影响力的企业、市场占有率较高或具有垄断性质的企业。目标收益率评定法的缺点是只从卖方的利益出发，没有考虑竞争因素和市场需求的情况。

例：投资建设电视机厂的总投资额为800万元，投资回收期为5年，单位产品成本为4000元，则采用目标收益定价法确定价格的基本步骤为：

（1）目标收益率 =（1/5）×100% = 20%

（2）单位产品目标利润额 =（总投资额 × 目标收益率）/预期销量

=（8000000 × 20%）/2000

= 800（元）

(3) 单位产品价格 = 单位产品成本 + 单位产品目标利润额

$$= 4000 + 800$$
$$= 4800（元）$$

3. 边际成本定价法

边际成本是指每增加或减少单位产品所引起的总成本的变化量。由于边际成本与变动成本比较接近，而变动成本的计算更容易一些，所以在定价实务中多用变动成本代替边际成本，而将边际成本定价法称为变动成本定价法。

采用边际成本定价法时是以单位产品变动成本作为定价依据和可接受价格的最低界限。在价格高于变动成本的情况下，企业出售产品的收入除完全补偿变动成本外，尚可用来补偿一部分固定成本，甚至可能提供利润。边际成本定价法改变了售价低于总成本便拒绝交易的做法，在竞争激烈的市场条件下具有极大的定价灵活性，对于有效地对付竞争者、开拓新市场、调节需求的季节差异、形成最优产品组合可以发挥巨大的作用。

例：某制鞋厂在一定时期内发生固定成本 80000 元，单位变动成本 0.7 元，预计销量为 100000 双。在当时市场条件下，同类产品的价格为 1 元/双。那么，企业是否应该继续生产呢？

其决策过程如下：

固定成本 = 80000 元

变动成本 = 0.7 × 100000 = 70000（元）

销售收入 = 1 × 100000 = 100000（元）

盈亏（按总成本）= 销售收入 - （固定成本 + 变动成本）

$$= 100000 - (80000 + 70000)$$
$$= -50000（元）$$

按照变动成本定价，企业出现了 50000 元的亏损，但是作为已经发生的固定成本，在不生产的情况下，已支出了 80000 元，这说明按变动成本定价时可减少 30000 元固定成本的损失，并补偿了全部变动成本 70000 元。若低于变动成本定价，如市场价格降为 0.7 元/双以下，则企业应该停产，因为此时的销售收入不仅不能补偿固定成本，连变动成本也不能补偿，生产得越多，亏损便越多，企业的生产活动变得毫无意义。

4. 盈亏平衡定价法

盈亏平衡定价法也叫保本定价法或收支平衡定价法，是指在销量既定的条件下，企业产品的价格必须达到一定的水平才能做到盈亏平衡、收支相抵。

既定的销量就称为盈亏平衡点,这种制定价格的方法就称为盈亏平衡定价法。科学地猜测销量和已知固定成本、变动成本是盈亏平衡定价的前提。

盈亏平衡定价法就是运用盈亏平衡分析原理来确定产品价格的方法。盈亏平衡分析的要害是确定盈亏平衡点,即企业收支相抵、利润为零时的状态。

计算公式为:盈亏平衡点价格 = 固定总成本/销量 + 单位变动成本

例:某机械企业年固定成本为 100000 元,单位产品变动成本为 10 元/件,年产量为 5000 件,则该企业盈亏平衡点价格是多少?

其计算过程如下:

盈亏平衡点价格 = 100000/5000 + 10 = 30(元)

根据盈亏平衡定价法确定的价格,是企业的保本价格。低于此价格该机械企业会亏损,高于此价格机械企业则有盈利,实际售价高出保本价格越多,该机械企业盈利越大。在实际营销过程中,由于盈利点之间的相互补充,可能会导致企业在定价时,价格甚至低于保底价(更多的是与保底价持平),以增加其他盈利点的收入。例如:互联网平台。互联网平台以低价产品或服务吸引客户,而将盈利点更多地转向其他项目,譬如广告、活动方面。

从本质上,成本导向定价法是一种卖方定价导向。它忽视了市场需求、竞争和价格水平的变化,在有些时候与定价目标相脱节,不能与之很好地配合。此外,运用这一方法制定的价格均建立在对销量主观预测的基础上,从而降低了价格制定的科学性。因此,在采用成本导向定价法时,还需要充分考虑需求和竞争状况,来确定最终的市场价格水平。

二、需求导向定价法

需求导向定价法是以市场需求强度为定价基础,根据消费者对产品价值的认识和需求的程度来决定价格,而不是根据成本来制定价格。需求导向定价法在具体运用中,有以下几种具体方法。

1. 理解价值定价法

理解价值定价法也称觉察价值定价法,是以消费者对商品价值的感受及理解程度作为定价的基本依据。把买方的价值判断与卖方的成本费用相比较,定价时更应侧重考虑前者。因为消费者购买商品时总会在同类商品之间进行比较,选购那些既能满足其消费需要,又符合其支付标准的商品。消费者对商品价值的理解不同,会形成不同的价格限度。这个限度就是消费者宁愿付货款也不愿失去这次购买机会的价格。如果价格刚好定在这一限度内,消费者就会顺利购买。

为了加深消费者对商品价值的理解程度，从而提高其愿意支付的价格限度，零售店定价时首先要搞好商品的市场定位，拉开本企业商品与市场上同类商品的差异，突出商品的特征，并综合运用这种营销手段，加深消费者对商品的印象。使消费者感到购买这些商品能获得更多的相对利益，从而提高他们接受价格的限度，零售店则据此提出一个可销价格，进而估算在此价格水平下商品的销量、成本及盈利状况，最后确定实际价格。

2. 需求差异定价法

需求差异定价法以不同时间、地点、商品及不同消费者的消费需求强度差异为定价的基本依据，针对每种差异决定其在基础价格上是加价还是减价。主要有以下几种形式：

（1）因地点而异。如国内机场的商店、餐厅向乘客提供的商品价格普遍要远高于市内的商店和餐厅。

（2）因时间而异。现在五一、国庆、春节三个长假日也是三个购物黄金假期，商品价格较平时有一些增长。

（3）因商品而异。在2004年奥运会举行期间，标有奥运会会徽或吉祥物的T恤及一些商品的价格，比其他同类商品的价格要高。

（4）因顾客而异。因职业、阶层、年龄等原因，顾客有没有需求。零售店在定价时给予相应的优惠或提高价格，可获得良好的促销效果。

实行差异定价要具备以下条件：市场能够根据需求强度的不同进行细分；细分后的市场在一定时期内相对独立，互不干扰；高价市场中不能有低价竞争者；价格差异适度，不会引起消费者的反感。

3. 逆向定价法

这种定价方法主要不是考虑产品成本，而是重点考虑需求状况。依据消费者能够接受的最终销售价格，逆向推算出中间商批发价和生产企业的出厂价格。逆向定价法的特点是：价格能反映市场需求情况，有利于加强与中间商的良好关系，保证中间商的正常利润，使产品迅速向市场渗透，并可根据市场供求情况及时调整，定价比较灵活。

三、竞争导向定价法

竞争导向定价（Competition – Based Pricing）以市场上相互竞争的同类商品价格为定价基本依据，以随竞争状况的变化确定和调整价格水平为特征，与竞争商品价格保持一定的比例，而不过多考虑成本及市场需求因素的定价方法。主要有通行价格定价、主动竞争定价、密封投标定价、竞争价格定价等方法。

1. 通行价格定价法

通行价格定价法是竞争导向定价法中广为流行的一种。定价是使零售店商品的价格与竞争者商品的平均价格保持一致。这种定价法的目的是：平均价格水平在人们观念中常被认为是"合理价格"，易为消费者所接受；试图与竞争者和平相处，避免激烈竞争产生的风险；一般能为零售店带来合理、适度的盈利。

这种定价适用于竞争激烈的均质商品，如大米、面粉、食油以及某些日常用品的价格确定。在完全寡头垄断竞争条件下也很普遍。

2. 主动竞争定价法

与通行价格定价法相反，它不是追随竞争者的价格，而是根据零售店商品的实际情况及与竞争对手的商品差异状况来确定价格。一般为富于进取心的零售店所采用。定价时首先将市场上竞争商品价格与零售店估算价格进行比较，分为高、一致及低三个价格层次。其次，将零售店商品的性能、质量、成本、式样、产量等与竞争零售店进行比较，分析造成价格差异的原因。再次，根据以上综合指标确定零售店商品的特色、优势及市场定位，在此基础上，按定价所要达到的目标，确定商品价格。最后，跟踪竞争商品的价格变化，及时分析原因，相应调整零售店商品价格。

3. 密封投标定价法

密封投标定价法主要用于投标交易方式。投标价格是零售店根据对竞争者的报价估计确定的，而不是按零售店自己的成本费用或市场需求来制定的。零售店参加投标的目的是希望中标，所以它的报价应低于竞争对手的报价。一般地说，报价高、利润大，但中标机会小，如果因价高而招致败标，则利润为零；反之，报价低，虽中标机会大，但利润低，其机会成本可能大于其他投资方向。因此，报价时，既要考虑实现零售店目标利润，也要结合竞争状况考虑中标概率。最佳报价应是使预期利润达到最高水平的价格。此处，预期利润是指零售店目标利润与中标概率的乘积，显然，最佳报价即为目标利润与中标概率两者之间的最佳组合。

运用这种方法，最大的困难在于估计中标概率。这涉及对竞争者投标情况的掌握。只能通过市场调查及对过去投标资料的分析大致估计。

4. 现行价格定价法

现行价格定价法（Going-Rating Pricing）是指公司产品的价格与主要竞争者价格或一般市场价格相当，而不太考虑成本或市场需求状况。采用这种定价法的原因在于产品的需求弹性难以衡量，在保证相当利润的基础上，还可避免因恶性竞争破坏行业的和谐。

5. 投标定价法

投标定价法（Bid Pricing）是大多数通过投标争取业务的公司通常采取的竞争导向定价法。竞标的目的在于争取合同，因此公司考虑的重点是竞争者会报出何种价格，公司制定的价格应比竞争者的低，而不局限于成本或需求状况。当然，公司必须事先确定一个最低的获利标准来投标：价格低于成本将有损利益；价格高于成本虽然增加了利润但不利于中标。

第三节　价格策略与调整

本节主要学习内容
■ 价格策略
■ 价格调整

一、价格策略

在生产经营过程中，企业和竞争者都会面对不断变化的环境而调整产品价格，并可能由此引发一系列的价格竞争。定价策略是企业争夺市场的重要武器，是企业为了实现预期的经营目标，根据企业的内部条件和外部环境，对某种商品或劳务，选择最优定价目标所采取的应变谋略和措施。因此，企业必须善于根据市场状况、产品特点、消费者心理和营销组合等因素，正确选择定价策略，保持价格的适应性。

1. 新产品定价策略

新产品定价是企业价格策略的一个关键环节。企业开发的新产品能否及时打开销路、占领市场和获得满意的利润，其中新产品定价策略是一种必不可少的营销策略。常见的新产品定价策略有三种：

（1）撇脂定价策略。是一种高价策略，是指在新产品上市之初，将价格定得较高，在短期内获取厚利，尽快收回投资。就像从牛奶中撇取所含的奶油一样，取其精华，称之为"撇脂定价"法。之后随着商品的进一步成长再逐步降低价格。

实行撇脂定价策略必须有一定的条件：首先，新产品比市场上现有产品有显著的优点，能使消费者一见倾心；其次，在产品新上市阶段，商品的需求价格弹性较小或者早期购买者对价格反应不敏感；最后，短时期内由于仿制等方面的困难，类似仿制产品出现的可能性小，竞争对手少。

这种方法适合需求弹性较小的细分市场，其优点：①新产品上市，顾客对其无理性认识，利用较高价格可以提高身价，适应顾客求新心理，有助于开拓市场；②主动性大，产品进入成熟期后，价格可分阶段逐步下降，有利于吸引新的购买者；③价格高，限制需求量过于迅速增加，使其与生产能力相适应。缺点是：获利大，不利于扩大市场，并很快招来竞争者，会迫使价格下降，好景不长。

（2）渗透定价策略。是一种低价策略，即在新产品投入市场时，价格定得较低，以使消费者容易接受，很快打开和占领市场。采用渗透定价策略条件是：商品的市场规模较大，存在着强大的竞争潜力；商品的需求价格弹性较大，稍微降低价格，需求量会大大增加，通过大批量生产能降低生产成本。当新产品没有显著特色、竞争激烈、需求弹性较大时宜采用渗透定价法。其优点：①产品能迅速为市场所接受，打开销路，增加产量，使成本随生产发展而下降；②低价薄利，使竞争者望而却步、减缓竞争，获得一定市场优势。

（3）满意定价策略。是一种介于撇脂定价和渗透定价之间的折中定价策略，其新产品的价格水平适中，同时兼顾生产企业、购买者和中间商的利益，能较好地使各方面接受，是一种中间价格。正是由于这种定价策略既能保证企业获得合理的利润，又能兼顾中间商的利益，还能为消费者所接受。所以称为满意定价策略。优点在于：满意价格对企业和顾客都较为合理公平，由于价格比较稳定，在正常情况下盈利目标可按期实现。其缺点是：价格比较保守，不适于竞争激烈或复杂多变的市场环境。这一策略适用于需求价格弹性较小的商品，包括重要的生产资料和生活必需品。

以上三种新产品定价策略各有利弊，并有其相应的适用环境，企业在具体运用时，应从企业的实际情况，如市场需求特征、产品差异性、生产能力、预期收益、消费者的购买能力和对价格的敏感程度等因素出发，综合分析，灵活运用。

2. 折扣定价策略

大多数企业通常都酌情调整其基本价格，直接或间接降低价格，以鼓励顾客及早付清货款、大量购买或增加淡季购，这种价格调整叫作价格折扣和折让。这一策略能增加销售的灵活性，给经销商和消费者带来利益和好处，因而在现代市场营销中经常被企业所采用。折扣的形式有现金折扣、数量折扣、功能折扣、季节折扣。

（1）现金折扣

现金折扣是对在规定时间内提前付款或用现金付款者所给予的一种价格折扣，其目的是鼓励顾客尽早付款，加速资金周转，降低销售费用，减少财务风险。例如"2/10 净30"，表示付款期是30天，如果在成交后10天内付款，给予2%的现金折扣。许多行业习惯采用此法以加速资金周转，减少收账费用和坏账。

(2) 数量折扣

是企业给那些大量购买某种产品的顾客的一种折扣，以鼓励顾客购买更多的货物。购买数量越多，折扣越大。大量购买能使企业降低生产、销售等环节的成本费用。这是企业运用得最多的一种价格折扣策略。例如：顾客购买某种商品 100 单位以下，每单位 10 元；购买 100 单位以上，每单位 9 元。

(3) 功能折扣

功能折扣又称贸易折扣，是由生产企业给予中间商或零售商的价格折扣。折扣的大小因商业企业在商品流通中的不同功用而各异。对批发商来厂进货给予的折扣一般要大些，零售商从厂方进货的折扣低于批发企业。例如，某生产企业报价为 200 元，按价目表给中间商和零售商分别为 10% 和 15% 的职能折扣，以鼓励其经销自己的产品。

(4) 季节折扣

季节折扣，是指企业鼓励顾客淡季购买的一种减让，使企业的生产和销售一年四季能保持相对稳定。例如，羽绒服生产企业为夏季购买其产品的客户提供折扣。

3. 心理定价

心理定价是一种针对消费者心理活动和变化所使用的定价策略，是运用心理学的原理，依据不同类型的消费者在购买商品时的不同心理要求来制定价格，以诱导消费者增加购买，扩大企业销售量。这种定价策略一般在零售企业中间对最终消费者应用得比较多，有以下几种：

(1) 尾数定价或整数定价。许多商品的价格，宁可定为 0.98 元或 0.99 元，而不定为 1 元，是适应消费者购买心理的一种取舍，尾数定价使消费者产生一种"价廉"的错觉，比定为 1 元反应积极，促进销售。相反，有的商品不定价为 9.8 元，而定为 10 元，同样使消费者产生一种错觉，迎合消费者"便宜无好货，好货不便宜"的心理。

(2) 声望性定价。是依照人们的虚荣心理来确定商品价格的一种策略，同样的商品在有名的商店经销，价格略高，顾客仍乐意购买。此种定价法有两个目的：一是提高产品的形象，以价格说明其名贵名优；二是满足购买者的地位欲望，适应购买者的消费心理。

(3) 习惯性定价。某种商品，由于同类产品多，在市场上形成了一种习惯价格，个别生产者难以改变。降价易引起消费者对品质的怀疑，涨价则可能受到消费者的抵制。

(4) 招徕定价策略。一般顾客都有以低于一般市价的价格买到同质商品的心理要求。企业抓住顾客这一心理，可特意将商品价格定得略低于同行生产者和经营者，以招徕顾客，这种策略称为招徕策略。如在节假日实行"大减价"销售。又如在中国香港常见到大大小小的店堂贴满花花绿绿的大减价字条"平,平,平,平得让你笑,平得让你跳"等。这种以廉价招徕顾客的策略,往往会吸引不少顾客在购买这种商品时,同时购买其他商品,从而达到扩大连带商品销售的目的。

4. 差别定价策略

差别定价策略是指在给产品定价时可根据不同需求强度、不同购买力、不同购买地点和不同购买时间等因素,采取不同的价格。

(1) 以顾客为基础的差别定价。是指同一种商品,对不同的消费者,可以采用不同的价格。例如,电影院对普通观众收取正常的票价,对学生收取较低的学生票价;同一产品卖给批发商、零售商或消费者时采用不同的价格等。

(2) 以产品式样为基础的差别定价。是指对同种产品进行某些改动,如变化其外观样式、增加某些功能等,以采取不同的价格。例如,给冰箱加上液晶显示屏,则售价会比没有安装液晶显示屏的高300元。

(3) 以时间为基础的差别定价。是指对不同季节、不同日期,甚至不同时点的商品或劳务可以制定不同的价格。例如,旅游酒店、饭店在旅游旺季和淡季的收费标准不同;电话在不同时间(白天、夜晚、节假日、平日等)的收费标准不同等。

(4) 以地点为基础的差别定价。例如,同一地区或城市的影剧院、游乐场、宾馆等因地点或位置的不同,价格也不同。

二、定价策略

1. 企业主动调整产品价格

(1) 降价策略

企业在下面几种情况下,必须考虑降价:

①企业在通过加强促销、产品改进等手段都不能达到扩大销售的目的时,应该考虑降价。

②企业面临激烈的价格竞争并且市场占有率正在下降,为了增强竞争能力、维持和提高市场占有率,必须降价。

③企业为应付竞争者降价压力,采取"反价格"战,即制定比竞争者的价格更有竞争的价格。

④企业产品成本低于竞争者但在市场上并未处于支配地位时,也应该降价。通过降价可以提高企业的市场占有率,再利用销量的增加和生产的扩大进一步降低成本和提高市场占有

率，形成良性循环。

⑤在宏观经济不景气或行业需求不旺时，降低价格是企业借以渡过难关的重要手段。

（2）提价策略

在有些情况下，企业必须考虑提价。提价一般会引起顾客、中间商甚至企业推销人员的不满，但成功的提价决策会增加企业的利润。

①由于通货膨胀引起成本增加，企业无法在内部自我消化这部分成本，这时企业必须考虑提高产品价格。

②企业的产品供不应求，无法满足所有顾客的需求，通过提价可将产品卖给需求强度最大的顾客，不但平衡了需求，而且也增加了收益。

企业决定提高产品价格时，还必须考虑到底是一次性大幅度提价还是多次的小幅度提价。顾客对后一种方式比较容易接受。企业提价的方法有多种，每种方法对顾客产生的影响也不同（如表4-1所示）。

表4-1　　　　　　　　　　　　企业提价的方法

提价方法	内容
采用延缓报价	企业决定到产品制成或者交货时再制定价格
使用价格自动调整条款	企业要求顾客按当前价格付款，并且支付交货前由于通货膨胀引起增长的全部或部分费用
分别处理产品价目	企业为了保持其产品价格，将先前供应的免费送货与安装的产品分解为各个零部件，并分别为单一或多个构件定价出售
减少折扣	企业减少常用的现金和数量折扣，并指示其销售人员不要为了抢生意而不按目录价格报价
保持价格不变	采用更便宜的材料或配件作替代品，或采用廉价的包装材料，或减少产品的功能、服务和价量等

2. 顾客对价格变动的反应

衡量调价成功与否的重要标志是企业所确定的价格能否被消费者所接受，并能促使其接受产品。为此，企业必须重视顾客对企业调价的反应，并根据反应制定相应的策略。

顾客对企业降价做出的反应是多种多样的。有利的反应是认为企业让利于顾客。不利的反应有：这里过时的产品，很快会被新产品所替代；这种产品存在某些缺陷；企业资金周转出现困难，可能难以继续经营下去；产品的价格还将继续下跌。

当企业提价时也会出现各种反应。有利的反应会认为企业产品的质量提高，价格自然应该提高，或认为这种产品畅销，供不应求，因此，提高了售价，而且价格还可能继续上长，不及时购买就可能买不到等。不利的反应是认为企业想通过提价获取更多的利润。顾客还可能做出对企业无害的反应，如认为提价是通货膨胀的自然结果。

正是因为顾客对企业调价有不同的反应，因此，企业在进行调价时，必须慎重研究可能出现的顾客对调价行为的反应，特别是不利的反应，以便在进行调整的同时，加强与顾客的沟通，争取顾客的理解与支持。

3. 竞争者对企业调价的反应

在竞争的市场上，企业调整价格的效果还取决于竞争者的反应。当企业采取降价策略而竞争对手不作任何调整的情况下，降价可以扩大市场份额，提高市场占有率；而企业降价时竞争对手采取"反价格战"，降价幅度更大，不仅会抵消企业降价效果，甚至会恶化企业销售环境。同样，企业调高价格后，如果竞争者并不提高价格，则对企业来说，原来供不应求的市场可能变成供过于求的市场。鉴于此，企业在实施价格调整行为前，必须分析竞争者的数量、其可能采取的措施及其反应的剧烈程度。

案例分析

保健品公司的定价策略和技巧

宜康保健品公司通过派员到零售商店保健品专柜观测发现，约有60%的顾客对西洋制品表示关注，前来咨询者众多。同时该公司通过市场调查了解到中老年人是主要消费群体。结合近年来A省人均收入增长较快，城市老龄化趋势明显，老年人数已占人口总量的9.6%的状况，公司认为西洋参制品在该省市场具有相当的需求潜力，决定开发西洋参制品，引进新的生产线。为了增强本企业产品对抗其他企业的竞争能力，企业专门针对中老年人的需求特征设计了4大类西洋参保健品（宜康夕阳红口服液、宜康再青春滋补酒、宜康长寿含片、宜康永寿果茶），共开发了32个不同产品规格，同时针对不同的市场需求设计了经济型、普通型、礼品型等包装，并根据国家技术监督局颁发的西洋参技术标准严把质量关。

2018年元旦公司将产品投放本市各类零售商店与顾客见面。在定价上，该公司将每盒西洋参口服液的价格定为49.8元，比市场上同类产品的平均价格低20%左右。此外，该公司还开展了一系列促销活动，凡出生月份为元月的老年顾客，均可凭身份证五折购买产品，同时还出资举办了全市老年新春门球赛，迅速提高了产品的知名度，打开了销路。

案例思考

宜康公司开发的西洋参新产品采用了什么定价策略？采用了什么定价技巧？

别克凯越 Excelle 轿车的价格策略

上海通用汽车先后推出了经济型轿车赛欧（8.98万～12.98万元）和中高档轿车别克君威（22.38万～36.9万元）。赛欧针对的是事业上刚刚起步、生活上刚刚独立的年轻白领；而别克君威则针对的是已经取得成功的领导者。中级轿车市场是中国轿车市场的主流，这一汽车板块为中国汽车业带来了巨大的利益，同时也是竞争最激烈的市场。中级轿车市场多以公务商务使用为主，兼顾私用，目前中级轿车月销售量在2.4万台左右，而且仍在迅速增长。上海通用汽车由此推出"别克凯越"，从而正式进军极具潜力的中级车市场。别克凯越的市场主要竞争对手包括爱丽舍、日产阳光、宝来、威驰、福美来、捷达、桑塔纳2000等。

在2003年8月上市的别克凯越LE-MT豪华版（1.6升手动挡）售价为14.98万元，别克凯越LS-AT顶级版（1.8升自动挡）售价为17.98万元。

目前，中国国内的中档车的市场竞争相当的激烈，多种因素影响了别克凯越的上市价格。别克凯越要面对的是一个逐渐成熟的市场，爱丽舍、日产阳光、宝来、威驰、福美来、捷达、桑塔纳2000等车型已经占据了相当大的市场份额，同时，这些车型又具有很高的性价比。

中档车市场面对的是中国社会中最具有经济实力的一个阶层，一般来讲，这样的家庭都具有以下特征：男性，已婚，30～45岁，家庭月收入超过一万元，大专以上文化教育程度，在国企或私企担任中级经理或是中小型私营企业主，他们购买凯越的用途是以公务商务为主，兼顾私用。因此，别克凯越是专为中层经理人、小型私企业主打造的中档公务商务兼私用座驾，它以现代动感外观、高效人性化空间、卓越先进科技配备，满足了潜在车主实用、可靠、时尚、符合身份档次的用车需求，成为其事业和生活的可靠伴侣。

另外，在市场已经被占领的情况下，别克凯越只有更好的性价比才可以在市场中占有一席之地。在性能上，别克凯越配置了许多高档车的设备，而在价格上，别克凯越在同档次的车型中价格居中上。

在分析以上影响因素之后，我们可以看到，别克凯越的市场定价不高，采用了满意定价的方法，制定不高不低的价格，可以同时兼顾厂商、中间商及消费者利益，使各方面满意。相对于同一类的车而言，例如，宝来1.6手动基本型的售价是15.5万元，而宝来1.8舒适型的售价是18.5万元，在性能相近的情况下，别克凯越的售价比同档次的宝来低了近一万元。

因此，对中档车主力的宝来构成了巨大的冲击。

上海通用是世界最大的汽车制造厂商，别克是世界名牌。但是，别克凯越采用了一种跟随的定价方式，在同类车中，价格低于宝来和配置更好的威驰，并没有定高价。可见，上海通用汽车进入中档车市场的决心。

同时，我们可以看到它采用了尾数定价的技巧。这无疑又为别克凯越占领市场建立了一个好的口碑。别克凯越1.6的定价虽然离15万元只是差了200元，但是消费者在心理上没有突破15万元的心理防线，给顾客价廉的感觉。而同一档次、性能相近的宝来的售价是15.5万元人民币，使消费者有价格昂贵的感觉。同时别克凯越采取了以数字8为结尾，很符合中国人的习惯，这与大多数轿车生产厂商的定价方法是相同的。

目前，我们还没有看到别克凯越降价的迹象，同时我们看到的都是在加价购车，虽然加价，但比起同性能的车型，价格还是相对便宜，因此，我们可以看到在近期内面对同类中级车的不断降价声，别克凯越很难降价。但是，加价买车的现象会随着产量的增加而消失。面对众多竞争者相继降价，或者提高性能变相降价，别克凯越无疑将面对更大的压力。直接降价无疑会对品牌的声誉产生很大的影响，一个顾客很难接受一个汽车品牌不断地降价，不仅损害了顾客的利益，而且还损害了厂商自身的利益。因此，面对宝来、威驰等主力中档车型的降价，以上海通用一贯的价格策略，别克凯越将会采用提高性能或者实行优惠的政策来变相降价。

别克凯越进入市场3个月内，销量突破2万辆大关，创造了中国轿车业的奇迹，这和上海通用稳定的价格策略是分不开的。上海通用一般采取一种具有刚性的价格，很少采用降价销售的竞争手段，虽然赛欧一度降价，但总体上保持了一定的稳定性，避免了品牌知名度的下降。对于别克凯越，上海通用同时又采用一种满意定价，其价格低于同类车中性能相近的车型，因此，消费者买后十足的满意。

案 例 思 考

1. 影响别克凯越定价的主要因素有哪些？
2. 作为一个消费者，当你面对14.8万元和15.0万元的价格时，你首先会有什么样的印象？
3. 为什么别克凯越会采取变相降价的策略？

珠宝定价策略

位于美国加州的一家珠宝店专门经营由印第安人手工制成的珠宝首饰。几个月前,珠宝店进了一批由珍珠质宝石和白银制成的手镯、耳环和项链。该宝石同商店以往销售的绿松石宝石不同,它的颜色更鲜艳,价格也更低。很多消费者还不了解它。对他们来说,珍珠质宝石是一种新的品种。副经理希拉十分欣赏这些造型独特、款式新颖的珠宝,她认为这个新品种将会引起顾客的兴趣,形成购买热潮。她以合理的价格购进了这批首饰,为了让顾客感觉物超所值,她在考虑进货成本和平均利润的基础上,为这些商品确定了销售价格。一个月过去了,商品的销售情况令人失望。希拉决定尝试运用她本人熟知的几种营销策略。比如,希拉把这些珠宝装入玻璃展示箱,摆放在店铺入口醒目的地方。但是,陈列位置的变化并没有使销售情况好转。在一周一次的见面会上,希拉向销售人员详细介绍了这批珠宝的特性,下发了书面材料,以便他们能更详尽、更准确地将信息传递给顾客。希拉要求销售员花更多的精力来推销这个产品系列。不幸的是,这个方法也失败了。希拉对助手说,"看来顾客是不接受珍珠质宝石"。希拉准备另外选购商品了。在去外地采购前,希拉决定减少商品库存,她向下属发出把商品半价出售的指令后就匆忙起程了。然而,降价也没有奏效。一周后,希拉从外地回来。店主贝克尔对她说:"将那批珠宝的价格在原价基础上提高两倍再进行销售。"希拉很疑惑,"现价都卖不掉,提高两倍会卖得出去吗?"

案 例 思 考

1. 希拉对这批珠宝采取了哪些营销策略?销售失败的关键原因是什么?
2. 贝克尔为什么提高售价?
3. 结合案例,说明影响定价的主要因素、基本的定价方法及定价策略。

综合练习

一、选择题

(一) 单项选择题（每题只有一个最恰当的答案）

1. 企业在制定价格时，首先应确定期望凭借（　　）效用所要达到的目的。

(A) 价格　　　　(B) 产品　　　　(C) 促销　　　　(D) 地点

2. 一般来说，企业的价格制定决策的程序不包括（　　）。

(A) 测定需求弹性　　　　　　　　(B) 估算成本费用，分析竞争状况

(C) 选择定价方法，核定最佳价格　　(D) 调查顾客需求

3. 需求弹性是指（　　）。

(A) 不同产品具有不同的需求弹性

(B) 需求的可调节程度

(C) 指因价格变动而引起需求相应变动的比率

(D) 市场需求会按照与价格变动相反的方向变动

4. 企业选定某城市作为基点，然后按一定的原价加上从基点城市到顾客所在地的运费来定价的方法属于（　　）。

(A) 统一交货定价　　　　　　　　(B) 分区定价

(C) 运费免收定价　　　　　　　　(D) 基点定价

(二) 多项选择题（每题有两个或两个以上正确答案）

1. 一般来说，企业的定价目标包括（　　）。

(A) 市场份额领先　　　　　　　　(B) 产品质量领先

(C) 当期利润最大化　　　　　　　(D) 维持企业生存

2. 价格是市场营销组合的一个变量，与之相关的决策包括（　　）。

(A) 高价投放　　(B) 低价渗透　　(C) 基本价格　　(D) 价格折扣

3. 企业的成本包括（　　）。

(A) 固定成本　　(B) 可变成本　　(C) 流动成本　　(D) 投入成本

4. 一般说来,产品的价格取决于( )。
(A) 市场需求　　(B) 总成本费用　　(C) 竞争状况　　(D) 价格折扣

5. 需求导向定价法包括( )。
(A) 认知价值定价法　　　　　　(B) 需求强度定价法
(C) 随行就市定价法　　　　　　(D) 目标利润定价法

6. 竞争导向定价法包括( )。
(A) 认知价值定价法　　　　　　(B) 成本加成定价法
(C) 随行就市定价法　　　　　　(D) 目标利润定价法

7. 市场撇脂定价的条件有( )。
(A) 市场有足够的购买者,他们的需求缺乏弹性
(B) 在高价情况下,仍然独家经营,别无竞争者
(C) 某种产品的价格定得很高,使人们产生这种产品是高档产品的印象
(D) 高价使需求减少一些,因而产量减少一些,单位成本增加一些,但这不至于抵消高价所带来的利益

8. 企业在制定了基本价格后,有必要对基本价格进行修改。价格修改决策主要包括( )。
(A) 心理定价　　(B) 地区性定价　　(C) 需求差别定价　　(D) 折扣定价

9. 需求差别定价的形式主要有( )。
(A) 因顾客而异　　(B) 因时间而异　　(C) 因地点而异　　(D) 因产品而异

10. 心理定价策略有( )。
(A) 整数定价　　(B) 尾数定价　　(C) 习惯定价　　(D) 基点定价

二、简答题

1. 影响企业定价的因素有哪些?为什么说争取最高利润不等于制定最高价格?
2. 企业采用需求导向定价法时,主要有哪些形式?
3. 试以实例来说明心理定价策略。
4. 企业定价程序一般分为哪几个步骤?
5. 企业提价和降价时应分别考虑哪些因素?

三、实训

1. 实训项目：产品价格调整

2. 实训目的：

熟悉影响企业定价的主要因素，掌握基本的定价方法，学习应用定价的技巧和变价策略；了解当前主要商品价格变动趋势，价格变动对国家、企业、消费者的影响。

3. 实训类型：方案设计

4. 实训内容：

在收集企业定价所需信息的基础上，制定某种产品的变价方案。

5. 实训方式：教师指导下学生实训

6. 实训过程：

（1）教师给出市场上某行业某类产品的价格竞争现状的基本资料，并安排学生以组为单位收集补充资料；

（2）学生以小组为单位在市场上收集该类产品价格的补充资料，如不同企业相近产品的定价情报，存在的问题；产品生产成本的变动趋势和原因；当前市场的零售价格水平；国家采取的价格管理办法与措施等；

（3）每个小组拟出相应的变价策划方案，并说明理由；

（4）教师总结。

7. 实训要求：

（1）每个学生都要独立收集3~5条信息，完成收集资料的任务；

（2）每个小组都要以实际市场情报为依据，为其中的一项产品提出变价的依据，并拟出相应的变价策划方案。

8. 实训结果：

填写实训报告，跟踪价格变动趋势。

第五章 渠道供应链策略

第一节 渠道与供应链概述

本节主要学习内容
■ 渠道与供应链
■ 分销渠道

一、渠道与供应链

在整个市场营销战略中,渠道的决策与管理占有极为重要的地位,渠道的选择直接制约和影响其基本策略。近些年出现了一个与营销渠道相近的概念——供应链,这一概念,在流通研究和实践中被高频率地使用。虽然渠道和供应链管理听起来不再陌生,但是对大多数人而言,这两个概念之间却存在着模糊不清的关系。应该正确地理解二者及其联系,让它们更好地服务于企业,以下将对渠道和供应链及其管理作一些比较分析。

1. 渠道与供应链

市场营销渠道也称分销渠道。美国营销协会(The American Marketing Association)把营销渠道定义为"公司内部的组织单位和公司外部的代理或经销商、批发商与零售商形成的结构,通过这种结构,进行商品、产品或服务的交易"。从技术意义上讲,渠道是一群企业,在从最初所有者到最终所有者的营销过程中进行产品或服务的所有权交换。在我国,有的学者把营销渠道定义为"产品在其所有权转移过程中从生产领域进入消费领域的途径。"从上面两个定义可以发现,人们在考察营销渠道时通常是与商品所有权的转移,也就是说是与商流联系在一起的。

供应链是指"涉及将产品或服务提供给最终消费者的过程和活动的上下游企业组织所构成的网络"。而供应链管理是指"对商品从最初的原材料采购直到最终消费的整个过程中的物流和相关信息流进行管理,为顾客创造和提供附加价值"。

大多数制造商并非把产品直接卖给用户,而是要通过中间商层层往下销售。进一步观察,可以发现渠道中存在几种物质或非物质形式的运动"流"——商流、物流、资金流、信息流和促销流,渠道则表现为这些"流"的载体。因此,营销渠道包含的范围和内容非常广泛。

对供应链而言,一条完整的供应链除包括消费者之外,还包括供应商(原材料供应商和零配件供应商)、制造商(加工厂或装配厂)、分销商(代理商或批发商)、第三方物流公司(储运公司或配送中心)和零售商(百货商场、超市、专卖店、便利店和杂货店)等企业或机构。但是一般情况下提到供应链时不包括广告公司、咨询公司和银行等,因为它们的活动与商品实体的移动关系不大。

供应链是由上述实体构成的网络,网络上同样流动着物流、资金流和信息流。随着人们对供应链研究的不断深入,供应链所包含的内容越来越丰富,Martha C. Cooper 等人就认为供应链管理是对商业过程的管理,供应链中的过程共有七个:客户关系管理过程、客户服务管理过程、需求管理过程、订单满足过程、生产管理过程、采购过程、产品开发与商品化过程,供应链管理的目标是对上述七个过程实施统一管理。应该说物流管理只是供应链管理的一个方面,但就目前而言,供应链管理应用最多也是最为成功的领域还是物流。为使整个供应链中的物料和产品流动合理通畅,供应链管理甚至会把生产过程中的物料和零配件供应都涵括进来,而这并不是营销渠道管理的内容。

因此可以说,营销渠道和供应链的范围和内容不能简单地说哪一个大、哪一个小,二者不是包含关系,而是存在一定程度的交叉。

2. 营销渠道管理与供应链管理

无论是营销渠道还是供应链对企业而言都是非常重要的,企业在进行营销渠道管理和供应链管理时应根据二者的不同特点采用不同的管理方法。

(1) 营销渠道管理

营销渠道的管理主要是解决两个问题:

①构建合适的营销渠道。构建营销渠道时需要考虑的问题很多,企业应根据消费者的特

点、产品的性质、企业本身的状况和市场环境等方面的因素，从营销成本和营销效益两个角度综合权衡，选择合适的营销渠道。例如是使用间接渠道还是直接渠道？间接渠道使用几级渠道？是用密集分销、选择分销还是独家分销？如果要通过零售商销售的话，应选择哪种业态的零售商？

渠道选择是营销渠道决策的核心内容。其实，对于同一类产品可以使用不同的营销渠道，例如美国REVLON和AVON都是制造和销售化妆品的著名厂家。尽管它们采取了截然不同的市场营销渠道战略，但是都取得了成功。REVLON公司选择传统消费品间接渠道，通过较多的批发商和零售商，并作大量广告宣传推销其产品；而AVON公司由于无法进入正规的百货商场销售，不得不使用自己的推销队伍直接上门向消费者边宣传边推销，但销售业绩同样很好，并且只选用相对少得多的广告宣传。

②营销渠道成员的合作。渠道合作是渠道成员为了实现自己或大家的目标作出共同努力。在渠道合作中，各方的态度应是双赢（或者三赢、四赢），而不是相互对立，把别人视为自己利益的障碍。渠道合作的主要形式有：

a. 联合促销。包括合作广告、样品、联合销售访问、回扣或返利。

b. 联合库存管理和支援。提供专门产品，既可以增强渠道凝聚力，也可以减少消费者购买时对价格的比较。

c. 信息共享。包括制造商、批发商和零售商共同加入EDI项目，渠道成员共享市场调查、竞争形势、渠道动态等方面的信息等。

d. 培训，包括批发商和零售商参加制造商的销售培训及产品培训活动。

e. 销售区域保护。制造商为批发商和零售商确定独家销售区域，可以在很大程度上加强渠道合作。

（2）供应链管理

Andersen咨询公司提出了供应链管理的七项原则：

①根据客户所需的服务特性来划分客户群。传统意义上的市场划分基于企业自己的状况如行业、产品、营销渠道等，然后对同一区域的客户提供相同水平的服务；供应链管理则强调根据客户的状况和需求，决定服务方式和水平。

②根据客户需求和企业可获利情况，设计企业的物流网络。一家造纸公司发现两个客户群存在截然不同的服务需求：大型印刷企业允许较长的前置期，而小型的地方印刷企业则要求在24小时内供货，于是它建立了三个大型配送中心和46个紧缺物品快速反应中心。

③关注市场的需求信息。销售和营运计划必须监测到整个供应链，以及时发现需求变化

的早期警报，并据此安排和调整计划。

④时间延迟。由于市场需求的剧烈波动，距离客户接受最终产品和服务的时间越早，需求预测就越不准确，而企业还不得不维持较大的中间库存。因此供应链管理的一个目标是针对客户的实际需求作出快速反应。

⑤与供应商建立双赢的合作策略。

⑥在整个供应链领域建立信息系统。

⑦建立整个供应链的绩效考核准则，而不仅仅是局部的个别企业的孤立标准，供应链的最终验收标准是客户的满意程度。

很明显，为实现供应链管理的目标，必须基于整个供应链建立一个高效的物流系统。此外，供应链管理的另外一个目标是通过优化供应链的作业流程降低整个供应链的库存量。

供应链管理与营销渠道管理比较起来，前者更倚重信息技术和数量分析，引入了很多数量分析方法。例如为了达到供应链的优化，需要一个合理的科学的逻辑分析方法来描述企业和供应链的作业系统，并能最终表现整个企业和供应链当前和未来产品流的状态。在优化供应链各环节时，首先应根据整个物流的瓶颈来确定被优化的等级次序，这就是说需要设计一个衡量等级顺序的程序，对实际情况进行监控，并具有可持续发展功能。业界为供应链管理提出了众多的解决方案，约束理论和最优生产技术从中脱颖而出，它们在供应链管理系统设计应用实施中起着主导作用，被业界公认为是一种最成功的供应链实施方法论。而营销渠道管理对信息技术和数量分析方法的依赖性却小得多。

事实上营销渠道与供应链之间还是有一定联系的，营销渠道的建立、营销渠道的长短、营销渠道成员之间的关系在很大程度上会对供应链管理产生影响，反过来供应链管理的成功与否会在一定程度上加强或削弱营销渠道的稳固性。企业想在市场中获得持续发展，营销渠道与供应链二者应该并重，厚此薄彼的做法将对企业的长期经营造成不利影响。

二、分销渠道的含义及类型

1. 分销渠道的含义

在市场营销理论中，有两个与渠道相关的术语被混用或交替使用，即市场营销渠道和分销渠道，实则两者有所区别。

市场营销渠道是指配合或参与生产、分销和消费某一生产者的产品和服务的所有企业和个人，包括某种产品供、产、销过程中的所有相关企业和个人，如供应商、生产者、商人中间商、代理中间商、辅助商以及最终消费者和用户等。

分销渠道是指某种产品和服务从生产领域向消费领域转移过程中,取得这种产品和服务的所有权或协助所有权转移的企业和个人。因此,分销渠道包括商人中间商(取得所有权)、代理中间商(其帮助转移所有权)、处于分销渠道起点和终点的生产者和最终消费者,但不包括供应商、辅助商等。

2. 分销渠道的类型

分销渠道存在一定的差异,可以按照一定的标准划分成不同的类型。

(1)按照中间机构的级数划分[如图5-1(a)图5-1(b)所示]。按照中间机构级数的多少可以将分销渠道划分为:零级渠道、一级渠道、二级渠道、三级渠道和更高层次的分销渠道。在消费者市场和产业市场,这种划分方法下的各个分销渠道类型有所不同。

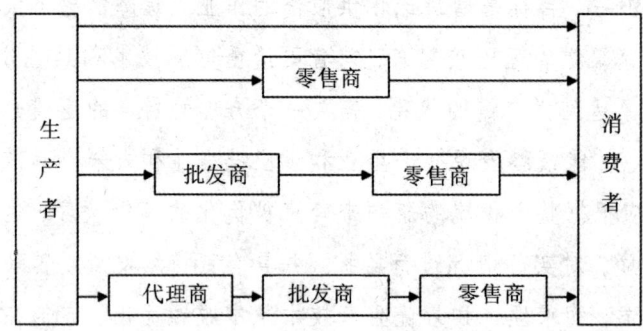

图5-1(a) 消费者市场分销渠道的基本类型

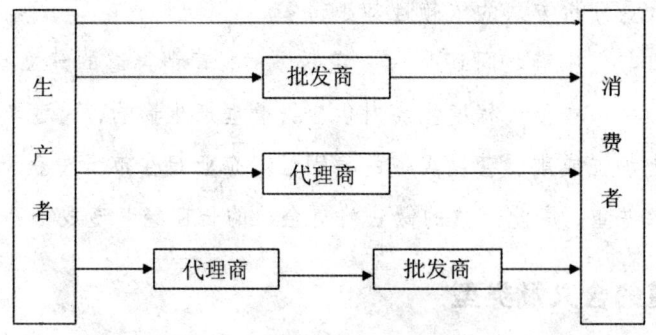

图5-1(b) 消费者市场分销渠道的基本类型

零级渠道也叫直接分销渠道,是指产品从制造商流向最终用户的过程中不经过任何中间商转手的渠道,而凡是存在中间商的分销渠道都可称为间接分销渠道。零级渠道的主要营销方式是上门推销、家庭展示会、邮购、电话营销、互联网销售和制造商自设商店。这种分销渠道主要用于销售工业用品。在现代西方国家,某些消费品有时也通过直接分销渠道销售。

一级渠道是指这种分销渠道中只包括一个中间机构。在消费者市场，这个中间机构通常是零售商；在产业市场，则可能是产业分销商、制造商的销售代表或分支机构。

二级渠道是指这种分销渠道中包括两个中间机构。在消费者市场，通常是批发商和零售商；在产业市场，则可能是产业分销商、制造商的销售代表和分支机构中的两个。

三级渠道是指这种分销渠道中包括三个中间机构。要消费者市场上通常有一些专业批发商处于大批发商和零售商之间，即专业批发商向大批发商进货，再卖给无法直接从大批发商进货的小零售商；或是制造商通过代理商将产品批发给批发商、零售商。而在产业市场上，则可能是产业分销商、制造商的销售代表和分支机构并存。

更高层次的分销渠道虽然存在，但较少见。从制造商的角度来看，随着渠道级数的增多，控制渠道所需解决的问题和需要付出的成本会增加。

（2）按照渠道中每个层次同类中间商的数目划分。按照分销渠道各层次同类中间商数目的多少，可以将分销渠道划分为宽分销渠道与窄分销渠道。宽分销渠道是指制造商在各个层次上选择两个以上的同类中间商的渠道类型。窄分销渠道是指制造商在某一地区或某一产品分类中只选择一个中间商的渠道类型。这两种分销渠道各有优点，究竟采用宽的还是窄的分销渠道，取决于市场需求总量、中间商能力、产品特性、企业策略等多种因素。

（3）按照渠道中间环节和层次的多少划分。按照分销渠道的中间环节和层次的多少，可以将分销渠道划分为长分销渠道和短分销渠道。一般来说，产品从制造商向消费者转移过程中只通过一个中间环节的渠道称为短分销渠道；产品转移过程中通过两个或两个以上中间环节的渠道称为长分销渠道。这种划分方法相比于按照中间机构级数划分的分销渠道类型虽然有相似之处，但差别还是比较明显的。这种划分方法并不要求区分渠道中的级数，从而有利于制造商在设计分销渠道时着眼于确定分销渠道的长短。

3. 分销渠道的流程

分销渠道在执行多种功能的同时，也在完成商品转移所需的各种流程。从分销活动的实际情况来看，一方面分销渠道成员的性质是多样的，另一方面商品并不固定地在相同性质的渠道成员之间转移或发生交易，因此，存在着多种物质和非物质的形式的"流"，它们交织地伴随着商品在渠道成员之间的移动，分销渠道正是这些"流"的载体。菲利普·科特勒以铲车的分销渠道流程为例，将这些复杂的"流"归纳为五种：实物流、所有权流、付款流、信息流和促销流（如图5-2所示）。

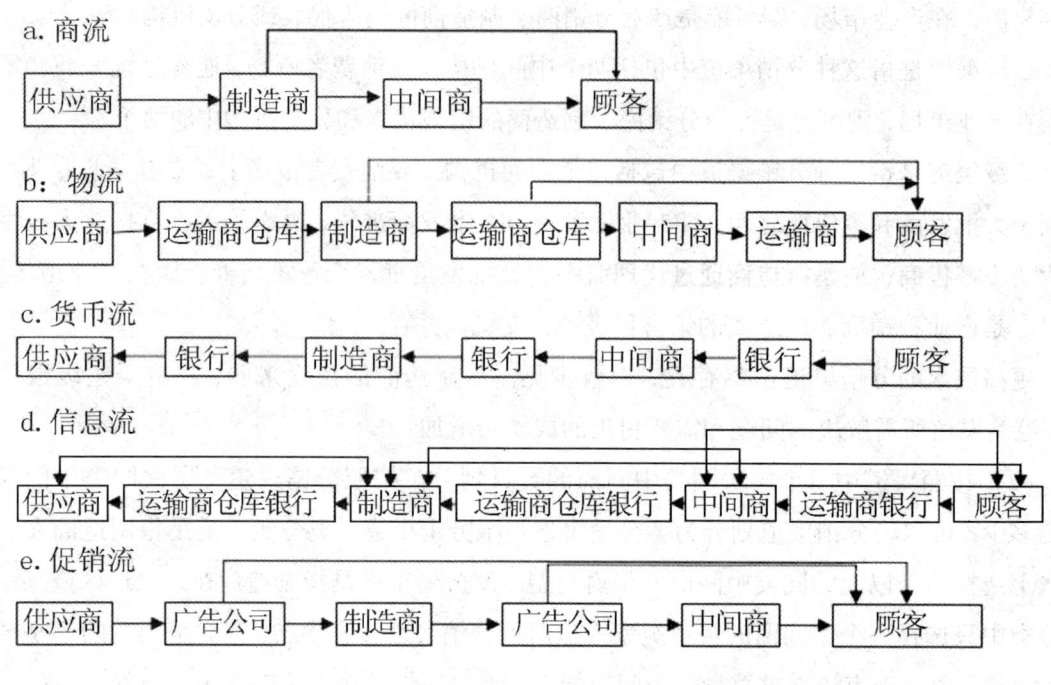

图5-2 分销渠道中的五大流程

4. 分销渠道的系统

分销渠道的系统是指突破了传统的由一个或一组生产者、批发商、零售商和消费者组成的分销渠道，形成了多个中间商密切联系的更具分销能力和拥有更多资源的系统。

（1）垂直分销系统。垂直分销系统是由生产者、批发商和零售商所组成的统一联合体。这种分销系统中，某个渠道成员会作为渠道领袖拥有其他成员的产权，或者是一种特许经营的关系，或者这个渠道成员实力较强，其他成员愿意与其合作。垂直分销系统的特点是专业化管理、集中计划，分销系统中的各成员为共同的利益目标，均采用不同程度的一体化经营或联合经营。垂直分销系统主要有三种形式：一是公司式垂直分销系统，即指一定企业拥有和统一管理相关的生产部门和分销部门，这种分销系统对渠道的控制水平较高；二是管理式垂直分销系统，即指制造商和零售商共同协商和管理分销业务，或由一家规模大、实力强的企业出面组织生产和分销活动；三是合同式垂直分销系统，即指各自独立的、不同层次的制造商和经销商，以合同为基础统一协调分销行动，以求使各方获得单独经营达不到的经济利益。

(2) 水平分销渠道系统。又称为共生型分销渠道系统，是指由两个或两个以上成员携手合作，共同开拓新市场或提高组织化程度。它是渠道系统中处于同一层次的成员之间的合作，这种合作可以是生产者之间、批发商之间和零售商之间的。例如，可口可乐公司和雀巢公司合作，雀巢公司以其专门技术开发新的咖啡饮料和茶饮料，然后交给熟悉饮料市场分销的可口可乐公司销售。

(3) 多渠道分销系统。也称复合渠道系统，是企业同时利用数条渠道分销其产品的渠道系统。这虽可以增加产品的市场覆盖面和销售量，但渠道之间的竞争有可能带来"窜货"，从而造成渠道冲突，增加渠道运行成本。例如，某纸张生产企业利用自己的销售分公司和独立的经销商来销售产品，经销商必须从销售分公司进货，而销售分公司同时也向出版社、印刷厂等客户推销，导致销售公司以较大的价格优势使经销商很难开展业务。所以，企业采用多渠道分销系统时，必须加强对渠道的管理。

第二节　零售与批发

本节主要学习内容
■ 零售商
■ 批发商

中间商是介于生产者和消费者之间，专营商品由生产领域向消费领域转移业务的经济组织。根据中间商在流通领域或分销渠道中的作用和功能的不同，一般将其分为批发商和零售商。

一、零售与零售商

1. 零售与零售商的概念

零售是指针对最终消费者的销售活动。菲利普·科特勒将其定义为："将商品或服务直接销售给最终消费者供其个人非商业性使用的过程中所涉及的一切活动。"零售商是指向最终消费者提供产品或服务的所有组织和个人。

零售商在分销渠道中连接生产企业（或批发企业）与广大消费者。零售商是分销渠道系统中数量最多的组织，又是商品流通过程中的最后一道中间环节，因此它在整个分销渠道中具有举足轻重的作用。对于生产商而言，不论它采取何种渠道战略，零售商都是不可缺少的合作伙伴。

2. 零售商的功能

（1）分类、组合、备货功能。在市场经济条件下，个人消费者与生产者或批发商直接交易成本巨大，因此，个人消费者很难与生产者或批发商进行直接交易。零售商可以代替消费者从生产者或批发商那里采购商品，并将这些商品按照个人消费者最适合的购买批量进行分类、组合、包装，使消费者不仅易于购买，而且还可以从零售商那里获得其他服务。

（2）物流功能。这主要体现在商品的储存和保管上，主要是由社会化生产的单一性和消费需求的多样性，以及消费者的需求与生产者的供给在时间上存在的矛盾所决定的。因此，零售商必须储存和保管一定数量、种类繁多的商品，这样才可能较好地解决供求双方在商品集散上的矛盾，从而最大限度满足消费需求。

（3）服务功能。零售商的特点之一是注重服务。其在销售商品时，还必须向消费者提供多种服务，尤其是在买方市场业已形成的条件下。零售商的服务功能不仅是指与商品交易直接相关的订货、送货、包装、安装、退货、换货、修理等方面，还体现在提供购物咨询、商品展示、消费信用、展览、餐饮、游乐场等方面的服务。

（4）信息传递功能。零售商处于商品流通的最终环节，直接连接消费市场，因而能够最快获得消费市场的各种信息，并将这些信息迅速反馈给批发商或生产商，使其能够及时购进或组织生产适合消费者需求的商品。同时零售商还可以将批发商或生产商以及自身的商品供给信息通过各种渠道传递给消费者，激发其购买欲望，指导其科学消费。

（5）融资功能。这主要是通过向消费者提供赊销、分期付款等消费信用来实现，不仅方便消费、刺激消费，而且还加速商品流通，有利于商品流通规模的扩大。

（6）承担风险功能。商品从生产领域到消费领域，客观上存在着诸多风险，如物流风险、价格波动风险、财务风险、信用风险和外汇风险等。虽然流通风险大部分由批发商承担，但零售商作为消费者的采购代理人，则需要承担余下的风险。

（7）娱乐休闲功能。零售店铺的商品陈列、店内装饰及文化设施会使消费者在购买商品的同时得到休闲娱乐。随着零售商业竞争的加剧，很多零售商为了吸引消费者，越来越重视娱乐休闲功能的开发。

3. 零售商的类型

（1）百货商店。是指在一个大型建筑内，根据不同商品部门设立销售区，满足顾客对时尚商品多样化需求的零售业态。其基本特点是：选址位于城市商业中心或历史形成的商业聚集地；商圈一般比较大，目标顾客以追求时尚和品位的流动顾客为主；商品经营门类齐全，综合性强；售卖普遍采取柜台销售和开架面售相结合的方式。

（2）食杂店。是指以经营烟、酒、饮料、休闲食品为主，传统的无明显品牌形象的零售业态。其基本特点是：选址位于居民区或传统商业区内；商圈较窄，目标顾客以相对固定的居民为主；商品结构以烟、酒、饮料和休闲食品为主。

（3）便利店。又称方便店，是指满足消费者便利需求的零售业态。其基本特征是：选址位于商业中心、交通要道，以及车站、码头、医院、学校、加油站等公共活动区；商品经营结构以即食食品、日用百货为主，具有即时消费、小容量、应急性等特点；注重服务，营业时间一般在16小时以上。

（4）超市。又称超级市场，是指开架售货、集中收款，满足社区消费者日常生活需求的零售业态。其基本特征是：小型超市一般位于市、区商业中心和居民区；大型超市一般位于市、区商业中心、交通要道或大型居民区；经营结构以包装食品、生鲜食品和日用品为主，大型超市一般可以满足顾客一次性购齐所有日常生活用品的需要；售卖方式采取自选销售，分设出入口，在收银台统一结算；营业时间一般在12小时以上，大型超市具备与经营面积相适应的停车场。

（5）专业店。是指以专门经营某一大类商品为主的零售业态，如办公用品、家具、药品、服装、体育用品等各类商品的专业店。专业店是目前世界各国零售业态发展势头良好的一种零售形式。因为它具有如下优势：①满足顾客挑选性的要求。虽然经营的商品种类单一，但是能够提供丰富的品种，商品规格、档次、花色、款式齐全，消费者容易买到称心如意的商品。②经营者以某一顾客群为目标市场，针对性强，对消费者需求反应敏感。③容易树立商店的品牌形象。经营者一般具有较深入的专业商品知识，能够为消费者提供商品使用、维护、保养等方面的专业化建议。

（6）专卖店。是指专门经营或授权经营制造商品牌，适应消费者品牌选择需求的零售业态。其特点是：选址多在繁华商业区、商业街、百货商店或购物中心；商品结构以著名品牌、大众品牌为主；销售上具有量小、质优、高毛利的特点；商店的陈列、装潢、灯光、包装布局、广告讲究；采取定价销售，注重品牌名声。

（7）折扣店。是指提供有限服务，商品价格低廉的零售业态。其特征是：①商品齐全。折扣店类似于百货店，但销售的商品主要是家庭生活用品。②价格低廉。折扣店的所有商品都标有折扣价，价格大幅度低于一般商店；商店采取自我服务方式，设备简单，很少提供送货服务；选址大多位于物业租金较低且交通又较方便的地区。折扣店能够以折扣价格出售商品，主要是由于商店节约了投入费用，而并非是经营质次价高、不合时令的商品。

（8）仓储会员店。是指以会员制为基础，实行储销一体、批零兼营，以提供有限服务和低价格商品为主要特征的零售业态。其特点是：仓库与商场相结合，采用货仓式销售；选址一般在城乡接合部，交通方便，既面向城市中下收入阶层，又方便农民购买；自由选购与导购相结合；投入费用低，以廉价吸引顾客，具有成本优势、价格优势和地域优势。

（9）购物中心。是指多种零售店铺、服务设施集中在一个建筑物内或一个区域内，由开发商有计划开发、管理、运营的为消费者提供综合服务的商业集合体。其基本特点是：购物中心不仅满足消费者购物需求，而且还成为丰富消费者生活的综合服务中心。其中一般设有银行、剧场、儿童游乐场、理发店、美容店等服务设施，能够满足顾客购物、餐饮、娱乐、休闲等"一站终点"的多层次需要。

（10）无门市销售。其涵盖的范围很广，是近年来发展很快的零售形式，大致有邮购、电话购物、电视购物、网上购物、上门推销、自动售货机等。

二、批发商

1. 批发商的概念

批发商是指从生产企业购进商品，然后转售给其他批发商、零售商、生产用户以及各种非营利组织，一般不直接向个人消费者销售商品的商业机构。

2. 批发商的功能

（1）商品集散。生产者出于规模经济的考虑，一般从事大批量、少品种的生产。而零售商作为消费者的采购代理，希望小批量、多品种地供货，这样既减少资金占压，又能更好地满足消费者需求。批发商的首要职能即是解决供给和需求在商品集散上的矛盾。批发商从生产者那里大批进货，然后进行编配，批发给零售商、其他生产者等业务用户，从而满足了供求双方在品种、数量上的各自要求，完成了商品的集中和分散，疏通了流通渠道，促进了商品流通顺畅进行。

（2）供求调节。供求调节功能是商品流通的重要功能。在社会化、专业化生产条件下，生产（供给）与消费（需求）不仅在时间上是分离的，而且在空间上也是分离的。为了调节生产与消费在时间和空间上的矛盾，客观上需要有专门的流通机构，而批发商正是调节这一矛盾的主体。

（3）信息沟通。批发商能够担负起信息传递功能是由其在商品流通过程中的地位决定的。批发商在集散商品过程中，既可以获得来自生产者的消息，也可以获得来自零售商的信息。一般来说，批发商向生产者提供的信息主要是从许多零售商那里收集来的有关商品流行趋势的变化、购买力投向和同行业竞争者的动向等情报信息；向零售商提供的信息则主要是有关生产者的新产品开发、产量变化、成本变动等方面的信息情报。通过批发商的信息沟通，促使供求彼此协调，有利于实现社会资源的优化配置。

（4）商品整理。批发商在进行批发业务时，往往要对其采购的商品进行分类、分级、分割、整理、包装和初加工，只有这样，才能增加商品的可流通性，适应零售商或其他产业用户的需求，从而提高流通效率，降低流通成本，对于高效、有序地组织商品流通具有重要意义。

（5）资金融通。批发商的融资功能主要体现在：对于生产者而言，批发商不仅在商品进入最终消费之前，垫付了资金，而且还可以为生产者提供预付货款等信用服务，从而保证了社会生产的延续；对于零售商和其他企事业用户而言，批发商作为其采购代理，可以提供赊销、延期付款等商业信用，缓解其资金困难，有利于生产经营及业务活动的顺利进行。

（6）承担风险。商品在从生产领域向消费领域转移过程中，客观上存在着各种各样的流通风险。例如，既有变质、腐败、破损、受潮等物理化学性的风险，还有商品跌价、过时、积压、拖欠等经营风险。由于批发商交易量大，同时承担着相应的物流功能，因此，自然也是以上商业风险的主要承担者。

3. 批发商的类型

（1）商人批发商。又称独立批发商，是指不依附于其他经济主体，独立地专门从事批发交易活动并对所经营的商品拥有所有权的批发商。商人批发商是最传统、最标准的批发商，也是现代批发商业的主要形式。商人批发商可从不同角度进一步细分：

①根据经营商品（经营客体）范围宽窄的不同，可分为综合批发商（或称普通批发商）、专业批发商。

②根据市场覆盖（商圈）的大小，可分为全国性批发商、区域性批发商、地方性批发商。

③根据承担职能的不同，可分为两种：一是完全服务职能批发商，指承担批发商业的全部职能和提供全方位服务的批发商，如承担商品集散、供求调节、商品整理、信息沟通、资金融通、承担风险等职能和提供购销运存等服务。二是有限服务职能批发商，指部分承担批发商业职能和提供部分商业服务的批发商，如现购自运批发商、直运批发商、卡车批发商、邮购批发商、货架批发商。

（2）代理商和经纪人。其与商人批发商最大的区别在于，它们对商品没有所有权，不是经营商品，不是先买后卖，而是代表买方寻找卖方，或是代表卖方寻找买方，并通过促成买卖双方的商品交易,从而从委托人处获取佣金作为报酬。由于代理商和经纪人对商品不拥有所有权,因此也不承担商品流通过程中的风险。在商品流通领域,代理商与经纪人的不同之处在于,代理商与客户的关系往往比较持久,而经纪人与客户关系一般比较短暂。

根据代理商承担的职责不同,可将其分为以下几类:

①厂商代理商。是指受生产者委托,签订合同,在一定区域内为生产者代销全部或部分产品的代理商。此类代理商通常按照生产者规定的产品销售价格或价格幅度销售商品,对商品售价及销售条件的决策权有限。

②销售代理商。是指在签订合同的基础上,为委托人销售某些特定商品或全部商品的代理商。销售代理商常常起到企业销售部门的作用,在很大程度上控制着厂商的营销活动。虽然他们不拥有商品所有权,但却能代替委托人就产品价格、合同条款以及销售条件等与买方谈判、签约。

③采购代理商。是指代理商与委托人有着长期的业务往来,代理其进行采购,同时也负责收货、验货、储运等商务活动。采购代理商大都对市场行情比较了解,并能向客户提供市场信息,还能代替买方以合理的价格购买高品质的商品。

(3)制造业批发商。是指属于生产者所有、专门从事批发销售业务的独立商业组织。其一般设有仓库,有一定量的商品储存,形式如同专业批发商。有一些生产者的销售组织,也批发和销售从其他生产商购进的产品,执行储存、运输、销售和服务等职能,其组织形式类似于完全服务职能批发商。

第三节 分销渠道设计策略

本节主要学习内容
■ 影响分销渠道设计的因素
■ 分销渠道设计的步骤

一、影响分销渠道设计的因素

分销渠道策略是指制造商通过分析多种影响因素,制定出的有利于制造商将其产品以最有效的方式传递给消费者的渠道计划和方案。针对不同的情况,制造商的渠道策略是不同的,渠道策略的设计取决于多种复杂的因素(见表5-1)。

表 5-1　影响渠道设计的因素

顾客因素	产品因素	制造商因素	中间商因素	竞争因素	环境因素
顾客需求 顾客健在	体积和重量 储藏性和保质性 品质 技术特性服务要求 生命周期	企业规模 资金水平 产品组合 渠道偏好 战略目标	资源和能力 经营范围 分销经验 信誉 财务状况	销售地点 渠道类型 分销渠道密度 产品性质 渠道成员结构	经济环境 政策环境 法律环境

影响渠道策略设计的主要因素包括：

1. 顾客因素。一是顾客需求，根据顾客对不同产品的差异性需求，选择可以满足他们需求的分销渠道，是制定分销渠道策略所必须考虑的根本因素；二是顾客分布，顾客的人数和地理分布对分销渠道策略的制定有重要的影响，如果顾客数量较大，并且地理分布范围较广，那么就适用长而宽的分销渠道。

2. 产品因素。产品本身具有的特性常常决定了仓储、运输和中间商的类型（见表 5-2）。

表 5-2　产品特性对分销渠道策略设计影响

产品特性	对分销渠道策略设计影响
体积和重量	运输工具的动力是有限度的和固定的，产品的体积和重量与分销渠道的长度成反方向变动关系。比如大型的工程机械通常采用直接分销渠道分销
储藏性和保质性	对于那些在短时期内容易腐烂、变质的，或在运输装卸过程中易发生损坏的产品，适用短分销渠道；对于易于储藏和保质期长的产品，则可以采用长分销渠道
品质	对于那些具有较高的品牌知名度、质量好和收藏价值大的产品，其顾客群体也较小且较为固定，为了保持产品形象和知名度，应用短而窄的分销渠道
产品特性	对分销渠道策略设计影响
技术特性和服务要求	有些产品涉及专业技术的保护和转移，而且需要特殊的服务支持，这类产品就适用于短而窄的分销渠道。比如飞机、精密仪器、大型通信交换设备等
生命周期	随着产品生命周期的演进，分销渠道一般会由短变长、由窄变宽；而对于生命周期较短的产品，应在投入期和成长期选择短而宽的分销渠道，以实现快速撤脂

3. 制造商因素。一是制造商企业的规模，制造商企业的整体规模决定了其市场占有率、较大客户的规模以及与渠道中间商合作或讨价还价的能力，从而决定了企业所应选择的分销渠道类型。二是制造商的资金水平，其决定了对渠道成员的激励水平和力度，从而影响企业选择哪些中间商组成分销渠道。三是制造商的产品组合，其宽度越大，与顾客直接交易的能力就越强；其深度越大，则采用独家销售和选择性代理商就越有利；其关联性越强，就越容易在同一条分销渠道上分销多个产品，从而节省企业营运成本。四是渠道偏好，有时制造商过去的营销经验会左右对新产品分销渠道的选择。五是战略目标，分销渠道要为实现企业营销战略的目标服务，如企业营销战略目标是扩大市场覆盖率，那么制造商就会选择长而宽的分销渠道，来实现广泛分销。

4. 中间商因素。在进行分销渠道设计和选择时，中间商的资源和能力以及不同中间商的优势和劣势也需要认真的考虑。中间商在执行运输、广告、储存、接洽顾客等功能，及要求信用条件、退货权力、训练人员和送货频数等方面，有不同的倾向。除这些行为上的差异外，中间商的数目、地点、规模大小和产品分类等的不同也会影响分销渠道策略的设计。一般来说，具有有利的地理位置，较广的经营范围和丰富的分销经验，良好的信誉和财务状况的中间商，会得到制造商们的青睐。

5. 竞争因素。对于市场中竞争对手的销售地点、渠道类型、产品和服务的特点、市场规模、顾客特性与规模，以及竞争对手分销渠道的密度、销售性质、渠道成员及结构等因素，都要进行细致的分析。这有助于制造商充分了解竞争者的分销渠道情况，以决定对其采取避开、迂回还是正面进攻的渠道竞争策略。

6. 环境因素。如果经济不景气，一般要求制造商以最经济的方法把产品分销出去，因而采取短分销渠道比较合适。另外，政府的法规和政策也要及时透彻地了解，在开展分销时要避免与法规相冲突。比如价格歧视、非法回扣、搭售、有碍竞争的排他性分销和地区限制等做法，都要慎行。

二、分销渠道设计的步骤

分销渠道策略设计的过程包括以下几个步骤：

1. 对顾客需要的服务水平进行分析。所谓服务产出水平是指分销渠道的服务产出水平。在设计营销渠道中，营销人员必须了解目标顾客需要的服务产出水平。分销渠道可提供的服务产出主要有以下几种：一是可购买批量，是指在一次购买中分销渠道能够提供给消费者的产品单位数量，比如，在购买汽车时，出租汽车公司偏好能够大批量购买的渠道；而家庭夫妇只需要那种至少能买到一辆汽车的渠道就可以了；二是等待时间，分销渠道的快捷性非常重要，绝大多数消费者喜欢快捷的分销渠道；三是便利性，即指在空间上分销渠道能为消费者提供产品的方便程度；四是选择性，即要求分销渠道尽可能地提供更多的商品花色品种，即更大产品组合的宽度；五是服务支持，即指分销渠道能够提供的配套服务或附加服务，比如信贷、送货、安装、保修等服务。

2. 确定分销渠道的目标。分销渠道目标是渠道设计的基础。一定的分销渠道是为一定的细分市场服务的，因而分销渠道的目标应表现为一定的目标服务产出水平。在竞争条件下，分销渠道的有效性取决于在其实现预定功能与服务的同时整个渠道运营成本是否最小。因此，渠道目标设定时应考虑下列三点：分销渠道效率、分销渠道控制程度、财务开支。分销渠道绩效包括销售量、市场占有率、目标利润率等；分销渠道控制程度取决于制造商在渠道协调中扮演的角色和对渠道控制的欲望；财务开支则依据制造商愿意支付多少财务资源来建立和控制渠道而定。

3. 识别主要的渠道选择方案。渠道选择方案由三个方面的要素确定：一是中间机构的类型；二是中间机构的数目；三是每个渠道成员的条件及相互责任。中间机构的类型主要包括零售商、批发商和后勤组织三种，企业应该清楚地知道能够承担其分销渠道工作的中间机构的类型。中间机构的数量，决定了分销渠道的宽度。而分销渠道中不同层次所用中间机构数目的多少，受到企业追求的市场展露程度的影响，即受到营销密度的影响。每个渠道成员的条件和责任要通过价格政策、销售条件、地区权利以及每一方所应提供的具体服务进行详细的规定，这属于分销渠道成员管理的内容。

4. 对分销渠道的方案进行评估。对分销渠道的方案进行评估的标准有以下三个：

一是经济性标准。分销渠道评估的经济性标准主要是指每个分销渠道方案可能达到的销售量及销售成本水平，从而确定在特定的销售量水平上选择何种分销渠道方案的成本更低，即更经济性。

二是可控性标准。可控性是制造商对分销渠道控制能力的评估。一般来说，只用中间商就意味着制造商对分销渠道失去了部分或全部的控制。那么，中间商的数量越多，制造商对分销渠道的可控性就越小。因此，制造商对直接分销渠道、短分销渠道和窄分销渠道的可控性较大，而对间接分销渠道、长分销渠道和宽分销渠道的可控性较小。企业必须进行全面比较、权衡，选择最佳分销渠道方案。

三是适应性标准。在一个特定的时期内，分销渠道成员之间都会允诺在某种程度上维持合作关系和履行分销义务。但是，如果制造商与所选择的中间商签订的合约时间较长，而在此期间其他分销方法更有效，制造商又不能随便解除合同，这样制造商在选择分销渠道上便缺乏适应性和灵活性。因此，在快速变化和充满不确定性的市场上，制造商要寻求建立起适应性更强的分销渠道结构和策略。

第四节　渠道管理决策

本节主要学习内容

■ 渠道管理决策

渠道管理是指制造商为实现公司分销的目标而对现有渠道进行管理，以确保渠道成员间、公司和渠道成员间相互协调和通力合作的一切活动。

基本的渠道管理决策包括：渠道成员的选择、渠道成员的培训、激励渠道成员、处理渠道冲突和渠道的评估及改进。

一、渠道成员的选择

制造商要评估和分析中间商的因素包括：经商的年数；经营的其他产品的状况；企业成长和盈利的记录；财务状况；合作的态度以及声誉。如果中间商是销售代理商，制造商还要评价其所销售的其他产品的数量和特征，以及其推销力量的规模和素质。

二、渠道成员的培训

制造商对其渠道成员进行培训，将会给双方带来利益。因为对渠道成员进行培训，可以改进和提高中间商的销售业绩，从而为制造商带来利益。中间商可以被看成是制造商的用户。制造商应该有计划地、定期地对中间商进行系统的培训，让其掌握和精通产品的特性、相关技术、目标顾客的信息、服务及维修知识、市场调研、相关的推销能力等。此外，制造商还应对培训的师资、方法、器材和地点进行精心安排。

三、激励渠道成员

为了更好地实现制造商的营销目标，制造商还必须采取各种措施不断对中间商给予激励，以此来调动中间商销售其产品的积极性，并通过这种方式与中间商建立一种良好的关系。

激励渠道成员的方式有正反两种。正面激励的方式包括销售奖金、交易折扣折让、销售竞赛等奖励的方式；负面激励包括提高产品售价、减少销售优惠等惩罚的方式。然而正确的激励方式应该注意渠道成员间的长期性配合，考虑彼此的基本需要及利益，建立互助互利的关系。

四、处理渠道冲突

制造商希望渠道成员之间展开合作，以获得更好的协同利润。然而在渠道成员合作的过程中，又产生了利害冲突和竞争。渠道冲突是指各种分销系统中渠道成员之间的不和谐。渠道冲突包括渠道的水平冲突、垂直冲突和多渠道冲突。水平冲突是指发生在同一渠道层次内的公司间冲突，可通过限制经销商的销售区域的方法使其不至于产生低价越区销售争抢顾客而导致冲突。垂直冲突是指发生在不同渠道层次的公司间冲突，为避免该冲突发生，需明确渠道各层次成员之间彼此所应有的权利及义务。多渠道冲突是指一个制造商建立了两条或两条以上的分销渠道，而这些分销渠道在向同一市场销售产品时产生的冲突。

解决渠道冲突的方法有：①激励手段。利用对渠道成员的激励可以一定程度上解决渠道冲突。②说服协商。是将分销渠道成员相互之间的问题找出来，通过协商和沟通，共同寻找普遍接受的冲突解决方案。③适当惩罚。在激励和协商不起作用的情况下，可利用团体规范，通过警告、减少服务、降低经营援助，甚至取消合作关系，迫使冲突某一方放弃不合作行为。④分享管理权。通过建立合同式垂直分销渠道系统，使自主活动的制造商、批发商和零售商，以契约的形式联合起来，实行有计划的管理，以减少成员内部的冲突。

五、渠道的评估及改进

公司必须定期对渠道进行评估及改进以维持渠道竞争优势。对渠道成员的评估有两类方法：一是以产出为基础的定量测算方法，如销售额、利润、利润率和存货周转率等；二是以行为为基础的定性评估方法，如服务质量、顾客满意度、中间商竞争能力、顾客投诉处理能力、中间商忠诚度等。

对渠道改进分析包括：

1. 渠道成员间的利润。
2. 边际分析。边际分析是指分析增加或减少某一家中间商，对整体销量、利润及成本的影响及变化。

3. 中间商替换分析。中间商替换分析主要分析当由一家中间商取代另一家中间商时所产生的正、负影响。分析除了包括销售、利润、成本的影响外，同时也要考虑渠道功能的整体性问题及变化。

案 例 分 析

海天全球布局——渠道王

2014年2月11日，海天味业在A股上市，市值当天逼近500亿元，造就了34个亿万富翁。一家酱油企业居然成了造富工厂，这让很多人感到惊讶，更让人惊讶的是，这家企业的市值随后像坐了火箭一样蹭蹭蹭地往上涨，2016一度超过1600亿元，涨了整整三倍！

这种上涨，也让34个亿万富翁的身家水涨船高，在2017年福布斯中国富豪榜上，海天老总庞康以近400亿身家排名第31位，离排名第25位的雷军只差50个小目标。

三百年老字号的新时代——海天是中华老字号，始自清代中叶，距今已有三百年的历史。

三百年前，广东佛山诞生了大量酱园，生产酱油等调味品，产品远销珠江水系的西江、北江一带，另包括港澳、东南亚和欧美地区。彼时在悉尼唐人街，佛山产酱油甚至会限购，每人限购3瓶，而且不送货。

佛山酱油之所以如此热销，是因为佛山酱油与众不同。

酱油的原料是黄豆，决定酱油品质的最重要一环是晾晒。位于北回归线之上的佛山气候温暖，阳光充沛，全年日照时间长达300多天，非常适合晾晒。得天独厚的地理条件让佛山成了酿造酱油的天堂，到民国时期，已有40多家新老酱园聚集于此。

海天是40多家酱园中工艺最讲究，产品口感最醇厚，规模和影响力最大的一家。时谚有云：有人烟处，必有海天。

庞康与海天发生关系是在1982年。那一年，26岁的庞康被派到"海天"做副厂长。

彼时的海天并不是最初的海天，而是1955年国家推行公私合营时，以海天为首的25家佛山古酱园合并而成的企业，新的企业更名为珠江酱油厂，是佛山古酱园的集大成者。

庞康到珠江酱油厂后努力钻研业务，几年时间就成了行家并晋升为总经理，这之后，一系列政策红利向他滚滚扑来。

1988年，国企推行承包经营责任制，庞康获得了企业发展的主导权。六年之后，国企改革进一步深化，70%的国有股份被转让给海天员工，这些股份后来经过演变逐渐集中，以庞康为首的管理层获得控股比例，这种变更在2007年通过一次新的改制得到确认及深化，海天彻底变成一家民营企业。

所有制改变的同时，品牌名也改变了。

早在第二次改制的1994年，庞康就把公司名称从珠江酱油厂改为佛山市海天调味食品公司，重新启用"海天"品牌。随后十年，这个古老品牌在其经营下重焕生机，于2006年入选商务部公布的第一批"中华老字号"。

就这样，历史的风云际会让庞康等管理层，获得了一块谱写财富传奇的"金字招牌"。

渠道为王，量变产生质变

自古以来，酱油就在中国人的饮食中占有重要地位，然而在海天之前，强大的刚需并没有造就出巨无霸级企业，清朝民国的佛山古酱园已经很有规模了，但其服务人群仅限于珠江水系及海外唐人街，其他地区仍是地方品牌的天下。

造成这种现象的根本原因是产能局限：传统的作坊式生产，满足不了全国的需求。

庞康很早就认识到这一点，他一直强调：传统产业要发展，规模化是关键。

为了实现规模化，在90年代海天刚有一点家底时，庞康便豪掷3000多万引进国外生产线，进入21世纪后，他的投资手笔越来越大，2005年投资10亿元建了一座100万吨的生产基地，2014年又投建了一座150万吨的生产基地。

目前，海天的总体生产规模已经超过200万吨，占地3000亩，把同行们甩出了几条街。

当然光能生产还不行，还得把上百万吨的产品卖出去，这就需要规模化的渠道网络。

到2016年底，海天的渠道已覆盖全国31个省级行政区域，超300个地级市，近1000个县，33万个终端营销网点。从黑龙江的佳木斯到新疆的塔什库尔干，再到海南的三亚，随处可见海天的产品。不仅如此，海天产品还远销全球60多个国家和地区，成为海外华人聚居区的标配。

清朝民国时期，"有人烟处必有海天"只是一种诗意的表达，如今则已变成现实主义描写。如此庞大的渠道网络，庞康如何控制呢？

办法总结如下：

首先他建立了一支1500家经销商、5000家分销商的中层网络，用其总揽33万个终端营销网点，并培训了一支超过1000人的特种部队，将其派往中层网络，指导和管理这些小诸侯。

分封诸侯时，他采用"双驾马车"制度，在一个地区至少设置两名经销商，一方面防止诸侯反叛，另一方面刺激诸侯间的竞争。

为进一步驱策各地诸侯，他不像很多同行一样只制定一个全年销售目标，而是将全年目标细化到每月，上半年每月完成全年目标的8%，下半年完成9%~10%，使得整个渠道网络时时处于激活状态。

最后他采用先付款后发货的政策，避免自身资金被经销商占用。同时，他也很少占用经销商的资金，很多同行用高返点政策鼓励经销商压货，庞康则不热衷于这种手段，给的返点也很少。

避免串货：经销商没有压货就不会异地串货和扰乱价格，从而稳定了整个体系，每2~3年，庞康还提一次终端价格，给经销商留足利润。

通过以上四点，庞康把经销商紧紧融入海天体系，2016年，这个体系干出124亿元的业绩。

渠道的强大造就了很多明星企业，比如空调领域的格力、饮料领域的娃哈哈、生活用纸领域的恒安集团，海天则成为调味品领域的代表。

由于渠道建立起来旷日持久，所以一旦建成也很难被对手超越，这最终成为一个强大的核心优势。以娃哈哈为例，媒体最近两年一直唱衰娃哈哈，说它没有跟上消费升级的大潮，但娃哈哈的年营收仍在500亿元以上，仍是中国最大的饮料企业。

当然如果只有体量优势，而没有产品优势，企业也无法永立潮头。海天的幸运之处在于，以庞康为核心的管理层，已经建立起了成熟的产品哲学。

海天的产品哲学与格力很像，就是把一种产品做到行业第一，然后拓展相关产品。海天最早的产品是酱油，酱油做到第一后又增加了蚝油，蚝油做到第一后又增加了调味酱。到2016年，三大品类在总营收中的占比分别为63%、15%和15%，合计占总营收的93%。剩下的7%是最近几年拓展的醋、料酒、鸡精、腐乳等产品。

庞康到海天36年了，36年才搞出这么几样产品，真是够"不思进取"的。要知道，1982年进入海天的庞康是改革开放后的第一代企业家，那一代企业家大多着迷多元化发展，推崇以多元化闻名于世的前通用电气CEO杰克·韦尔奇。即便最近几年，也时不时冒出贾跃亭这种玩生态的狂人。

在这样的大环境下，一个企业家坚守一个行业、几样产品是非常困难的。

直到最近几年，舆论才开始转向，如今人们已经很少提杰克·韦尔奇了，转而推崇乔布斯。就连孙宏斌这样的猛人都狠批贾跃亭，网络传来的大意是：草尼玛，还七个子生态一个都不能少，你能做好一个就牛逼大了！

改革开放头三十年，产品的竞争还处于粗放式阶段，产品只要不是太差，都能卖出去，海天这种死磕一种产品的企业没有明显的竞争优势，再加上它的产能和渠道尚未完全铺开，它在当时并不起眼。

最近十年事情起了的变化。

2008年的金融危机，像秋风扫落叶一样地淘汰产品羸弱的企业，活下来的企业则努力培植在主业上的竞争力。最近几年消费进入升级周期，粗放式竞争结束，海天这样的专业化企业获得巨大奖励。

2013年到2016年，海天的年营收一路攀升，从84亿元攀升到124亿元，净利润也稳步增长，从16亿元涨到28亿元。当其他制造业企业家叫苦连天时，庞康却在闷声发大财。

但也有媒体对海天的专业化路线提出质疑，称过度依赖酱油产品可能正在成为其发展的瓶颈。他们指出全国酱油市场的总销量约为700万吨，海天的占比已高达15%，没有多少增长空间了。酱油又不是可乐，搞搞营销就能销量大涨。

海天管理层不认同这种质疑，反驳称全国正规酱油市场的规模约为700万吨，此外还存在约300万吨的小作坊市场。因此海天的市占率不是15%，而是10.5%，占比并不算高——日本酱油之王龟甲万的市占率是31%！

他们进一步指出，不光海天一家占比不高，中国前五大酱油企业的总体占比也不高，加起来都不到30%，整个行业的产业集中度还很低。

可以预计，未来几年，产业集中将成为酱油行业的重头戏，小作坊企业和地方弱势品牌将被整合，就像《圣经·马太福音》所言，"凡有的，还要加倍给他叫他多余；没有的，连他所有的也要夺过来"。除了整合落后产能外，海天还优化了酱油的产品结构。

海天酱油最初高中低档的比例是1∶6∶3，近几年来，这个比例被调整为2∶6∶2，未来的目标是3∶6∶1。高档和低档的价格差很多，一瓶500ml的酱油，高档的卖7块以上，低档的则卖4块以下。挺进高端的策略，会明显提升海天的利润率。当然以庞康为首的管理层心里也明白，对海天的质疑并非全无道理，整合落后产能可能需要一个较长的时期，产品结构优化的空间也很有限，况且高档产品的对手都不是吃素的。因此，从2011年开始，他们又开发了调味酱、腐乳、醋等产品。

调味酱的原料及工艺与酱油高度关联，海天具备巨大优势，所以自己做。这个产品的成长也是最快的，如今已能贡献15%的营收。

腐乳和醋不是海天擅长的，于是采用收购策略。2014年，海天收购开平广中皇食品公司，进军腐乳领域；2017年，海天收购镇江丹和醋业公司，在醋市场发力。由于海天受到资本市场青睐，未来它很可能借此优势推出一系列收购行动，把更多调味品做更大。

庞康的梦想是做全球最大的调味品生产王国，将所有品类都做到同业第一。

2012年，时任广东省委书记汪洋考察海天，参观完工厂后感慨、"酱油里面也有科技，这是转型升级的竞争力"。

外界可能很难想象，一个酱油企业居然有一支超过700人的科研团队，其中包括博士后、外聘专家顾问、科技特派员、中高级工程师数十名，团队平均年龄30多岁。此外，公司还与中科院、牛津大学、中山大学等科研机构建立了长期合作关系，承接了多项国家级科研项目，更于2014年获得国务院颁发的"国家科技进步奖"二等奖。

如今，海天已取得超过200项有效专利，为整个行业树立了标杆。

以生产环节的制曲为例。

培养有益微生物进行酱油发酵的过程被称为制曲，制曲的优劣决定着酱油的收得率和品质。传统的作坊不容易控制制曲，因为外部环境的变化很容易干扰菌种的生长。海天则依托大数据建立起一套生产标准，使菌种能在恒温、恒湿的环境中可控地生长，大幅提升了酱油的收得率和蛋白质的转换率，既节省了成本，又加强了成品的口感和营养。

自主研发的同时，海天还大量引进国外先进的生产线和技术，提升自身竞争优势。

海天从德国引进了10条自动化全封闭生产线，每条生产线只需要四五个作业工人，每小时却最高可灌装48000瓶酱油，领先同业。

更重要的是，这种生产线避免了因人工接触带来的卫生问题，再加上生产线车间执行与药品行业相媲美的10万级洁净标准，海天在食品安全方面底气十足。为了让总部建立对整个生产销售体系的天眼式把控，海天从2011年开始建立产品追溯机制，通过智能包装生产线管理系统，以及无线射频识别及条码识别技术，将每一条生产线的数据进行汇总，形成一个数据信息链条。有了这个链条，你可以非常清楚地了解每一瓶酱油是哪一天、哪一条生产线，以及通过哪一个订单生产的。

不仅如此，你还可以总体把控生产、监控仓储，以及检修设备。一个小零件的损坏在海天都会很容易查到，因为系统会及时发出警报。

海天品牌总监张欣因此自豪地说："目前，海天的生产智能化、精益化管理，树立了中国调味品行业的新标杆。"

通过36年的持续积累，庞康为海天在产能、渠道和科研方面建立了极高的竞争壁垒，正是凭着这样的壁垒，海天今天才坐到收割市场整合别人的位置上，成为"马太效应"的大赢家。

一想到这里，笔者的心便踏实下来，不再担心错失什么风口了——没有让对手敬畏的竞争壁垒，什么风口都不是你的。

案 例 思 考

1. 海天集团市场渠道有何特点？海天的市场份额是怎样形成的？
2. 为实现新的目标，海天分销系统有哪些新举措？
3. 海天的分销渠道对现代企业发展有何战略意义？

TCL 集团：构建深广兼容的分销渠道

TCL 集团于 1981 年靠一个小仓库和 5000 元贷款起家，1999 年发展成为拥有 100 多亿元总资产，销售收入、出口创汇分别达到 150 亿元、2.4 亿美元，在中国电子行业雄居三强的企业集团。该集团前 10 年集中生产经营通信产品，占据了电话机市场龙头地位；后 10 年进军家电、电工市场，在十分激烈的竞争中，年均销售增长率持续超过 50%。进入 21 世纪，集团正在策划新的目标：再用 10 年时间，使公司从传统的电子企业向以"3C"整合为核心、信息产业为主导的互联网接入设备主流供应商转移，销售规模达到 1500 亿元，进入世界 500 强企业行列。

集团决策者觉得需要全面审视公司的经营观念和分销战略与策略管理问题。为此，回顾、总结过去的经验是必要的。

多年来，集团一直将市场视为企业的生命，提出并奉行"为顾客创造价值"的核心观念，赢得了宽广的市场空间。公司不断推出适合市场需求的新产品，严格把好每一个产品和部件的质量关，并十分重视建立覆盖全国的分销服务网络，为顾客提供了优质高效的购买和保障服务。显然，经营产品的扩展，必须与经营渠道建设结合起来。这是一条重要经验。

TCL 在连续不断的市场大战中主动认识和培育市场，逐渐形成了"有计划的市场推广"、"服务营销"和"区域市场发展策略"等市场拓展新理念，建立了覆盖全国的营销网络，发展自己的核心竞争力。到 1998 年底，TCL 已在全国建立了 28 家分公司，130 个经营部（不包括县级经营部），还有几十个通信产品、电工产品的专卖店，销售人员 3000 多人，这个网络既销售王牌彩电，也销售集团内的多种产品，1998 年的销售额达到 50 多亿元。为了进一步开拓国际市场，除利用在中国香港、美国原有子公司外，近年来又成立了"国际事业本部"，积极策划在东欧、东南亚设立自己的销售网点。

建立营销网络加快了 TCL 集团的发展步伐。TCL 坚持经营变革与管理创新，不断推进企业产权制度的改革。集团通过授权经营，落实了企业经营风险责任机制和利益激励机制。尤其是进入 90 年代以来，TCL 抓住机遇，通过灵活机动的资本运营机制，先后兼并了香港陆氏彩电、河南美乐电视机、内蒙古彩虹电视机、金科集团和翰林软件公司，并与美国 Lotus Pacific 合作，进入乐信息网络终端产品和信息服务领域。TCL 投资创办了爱思科微电子集成电子公司，介入了通信系统设备制造、移动电话和锂离子电池等高科技领域。TCL 已开始的产业结构调整，目标是使公司由传统家电产品制造商向互联网设备的主流厂商转变。集团领导层对这个转变充满信心，其中一个理由是营销网络为这个转变的实现提供了有力的保证。

经过多年苦心经营，TCL 的营销网络已建立了能及时发现市场、开拓市场、保障服务质量、有效改进品牌推广，并灵活适应市场变化的机制。90 年代初 TCL 王牌彩电成功介入竞争白热化的国内市场，名列"三甲"，营销网络功不可没。在 1996 年彩电市场降价竞争中，TCL 整个网络迅速作出统一行动，调整价格，加强促销，不仅稳定公司的销售，而且争取到市场的扩展，给人留下深刻印象。

TCL 集团在主导产品战略转移的同时，同步营销渠道网络，使之成为公司扩大经营规模、提高竞争优势的重要战略组成部分。第一，集团强制推行"项目计划市场推广战略"。要求所有项目必须制定详尽的市场推广战略，自觉、主动地认识市场、培育市场和占有市场。第二，导入"区域市场推广战略"。将国内市场划分为 7 大区域，按"大区销售中心—分公司—经营部—经营办事处"模式构建区域分销网络，禁止跨区违规操作，规范市场开发管理。第三，实施"深耕细作"策略。按各区域网络做细经营管理，开展"千店工程"，将销售网遍布广大城乡。第四，实施营销网、服务网"双网络"拓展，产品品牌、服务品牌"双品牌"经营计划。将原售后服务部改成"用户服务中心"并相对独立运作；建立客户档案，主动回访；在一些城市装配维修生产线，配合公司配件供应中心，提高服务效率；严格履行"三月包换、三年免费维修、中心城市上门服务"的承诺。第五，提高网络的兼容性。以家电营销服务网络为基础，整合家电网、电工网和通信产品网，方便顾客，降低成本。

TCL 强大的营销网络吸引了国内外一些公司上门来要求合作。健伍、NEC 分别找上门来要求 TCL 代理其音响、手机。TCL 营销网络不仅是 TCL 产品的"市场高速公路"，而且成了 TCL 最重要的一块无形资产。

案 例 思 考

1. 根据本章的学习，综合分析 TCL 分销渠道网络有何特点。
2. 为实现新的目标，TCL 分销系统还有哪些可以改进之处。
3. 从本案例中总结分销渠道对企业发展的战略意义。

综合练习

一、选择题

（一）单项选择题（每题只有一个最恰当的答案）

1. 分销渠道是指（   ）。
   (A) 分销商的总和
   (B) 零售商的总和
   (C) 产品或服务从生产者向消费者转移过程中，所经过的、由各中间环节所联结而成的路径
   (D) 分销商和零售商的总和

2. 分销渠道的起点是（   ）。
   (A) 生产者　　　(B) 批发商　　　(C) 代理商　　　(D) 中介机构

3. 分销渠道的终点是（   ）。
   (A) 零售商　　　(B) 批发商　　　(C) 消费者　　　(D) 专卖店

4. 企业分销渠道中中间机构层次的数目构成了（   ）。
   (A) 分销渠道系统　　　　　　　(B) 分销渠道长度
   (C) 分销渠道宽度　　　　　　　(D) 分销渠道深度

5. 市场营销渠道的主要职能不包括（   ）。
   (A) 研究　　　(B) 促销　　　(C) 接洽　　　(D) 协调

6. 传统分销渠道模式比较适合于（   ）。
   (A) 大型企业　　　(B) 中型企业　　　(C) 垄断企业　　　(D) 小型企业

7. 下列渠道形式中不属于垂直分销渠道模式的是（   ）。
   (A) 管理式　　　(B) 分散式　　　(C) 公司式　　　(D) 契约式

8. 下列关于垂直分销渠道模式的说法中正确的是（   ）。
   (A) 维持垂直分销系统的成本比较低　　　(B) 垂直分销系统能合理管理库存
   (C) 垂直分销系统不易于安排生产与销售　(D) 垂直分销系统渠道控制力弱

9. 可口可乐公司和雀巢咖啡公司合作，组建新的公司。雀巢公司以其专门的技术开发新的咖啡及茶饮料，然后交由熟悉饮料市场分销的可口可乐去销售。这种渠道类型叫作

（　　）。
    (A) 传统分销渠道模式　　　　　(B) 垂直分销渠道模式
    (C) 水平分销渠道模式　　　　　(D) 多渠道分销渠道模式

10. 麦当劳、肯德基等公司通过特许经营而建立的销售网络属于（　　）。
    (A) 管理式分销系统　　　　　　(B) 公司式分销系统
    (C) 产权式分销系统　　　　　　(D) 契约式分销系统

11. 某公司建立了三条渠道进行分销活动，则该公司的渠道模式属于（　　）。
    (A) 传统分销渠道模式　　　　　(B) 垂直分销渠道模式
    (C) 水平分销渠道模式　　　　　(D) 多渠道分销渠道模式

12. 契约式分销系统与公司式分销系统的最大区别是（　　）。
    (A) 成员之间不形成产权关系　　(B) 成员之间不形成经营关系
    (C) 用契约来规范各方的行为　　(D) 用管理来规范各方的行为

13. 下列渠道形式中不属于垂直分销渠道模式的是（　　）。
    (A) 管理式　　(B) 分散式　　(C) 公司式　　(D) 契约式

14. 美国西尔斯统一控制众多制造性企业和中小商业企业，形成工贸商一体化的销售网络。该渠道模式是（　　）。
    (A) 管理式分销系统　　　　　　(B) 公司式分销系统
    (C) 产权式分销系统　　　　　　(D) 契约式分销系统

15. 对经销商而言，最重要的是（　　）。
    (A) 客户　　(B) 制造商　　(C) 政府　　(D) 竞争者

16. 通常不必要实行直接营销的产品是（　　）。
    (A) 顾客定制的产品　　　　　　(B) 建筑材料
    (C) 易腐烂的产品　　　　　　　(D) 标准化产品

17. 分销渠道的（　　）是指厂商选择几条渠道进行某产品的分销活动，而非几个批发商或几个零售商的问题。
    (A) 长度　　(B) 宽度　　(C) 广度　　(D) 深度

（二）多项选择题（每题有两个或两个以上正确答案）

1. 市场营销渠道的主要职能包括（　　）。
    (A) 谈判　　(B) 实体分销　　(C) 融资　　(D) 风险承担

2. 下列对传统分销渠道模式的优缺点的描述正确的是（　　）。

(A) 具有较大的灵活性，可以随时、任意地淘汰或选择分销渠道

(B) 易于安排生产与销售，渠道控制力强

(C) 渠道成员各自追求自己利益最大化，会使整体分销效率下降

(D) 渠道成员之间缺乏信任感和忠诚度，难以形成长期的渠道成员关系

3. 垂直分销渠道模式包括（　）等几种形式。

(A) 管理式分销系统　　　　　　　　(B) 公司式分销系统

(C) 股权式分销系统　　　　　　　　(D) 契约式分销系统

4. 下列对垂直分销渠道模式的优点的描述正确的是（　）。

(A) 合理管理库存　　　　　　　　(B) 削减分销成本

(C) 易于安排生产与销售　　　　　(D) 渠道控制力强

5. 影响市场营销渠道设计的因素主要有（　）。

(A) 顾客特性　　(B) 产品特性　　(C) 中间商特性　　(D) 竞争特性

二、简答题

1. 什么是分销渠道？分销渠道有哪些基本类型？
2. 什么是市场营销渠道的职能？它有哪些职能？
3. 什么是中间商？中间商是怎样分类的？
4. 设计分销渠道要考虑哪些因素？其基本过程如何？
5. 怎样设计分销渠道？

三、实训

1. 实训项目：分销渠道策略

2. 实训目的：

使学生加深对分销渠道理论的理解，培养学生运用相关知识解决实际问题的能力。

3. 实训类型：收集信息

4. 实训内容：

了解企业现有渠道运行的状况及存在的问题，掌握企业选择分销渠道模式和化解渠道矛盾的做法，提出改进措施。

5. 实训方式：学生实训后教师指导

6. 实训过程：

分组→选择企业→深入企业调查、收集资料→整理、分析资料→小组讨论并得出结论→填写实训报告。

7. 实训要求：

(1) 在人员组织分工上要合理，视班级人数来确定小组，每一小组人数以5~8人为宜，小组中要合理分工；

(2) 小组根据所选企业，调查目的、内容，统一认识，统一口径，统一标准，统一制作调查问卷；

(3) 以小组为单位进行实地调查，对所选择的企业进行走访，了解其渠道选择、渠道运行、渠道管理的状况；

(4) 总结走访企业的渠道状况及渠道选择的一般模式，指出调查企业渠道设计、运行、管理中的问题，提出具体的解决措施；

(5) 在参观访问、收集信息资料过程中，注意安全。

8. 实训结果：组长填写实训报告

第六章 促销沟通策略

第一节 促销概述

本节主要学习内容
- 促销的含义
- 促销的方式
- 促销组合

一、促销的含义

促销即促进销售，是指工商企业通过人员和非人员的方式把企业的产品及提供的服务信息传递给顾客，激发顾客的购买欲望，影响和促成顾客购买行为的全部活动的总称。

促销活动的实质是一种沟通、激发活动。在市场经济条件下，社会化的商品生产和商品流通决定了生产者、经营者与消费者之间客观上存在着信息的分离，企业生产和经营的商品性能、特点顾客不一定知晓，从而要求工商企业将有关商品和服务的存在及其性能特征等信息，通过声音、文字、图像或实物传播给顾客，增进顾客对其商品及服务的了解，引起顾客的注意和兴趣，帮助顾客认识商品或服务所能带给他们的利益，激发他们的购买欲望，为顾客最终做出购买决定提供依据。可以这样说，在市场日益广阔、供求关系日益复杂的社会主义市场经济条件下，促销活动体现了企业开拓市场、扩大销售、满足消费者主动精神、进取精神和创造精神。

促销的主要任务是将商品和服务的信息传递给顾客,以达到扩大销售、增加效益的目的。促销作为一种沟通活动,其帮助和说服消费者所用传递方式可分为两类:一类是单向传递,指单方面将商品或服务信息传递给消费者的方式。也就是以"卖方→买方"方式传递商品或服务信息;另一类是双向传递,就是双方沟通信息的方式。亦即以"卖方↔买方"方式传递商品和服务信息。这种方式的信息传递,一方面向消费者宣传介绍商品和服务信息,激发购买欲望;另一方面同时直接获得消费者的反馈信息,从而不断完善商品和服务的适销对路程度,更好地满足消费者的需要。

做好促销工作有助于沟通信息,消除生产者和消费者之间由时空和信息分离引起的矛盾;有助于刺激、创造需求,开拓市场;有助于突出企业和产品的特色;有助于稳定和扩大销售。

二、促销的方式

现代市场营销学认为,促销的方式包括人员促销和非人员促销两大类,具体分为:人员推销、广告宣传、公共关系、营业推广4种方式。

1. 人员推销

人员推销又称人员销售,是企业通过派出推销人员或委托推销人员亲自向顾客介绍、推广、宣传,以促进产品的销售。可以是面对面的交谈,也可以通过电话、信函交流,推销人员的任务除了完成一定的销售量外,还必须及时发现顾客的需求,并开拓新的市场,创造新的需求。

2. 广告宣传

广告宣传是企业以付费的形式,通过一定的媒介,向广大目标顾客传递企业的营销形式和产品品种、规格、质量、性能、特点、使用方法以及劳务信息的一种宣传方式。现代广告不应只是一味地单向沟通,而是应进行形如单向沟通的双向沟通,即应把企业与顾客共同关心点结合起来考虑广告的制作与传播。

3. 公共关系

公共关系是指企业通过有计划的种种活动使社会各界公众了解本企业,以取得他们的信赖和好感,从而为了企业创造一种良好的舆论环境和社会环境。公共关系的核心是交流信息,促进相互了解,宣传企业的经营方针、经营宗旨、经营项目、产品特点和服务内容等,提高企业的知名度和社会声誉,为企业争取一个良好的外部环境,间接促进产品销售,以推动企业不断向前发展。

4. 营业推广

营业推广是指企业在比较大的目标市场中，为刺激早期需求而采取的能够迅速产生鼓励作用、促进商品销售的一种措施。它一般只作为人员推销和广告的补充方式，其刺激性很强，吸引力大，与人员推销和广告相比，能够临时性地使顾客迅速产生购买行为的措施。营业推广的措施有很多，大致可分为三类：第一类是直接对消费者的，如展销、现场表演、赊销、消费信贷、现场服务、有奖销售、赠给纪念品或样品等；第二类是属于促成交易的，如举办展览会、供货会、订货会、物资交流会、购货折扣、补贴利息、延期付款等；第三类是鼓励推销人员，如推销奖金、红利、接力推销等。

三、促销组合

促销组合就是人员推销、广告宣传、公共关系和营业推广四种形式有机结合起来，综合运用，形成一种促销策略或技巧。这四种促销形式，又可归纳为人员推销和非人员推销，而两类推销的形式和作用又是不同的。

1. 人员推销活动是采取主动的、直接的方式，利用推销人员与中间商促销，将产品和服务推入渠道的策略，称之为"推"式策略（如图6-1所示）。实行"推"式策略的企业，主要是运用人员推销和营业推广手段把商品推向市场——从制造商推向批发商，从批发商推向零售商，直至最终消费者和用户。实行"推"式策略要求推销人员针对不同的商品、不同的对象，采取不同的方式方法。该策略花费在现有产品、新产品开发、现有用户和潜在用户上的力量是不均等的，是有针对性的。

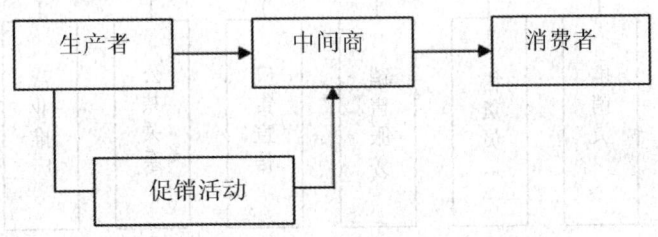

图6-1 "推"式策略示意图

2. 非推销人员采取间接的方式，是企业针对最终消费者展开广告攻势，把产品信息介绍给目标市场的消费者，使人产生强烈的购买欲望，形成急切的市场需求，然后"拉引"中间商纷纷要求经销这种产品，称为"拉"式策略（如图6-2所示）。实行"拉"式策略的企业，是将企业主要的促销预算用于广告或其他宣传措施上，通过一系列的宣传报道，着重使消费者产生兴趣，吸引他们购买。

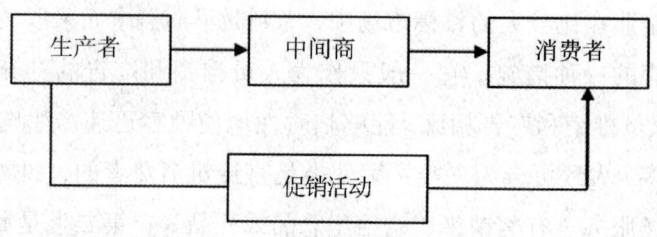

图 6-2 "拉"式策略示意图

企业在促进产品销售过程中,究竟是实行"推"式策略,还是实行"拉"式策略,要根据具体情况而定。一般说来,应当二者兼顾、各有侧重。这两种策略,四种促销形式各具特点,在促销中各有作用、相辅相成。企业应有计划地将各种促销方式有机地结合起来,适当选择、编配和运用,使之相互配合。人员推销必须借助广告宣传介绍,才能引导更多的潜在消费者;广告宣传最终也要通过人的推销活动,才能实现销售产品的目的。因此,促销组合实质上是综合运用四种促销方式,使之成为一个有机整体,发挥其整体功能。其结构模式如图 6-3 所示。

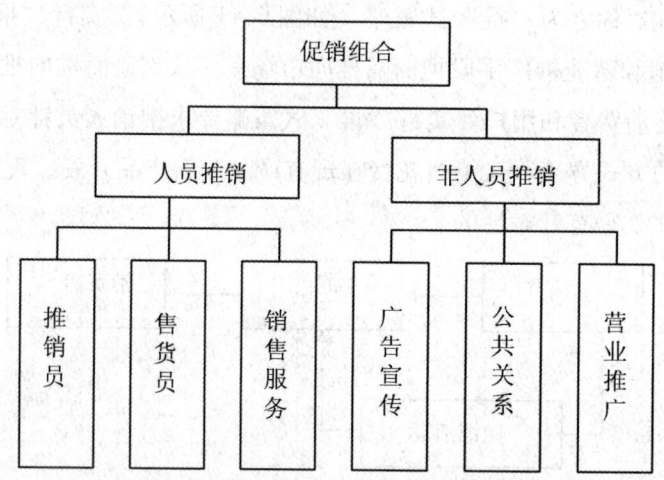

图 6-3 促销组合结构模式

鉴于四种促销方式各有特点,适用于不同对象,企业在进行促销活动时就要根据营销目标和商品特点,有针对性地进行选择。一般来说,工业品和消费品在采用促销方式时,有不同的组合,如图 6-4 所示。

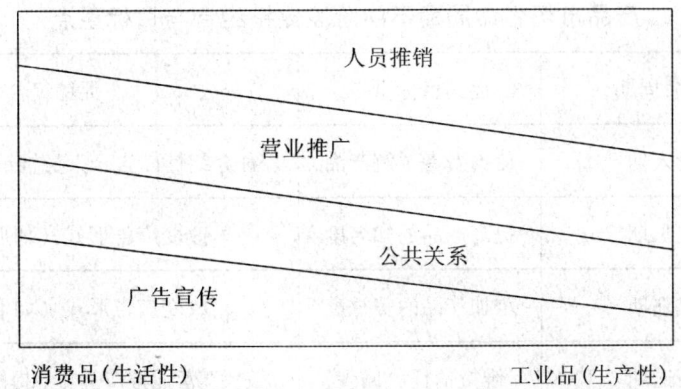

图 6-4　工业品与消费品的不同促销组合

因此，企业在制定促销策略时，应综合考虑不同商品的特点、营销目标、企业内部条件、外部市场环境、消费者需求等因素进行选择。具体分析如下：

（1）产品的性质

不同的产品有不同的用途，满足不同的消费者需求，需要采取不同的促销组合。一般来说，高技术的工业品偏向人员推销，而生活消费品，由于技术性较差，标准化程度高，市场面广，消费者人数多，宜于采用非人员促销。

（2）产品市场生命周期

在产品市场生命周期的不同阶段，由于促销目标不同，应相应选择不同的促销组合策略。

在产品的投入期，企业的促销目标就是让消费者认识和了解产品，因此，需要采用广告宣传，辅之以人员推销，导入 CIS 策略。

在产品的成长期，销售量迅速增长，企业的促销目标是进一步引导消费者的购买兴趣，激发其购买行为，因此应着重宣传产品特点，以改变消费者使用产品的习惯，逐步对产品产生偏好。

在产品的成熟期，企业的促销目标主要是巩固老顾客，增加消费者对产品的信任感，保持市场占有率，因此，应尽可能多地运用公共关系宣传，以提高企业和产品的声誉。

在产品的衰退期，企业的促销目标主要是使一些老用户继续信任本企业的产品，坚持购买，因此，促销方式主要以营业推广为主，辅之以公共关系和广告宣传。概括而言，上述策略与目标重点如表 6-1 所示。

表 6-1　　产品市场生命周期不同阶段促销组合与目标重点

产品市场生命周期	促销目标重点	促销组合
在产品的投入期	使消费者了解产品	各种介绍性广告、人员推销、导入 CIS 策略
在产品的成长期	提高产品的知名度	改变广告形式（如形象广告）
在产品的成熟期	增加产品的美誉度	改变广告形式（如形象广告）
在产品的衰退期	维持信任、偏爱	营业推广为主，提醒性广告
整个周期阶段	消除顾客不满意感	利用公共关系

（3）市场性质

不同特点的市场需要采取不同的促销组合策略。一般来说，向小规模本地市场促销，应以人员推销为主；若是广泛的市场，像全国市场或全球市场，则应以广告和文字宣传为主；市场比较集中，渠道短，销售力量强，产品需经过示范、退换的，应采用人员促销策略；而产品销售分散，渠道多而长，产品差异，消费趋势已很明显，有必要快速告知消费者的，最好采用非人员促销策略；消费品市场买主多而分散，主要用广告宣传和营业推广吸引顾客；生产资料市场的用户少而销售额却大得多，应以人员推销为主。

（4）促销费用

促销费用多少，直接影响到促销方式的选择。因为有的促销方式费用较高，而有的则较低。一般来说，广告宣传的费用较高，人员推销次之，营业推广花费较小，公共关系的费用最少。但它们在不同时期的促销效果是不同的，企业在选择促销方式时，要根据企业的资金状况，以能否支持某一促销方式的顺利进行为标准，同时，投入的促销费用要符合经济效益原则。

应该指出，任何一种促销方式都有其固有的优点和缺陷。如人员推销可与用户建立牢固的业务关系，成交速度快，能详细周到地进行个别服务，但缺点是传递信息速度慢、面积小，需要人员多；广告虽然传递信息速度快，但费用高、可信度低。因此，企业在考虑商品促销时，应注意使各种促销方式扬长避短，优化组合，对其综合运用，以期达到最佳的促销效果。

第二节 促销策略

本节主要学习内容
■ 广告
■ 销售促进
■ 人员推广与直复营销

一、广告

1. 广告的概念

广告（advertising）一词源于拉丁语（Advertere），有"注意""诱导""大喊大叫"和"广而告知"之意。在市场营销学中，广告是指企业以付费的方式，通过各种传播媒体，向目标市场的消费者为某个宣传目的而采取的非个人的展示和促销活动。广告是同企业、产品和服务相关联的。与其他营销工具最大不同之处在于，它是一种非个人行为，是通过付费的媒体由很多人进行的推广活动。

在商品种类繁多的今天，要想吸引消费者越来越难，各种广告媒介的费用越来越高，为此企业每年都会花费大量的钱去投放广告，见表6-2。

表6-2　　　　　　　中央电视台年度广告招标标王

年份	中标金额	标王企业
2000	1.26	步步高
2001	0.22	娃哈哈
2002	0.2	娃哈哈
2003	1.08	熊猫
2004	3.1	蒙牛
2005	3.8	宝洁
2006	3.94	宝洁
2007	4.2	宝洁
2008	3.78	伊利
2009	3.05	纳爱斯
2010	2.039	蒙牛
2011	2.305	蒙牛
2012	4.43	茅台
2013	6.09	剑南春

2. 广告策略

要想获得良好的广告效应，让广告取得应有的价值，营销人员在制定广告计划时，必须遵循5个步骤。

(1) 确定广告目标

企业的广告目标，取决于企业的整个营销目标。企业在实现其整个营销目标的过程中可分为不同的阶段，在每一阶段，广告起着不同的作用，因而有着不同的目标。归纳起来，企业的广告目标主要有告知、劝说和提示三大类。

①告知性广告（Informative Advertising）。是广告的基本类型之一，其目的是告诉消费者你的企业、产品或服务是什么，或者你将要做什么。一般而言，企业在新产品上市以及未来构建基本的市场需求时采用这类广告。零售业者在推出新的促销服务或者政策时，往往会在当地报刊等媒体上采用整版的广告形式，向市场传递促销时间、地点、内容、形式以及原因等信息。

②劝说性广告（Persuasive Advertising）。立足于创造对一种产品或服务的偏好、喜欢、信任和购买。很多劝说性广告都采用了对比的形式来试图表现其产品的优越性。例如，汰渍洗衣粉试图说服消费者它的洗涤功能突出，与众不同，在它的很多广告中都采用了与其他洗衣粉比较的手段来表现它的洗涤能力最佳。

③提示性广告（Reminder Adverttising）。提示消费者一直想着该产品而不至于遗忘。像肯德基、可口可乐这类老牌企业每年都会花费大量广告来唤醒消费者对它们的回忆。

广告目标的选择应当是建立在对市场情况充分了解的基础上，企业针对不同的产品和不同的时期选择不同的广告目的。

(2) 决策广告预算

广告的主要作用是促使产品的需求曲线向上移动，企业总希望花费最少的广告支出以实现既定的销售目标。在制定广告预算时要考虑5个特定的因素：

①产品生命周期阶段。新产品一般需花费大量广告预算以便建立知晓度和取得消费者的试用。已建立知晓度的品牌所需预算在销售额中所占的比例通常较低。

②市场份额和消费者基础。市场份额高的品牌，只求维持其市场份额，因此其广告预算在销售额中所占的百分比通常较低；而增加市场份额，则需要大量的广告费用。

③竞争与干扰。在一个有很多竞争者和广告开支很大的市场上，一种品牌必须更加大力宣传，以便通过市场的干扰声使人们听见。

④广告频率。把品牌信息传达到顾客需要重复的次数，对决定广告预算也有重要的

影响。

⑤产品替代性。在同一商品种类中的各种品牌需要做大量广告,以树立与众不同的形象。

一般可以用以下几种方法来确定企业的广告预算。

①销售比例法。是指企业按照销售量(现行的或者预测的)或者销售价格的一定百分比来计算和决定企业的促销费用。例如,汽车制造企业通常会以汽车的计划销售价格为基础,按照固定的百分比来决定广告预算。

②量力而行法。是指根据企业资金能力来制定广告预算。这是一种在营销学上尚未定义,但在普遍实践中被大量企业采用的方法。

③竞争对等法。是指企业根据竞争对手的促销开支来决定本企业的开支,以保持竞争优势。

④目标任务法。是从营销目的出发,先确定营销目标,然后确定达到这一目标必须完成的任务,最后通过估算完成这些任务所需的每项费用来决定促销费用。

(3) 广告信息决策

广告信息的来源分为外部和内部两个方面。外部来源于顾客、经销商、广告代理商和竞争者的产品、广告等。内部来源有企业推销人员、中层和高层管理人员等。另外,构思技术是帮助产生有用信息的有效方法和技术。然后要对广告信息进行评价和选择,一个好的广告通常只强调一个销售主题,通过富有创造性的人,为表达广告信息找到一种形式、语调、修辞和版式。

(4) 广告媒体选择策略

广告媒体选择就是有关寻找向目标受众传达预期展露次数的展露的成本效益最佳的途径问题。对于企业而言,广告不可能覆盖所有的媒体,选择适合的媒体在适合的时候推出可以事半功倍。选择媒体要考虑以下因素:

①媒体传播的对象和范围。它是指一种媒体所能吸引和服务的受众对象和范围。所选媒体的传播对象、范围与企业目标市场是一致或接近一致时,广告传播的有效覆盖率越高,对预期广告目标的实现就越是有利。

②媒体影响力。媒体影响力不同于媒体的绝对影响力,而是指媒体的有效影响力,即媒体绝对影响力中有助于特定广告目标实现的部分,是影响媒体选择的主要因素之一。评估媒体影响力的有效性主要可从以下方面进行,即媒体的触及面、目标市场的选择性、即时反应性、可信性、信息量、媒体吸引力等,表6-3列出了现代主要媒体的优缺点。

表 6-3　　　　　　　　　　现代主要媒体的优缺点

项目	优点	缺点
报纸	灵活、及时、覆盖面相对广，信息容量大，形式多样	保存性差，传阅的人少，大多只能针对本地市场
电视	全面视听效果，感染力强，覆盖面广	成本高，瞬时记忆，干扰大，信息量相对少，针对性差
杂志	目标人群针对性高，可信并有一定权威性，保存时间长，传阅者多	要提前很久购买，版面无法保证
广播	大众化，成本低，目标人群针对性相对较高	信息容量小，瞬时记忆，不易引人注意，效果较差
户外广告	展示形式灵活多样，有可能图、文、音、影并茂，展示时间长，费用低，竞争少，覆盖面广	观众没有选择；缺乏新意容易产生厌倦感；信息容量小，接触率浪费大
交通广告	可移动，竞争少，覆盖面广，展示时间长，费用低	缺乏新意，容易产生厌倦感；信息容量小，效果差
店内广告	目标人群针对性强，展示形式灵活多变；有可能图、文、音、影并茂，成本低	覆盖面小，干扰大
传统邮件	目标人群针对性强，信息容量多，形式多样，人情味较重，竞争少	成本高，不易引人注意，有可能造成"垃圾邮件"
电子邮件	目标人群针对性强，信息容量多，形式多样，竞争少，费用低	有可能被认为是"垃圾邮件"
网络	非强迫性，覆盖面广，费用低，形式多变，时间长，目标人群针对性强	位置有限，不容易被注意，干扰大，创意空间狭窄，而且受众的真实情况不容易被统计

③媒体费用。媒体费用可分为绝对费用和相对费用。绝对费用是指使用或租借媒体所需花费的总额；相对费用相当于媒体的购买单价，指向每千人传播广告信息所需支出的费用，也叫广告千人成本，简称CPM，其计算公式为：

CPM =（广告媒体绝对费用/预计传播对象人数）×1000

（5）广告效果评估

广告的有效计划和控制，主要基于广告效果的测定。广告效果主要包括三个方面，即认知效果、态度效果和行为效果。前两个方面可归纳为广告的传播效果，后者则是与沟通效果相关的销售效果。因此，广告效果评价主要包括传播效果评价和销售效果评价。

①传播效果的评价。传播效果评价的目的，在于分析广告活动是否达到预期的信息沟通效果。评价的方法有三种：

一是直接评分法。即由目标消费者对广告依次打分。其评分表用于估计广告的注意力、可读性、认知力、影响力和行为等方面的因素。直接评分法不一定能完全反映广告对目标消费者的实际影响，主要适用于帮助淘汰和剔除那些质量差的广告。

二是组合测试法。即请消费者观看一组试验用的广告，要求他们愿看多久就看多久，等到他们放下广告后，让他们回忆所看到的广告，并且对每一个广告都尽其最大能力予以描述。所得结果可能判别一个广告的突出性及其期望信息被了解的程度。

三是实验室测试法。即有些研究人员利用仪器来测量消费者对于广告的心理反应情况。比如心跳、血压、出汗等。然而，这些生理测试只能测量广告的吸引力，无法测量消费者的信任、态度或者意图。

②销售效果的评价。销售效果的评价可以通过两种分析方法来获得：

一是历史资料分析法。这是由研究人员根据同步或滞后的原则，利用最小平方回归法求得企业过去的销售额与企业过去的广告支出二者之间的关系的一种测量方法。

二是实验设计分析法。用这种方法来测量广告对销售的影响，可选择不同地区，在其中某些地区进行比平均广告水平强50%的广告活动。在另一些地区进行比平均水平弱50%的广告活动，并根据销售记录，评价广告活动对企业销售究竟有多大影响。

二、销售促进

销售促进也叫营业推广，是指能够迅速刺激需求、鼓励购买的各种促销形式。如果广告提供了购买的理由，而销售促进则提供了购买的刺激。企业在使用销售促进时需要明确促销目的，选择正确的促销形式，同时还需要制定合理的促销方案并予以实施。

1. 销售促进的形式

（1）产品陈列和现场表演

其做法是在商品销售点或经销点占据有利位置，进行橱窗陈列、货架陈列、流动陈列或进行现场表演等，展示商品性能，打消顾客疑虑。

（2）产品展销会、交易会

产品展销会、交易会、订货会是不定时或定时、不定点或定点举行的应用广泛的销售促进形式。企业可通过展销会、交易会、订货会展示产品，显示自身的经济实务和贸易水平，洽谈业务，最终按展示的样品达成交易。

（3）赠送样品

赠送样品是通过让顾客试看、试用、试听等方式，使顾客在试用商品的过程中了解效果，传递信息，产生兴趣，引起购买欲望。这类样品可以直接送给顾客，也可以回收或折价处理。

（4）廉价包装

包装不仅具有保护商品、吸引顾客的功能，而且还有直接的促销作用。制造企业可以采用简单包装、把小包装换成大包装、除去精美包装等方式，达到降低费用及商品降价的目的，吸引"经济型"顾客。此外，企业还可以利用多用途包装、系列包装等，不断吸引顾客，提高重复购买率。

（5）有奖销售

有奖销售是采用发给奖券或号码中奖的办法，使顾客在购买时不仅得到产品，而且用额外收获的方式刺激顾客的购买欲望。有奖销售是企业，特别是零售商最常用的一种销售促进方式，但其采用必须得到有关部门的批准，要有法律上保证；否则，运用不当，会成为一种不正当竞争。

（6）优待券

优待券是企业向潜在顾客或现场购买者发放的优惠购物券，顾客可以凭此券到指定地点减价或优惠购到一定的商品，以此增强相应产品对顾客的吸引力。

选择销售促进的形式必须充分考虑市场类型、推广目标、竞争情况及推广成本效益比等各方面。每一种促进方式都有其优势，但一般其主要手段都是通过给予顾客或者中间商一定的优惠以刺激其购买。刺激的手段多种多样，通常在实施过程中，企业需要灵活多变地采用不同手段，合理组合各类促销，使促销更加有效。

2. 销售促进作用

销售促进是以唤起短期需求为目的的一种促销手段。销售促进活动是为了使原来购买、使用其他品牌产品的顾客能被吸引到本企业的产品上来,在短期内扩大企业产品的销售。它的作用在一定时期的短期特殊目标的完成上针对性较强、促销作用比较明显。

3. 销售促进的类型

(1) 面向消费者和用户的销售促进

是为了激发他们的购买欲望和强化品牌忠诚度,鼓励重复购买和多量购买以及推动新产品的销售。

(2) 面向中间商的销售促进

是为了巩固和强化与中间商的合作伙伴关系、鼓励其大量进货、增强经营销售本企业产品的能力。

(3) 面向本企业推销人员的销售促进。

是为了激励他们努力工作,努力开拓市场。

三、人员推广与直复营销

(一) 人员推广

1. 人员推广的特点

人员推广较其他促销方式,具有以下优势和特点:

(1) 灵活性

推销员能与顾客保持直接的联系,可以根据各类顾客特殊的需要、动机和行为,设计具体的推销策略,并可及时发现和开拓顾客的潜在需求,对于产品的性能、质量、使用和保管方法,可向顾客直接介绍并进行示范,消除顾客的疑虑,诱发购买欲望,促成购买。

(2) 选择性

推销员在每次推销前,可以选择有较大购买潜力的顾客,有针对性地进行推销,并可事先对未来顾客做一番调查研究,确定具体推销方案、推销目标和推销策略等,以强化推销效果,提高推销的成功率。

(3) 完整性

人员推销过程是从市场调查开始,经过选择目标顾客,当面洽谈,说服顾客购买、提供服务,最后促成交易,反馈顾客对产品及企业的信息。这也是企业产品销售的完整过程。人员推销的完整性是其他促销方式所不能具备的。

（4）情感性

推销员在推销产品的过程中与顾客直接接触，可以"一回生二回熟"，彼此在买卖关系的基础上，交流情感，增进了解，产生信赖，建立深厚的友谊。而情感的培养与建立，必然会使顾客产生惠顾的动机，从而确立稳定的购销关系，促进商品销售。

由于人员推销具有上述优势和特点，其在工业品和技术性较强、使用较为复杂的耐用消费品的推销中，尤为适用。

2. 人员推广的组织形式

在整体促销中，人员推广组织形式要根据企业规模和营销商品的范围、结构、人员素质，按照精简、统一、效率、效益的原则，慎重选择、合理组织。一般来说，可以选择的组织形式有以下几种：

（1）区域结构式

它是指每个推销人员（组）负责一定地区的推销业务，这是一种最简单的推销组织形式，这种推销组织形式的优点是：

①推销人员的责任明确，便于考核，有利于与鼓励推销人员努力工作。

②推销人员活动范围小，相对地节约了销售费用。

③推销人员活动区域稳定，有利于当地各界大众建立联系，增进友谊，加强合作。

④熟悉当地市场整体情况，能够正确分析和估计市场销售方式，有利于开拓市场。

区域推销组织形式最适合于类似性较大的产品和市场。

（2）产品结构式

它指每个推销人员（组）负责某种或某类产品的推销业务。这种组织形式的优点是：

①推销人员熟悉该种产品的供销情况，有利于预测该种产品的销售趋势，及时组织货源。

②推销人员能够运用其专业知识为顾客服务，有利于扩大顾客群。

③商品推销组织形式对推销人员的知识结构提出了更高的要求，有利于促进推销人员不断学习，更新知识，提高素质。

产品结构式适宜于产品技术性强、生产工艺复杂、营销技术要求高、产品品种多而买主不大相同的企业。相反，则不宜采用这种推销组织形式。

（3）顾客结构式

它是指根据顾客的行业不同、规模不同、分销渠道不同、用户不同而分别配备推销人员。这种组织形式的优点是：

①推销员与顾客直接打交道,有利于推销员深入了解特定顾客需求,在推销中有的放矢,提高工作效率。

②推销员与特定顾客在产品买卖中经常交往,有利于彼此间建立感情,增进友谊,从而建立稳固的购销关系。

顾客结构式适宜于顾客比较集中、用户规模较大、分销渠道比较稳定的企业。

(4) 复合结构式

它是指将区域与产品、区域与顾客、产品与顾客三种组织形式混合运用,有机结合,按"区域—产品",或"区域—顾客",或"产品—顾客",甚至按"区域—产品—顾客"来分配推销人员。这种组织结构的优点是:

①能够灵活调度推销人员,全方位地发挥和运用推销人员的知识才能,有利于调动推销人员的积极性。

②推销人员能从企业整体营销利益出发开展营销活动,有利于扩大销售。

③推销人员能进入一个地区或某一单位,解决诸多商品推销问题,有利于节省推销费用。

复合推销组织形式适宜于顾客类别复杂而分散的企业。但在采取复合推销组织形式的情况下,一个推销人员往往要对数种产品经理或几个部门经理负责,容易造成多头领导、职责不清。特别是不同部门人员的协调配合工作做得不好时,会直接影响推销效果。

3. 人员推广的过程

人员推广过程一般分为以下几个步骤:

(1) 寻找并识别目标顾客

推销人员在推销之前,首先必须弄清一个问题,顾客在哪里?自己要向哪种类型的人推销产品?如果这一推销对象的问题没有搞清楚,哪怕是再周密详尽的推销计划都有可能失败。所以,准确寻找和识别顾客应当是推销人员的基本功。

(2) 前期调查

对于已确定的目标顾客,推销人员应当首先收集他们的有关资料,包括需求状况、顾客的经济来源和经济实力、拥有购买决策权对象、购买方式,以便制定推销方案。

(3) 试探式接触

推销员要根据掌握的目标顾客的资料,从目标顾客感兴趣的问题入手打开话题,再了解顾客并根据顾客的反应,逐步引入推销产品的话题。

（4）介绍和示范

在对目标顾客已有充分了解的基础上，推销人员可以直接向目标顾客进行产品介绍，甚至主动地进行一些产品的使用示范，以增强目标顾客对产品的信心。

（5）应付异议

在推销过程中，推销人员经常遇到顾客的异议。顾客的异议是成交的障碍，但它也表明了顾客对推销员的介绍给予了关注，对产品产生了兴趣，只要排除了异议，就能够达成交易，应付异议的有效办法是把握产生异议的原因，对症下药。

（6）达成交易

成交是推销的目标，当各种异议排除了之后，要密切注视顾客发出的成交信号，即通过顾客的言语动作、表情等表露出的购买意向，并抓住这一成交的良好机会及时达成交易。

（7）后续工作

交易达成后，并不意味着推销工作的结束，而应看作新的推销工作的开始，因此，各种后续工作必须及时跟上，如备货、送货、配套服务及售后服务等。这些工作的妥善处理，不仅有利于企业同目标顾客建立稳固的购销关系，而且可以吸引更多的顾客。

（二）直复营销

直复营销起源于邮购活动，它是个性化需求的产物，是传播个性化产品和服务的最佳渠道。美国直复营销协会（ADMA）的营销专家将它定义为"一种为了在任何地点产生可以度量的反应或达成交易而使用一种或几种广告媒体的互相作用的市场营销体系"。

1. 直复营销的形式

直复营销（Direct Marketing）作为营销活动的一部分，与现代消费者的联系越来越密切。一方面，现代社会生活节奏不断加快，使消费者用于购物的时间渐趋减少；另一方面，信息、通信术的发展，信用系统的不断健全，对直复营销的发展提供了契机。

现在，随着信用手段和信息技术的快速发展，直复营销形式得到了空前的发展，其形式不再局限于邮购活动。随着电话、电视以及互联网等许多媒体的出现，直复营销形式变得越来越丰富，常见的直复营销形式主要有：

（1）直接邮寄营销

营销人员把信函、样品或者广告直接寄给目标顾客的营销活动。目标顾客的名单可以租用、购买或者与无竞争关系的其他企业相互交换。使用这些名单的时候，应注意名单的重复，以免同一份邮寄品两次以上寄给同一顾客，引起反感。

（2）目录营销

营销人员给目标顾客邮寄目录，或者备有目录随时供顾客索取。经营完整生产线的综合邮购商店使用这种方式比较多，如蒙哥马利·华德公司（Montgomery Ward）、西尔斯·罗巴克公司（Sears Roebuck）等。

（3）电话营销

营销人员通过电话向目标顾客进行营销活动。电话的普及，尤其是800免费电话的开通使消费者更愿意接受这一形式。现在许多消费者通过电话询问有关产品或服务的信息，并进行购买活动。

（4）直接反应电视营销

营销人员通过在电视上介绍产品，或赞助某个推销商品的专题节目，开展营销活动。在我国，电视是最普及的媒体，电视频道也较多，许多企业已开始在电视上进行营销活动。

（5）直接反应印刷媒介

直接反应印刷媒介通常是指在杂志、报纸和其他印刷媒介上做直接反应广告，鼓励目标成员通过电话或回函订购，从而达到提高销售的目的，并为顾客提供知识等服务。

（6）直接反应广播

广播既可作为直接反应的主导媒体，也可以作为其他媒体配合，使顾客对广播进行反馈。随着广播行业的发展，广播电台的数量越来越多，专业性越来越全，有些电台甚至针对某个特别的或高度的细分小群体，为直复营销者寻求精确目标指向提供了机会。

（7）网络营销

营销人员通过互联网、传真等电子通信手段开展营销活动。目前，像书籍、计算机软硬件、旅游服务等已普遍在网上开始了其营销业务。除此之外，营销人员还利用报纸、杂志、广播电台等媒体进行营销活动。上述几种直复营销方式可以单一运用，也可以结合运用。

2. 直复营销的主要特点

直复营销区别与其他营销方式的主要特点有：

（1）目标顾客选择更精确

直复营销的人员可以从顾客名单和数据库中的有关信息中，挑选出有可能成为自己顾客的人作为目标顾客，然后与单个目标顾客或特定的商业用户进行直接的信息交流。从而使目标顾客准确，沟通有针对性。

（2）强调与顾客的关系

直复营销活动中，直复营销人员可根据每一个顾客的不同需求和消费习惯进行有针对性的营销活动。这将形成与顾客间一对一的双向沟通，将与顾客形成并保持良好的关系。各种研究表明，消费者大部分购买行为属于有计划的购买。直复营销人员深知，顾客们不会被动地待在家中等着广告的到来。所以，他们总是集中全力刺激消费者的无计划购买或冲动型购买，为消费者立即反应提供一切尽可能的方便。

（3）激励顾客立即反应

通过集中全力的激励性广告接受者立即采取某种特定行动，并为顾客立即反应提供了尽可能的方便和方式，使人性化的直接沟通即刻实现。

（4）营销战略的隐蔽性

直复营销战略不是大张旗鼓地进行的，因此不易被竞争对手察觉，即使竞争对手察觉自己的营销战略也为时已晚，因为直复营销广告和销售是同时进行的。

（5）关注顾客终生价值和长期沟通

直复营销将企业的客户（包括最终客户、分销商和合作伙伴）作为最重要的企业资源，通过完善的客户服务和深入的客户分析来满足客户的需求，关注和帮助顾客实现终生价值。

3. 直复营销的表现形式

网络作为一种交互式的可以双向沟通的渠道和媒体，它可以很方便地为企业与顾客之间架起桥梁，顾客可以直接通过网络订货和付款，企业可以通过网络接收定单、安排生产，直接将产品送给顾客。基于互联网的直复营销将更加吻合直复营销的理念。这表现在以下四个方面：

（1）直复营销作为一种相互作用的体系，特别强调直复营销者与目标顾客之间的"双向信息交流"，以克服传统市场营销中的"单向信息交流"方式的营销者与顾客之间无法沟通的致命弱点。互联网作为开放、自由的双向式的信息沟通网络，企业与顾客之间可以实现直接的一对一的信息交流和直接沟通，企业可以根据目标顾客的需求进行生产和营销决策，在最大限度满足顾客需求的同时，提高营销决策的效率和效用。

（2）直复营销活动的关键是为每个目标顾客提供直接向营销人员反映的渠道，企业可以凭借顾客反映找出不足，为下一次直复营销活动作好准备。互联网的方便、快捷性使得顾客可以方便地通过互联网直接向企业提出建议和购买需求，也可以直接通过互联网获取售后服务。企业也可以从顾客的建议、需求和要求的服务中，找出企业的不足，按照顾客的需求进行经营管理，减少营销费用。

（3）直复营销活动中，强调在任何时间、任何地点都可以实现企业与顾客的"信息双向交流"。互联网的全球性和持续性的特性，使得顾客可以在任何时间、任何地点直接向企业提出要求和反映问题，企业也可以利用互联网低成本地实现跨越空间和突破时间限制与顾客进行双向交流，这是因为利用互联网可以自动地全天候提供网上信息沟通交流工具，顾客可以根据自己的时间安排随时上网获取信息。

（4）直复营销活动最重要的特性是效果是可测定的。互联网作为最直接的简单沟通工具，可以很方便为企业与顾客进行交易时提供沟通支持和交易实现平台，通过数据库技术和网络控制技术，企业可以很方便地处理每一个顾客的定单和需求，而不用管顾客的规模大小、购买量的多少，这是因为互联网的沟通费用和信息处理成本非常低廉。因此，通过互联网可以实现以最低成本最大限度地满足顾客需求同时了解顾客需求，细分目标市场，提高营销效率和效用。

4. 直复营销的特征

传统营销涉及推销费用、广告媒体费用、仓储费用、渠道费用等，管理和销售成本十分之高，而直复营销在一定程度上费用降低了、效率提高了。

（1）直复营销降低了整体顾客成本。直复营销剔除了中间商加价环节，从而降低了商品价格；同时让顾客无须出门就可购物，使他们的时间、体力和精神成本几乎降为零。

（2）直复营销顺应顾客讲求时间效率的趋势。相比较逛街购物，现代人更愿意把宝贵的时间投入到工作、学习、交际、运动、休闲等更有意义的事情中，而直复营销电话（或网络）订货、送货上门的优点为顾客的购物提供了极大的便利。

（3）网络通信技术的推广促进了直复营销的发展。媒体是直复营销成功的关键。今天，发达的通信设施特别是互联网络技术的运用，一种新时尚正使电子购物成为一种趋势。

（4）直复营销顺应顾客个性化需求的趋势。通过直复营销，生产商可根据每位顾客的特殊需要定制产品，从而为顾客基本上提供完全满意的商品。

如今，很多传统的运营商都开设了网络市场，如苏宁电器、王府井百货等。据统计，阿里巴巴旗下的淘宝和天猫早在2012年的总交易额就突破万亿元。仅次于2011年广东、山东、江苏和浙江的消费品零售额。

第三节 营销沟通组合

本节主要学习内容
- 营销沟通组合概述
- 开发有效的沟通

现代市场营销不仅要求企业发展适销对路的产品,制定吸引人的价值,使目标顾客易于取得他们需要的产品,而且还要求企业控制其在市场上的形象,设计并传播有关的外观、特色、购买条件以及产品给目标顾客带来的利益等方面的信息,即进行沟通与促销活动。

现代企业所管理的是一个复杂的市场营销沟通系统。企业运用其沟通组合(即广告、销售促进、宣传及人员推销的组合)来接触中间商、消费者及各种公众;中间商也可运用一套组合来接触消费者及各种公众;消费者彼此之间、消费者与其他公众之间则进行口头传播,同时,各群体也对其他群体进行沟通反馈。

一、营销沟通组合概述

营销沟通组合的构成要素可从广义和狭义两个角度来考察。就广义而言,市场营销组织中的各个因素都可归入市场营销沟通组合,诸如产品的式样、包装的颜色与外观、价格等都沟通和传播了某些信息。就狭义而言,市场营销沟通组合只包括具有沟通性质的市场营销工作。这些工具通常归之于促销,称为促销工具。主要包括各种形式的广告、包装、展销会、购买现场陈列、销售辅助物(目录、说明书、影片等)、劝诱工具(竞赛、赠品券、赠奖、赠送样品、彩券)以及宣传等。

应该指出的是,市场营销沟通组合的构成要素并非一成不变的,随着企业营销实践的发展,总有新的促销工具不断出现。

二、营销沟通的分类

可以将营销沟通按功能、沟通双方的性质、信息传递方向和目的划分为四类:

(1)按功能划分,可分为工具式沟通和感情式沟通。

(2)按沟通双方的性质可划分为人际沟通、群体沟通、组织沟通和大众媒体传播沟通等。

（3）按信息传递的方向划分，可分为单向沟通和双向沟通。

（4）按沟通目的划分，又可分为告知性沟通和说服性沟通。

三、开发有效的沟通

每一个企业都需要考虑"我们如何才能接触到消费者"，以及"消费者如何接触到我们"。因此，企业必须围绕其宣传和营销目标，制订一个综合的营销沟通计划，心理学家认为沟通主要经过6个步骤（如图6-5所示）。发送者和接收者是沟通中的主要参与者，对于企业营销而言，这是指企业和其目标受众。信息是指所希望沟通的内容，这一内容将通过促销工具和不同的组合传播给沟通对象。沟通中的主要职能通过编码、解码和反馈实现。需要注意的是，发送者所希望表达的信息往往会由于传递过程中的噪声干扰而不能正确传播。

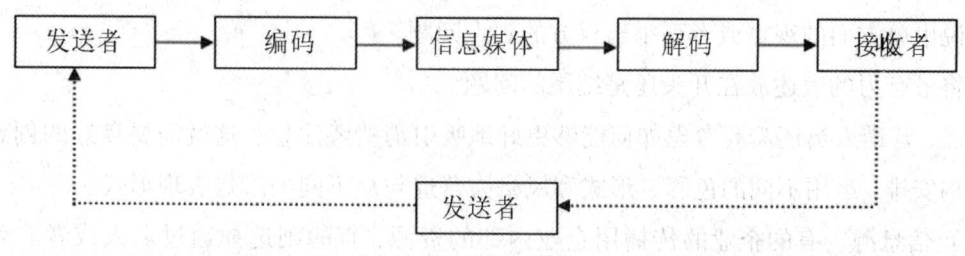

图6-5 沟通模型

沟通模型强调了有效沟通的关键要素，对营销人员开发设计有效的沟通策略具有重要的指导意义。从该模型我们可以看出，沟通策略的开发可以通过5个步骤来完成：识别目标受众、确定沟通目标、设计沟通信息、选择沟通渠道、评估沟通效果。

1. 识别受众目标

要想开发有效的沟通策略，营销人员首先需要知道他们主要沟通的对象是谁。这个对角可以是他们的主要顾客群或者潜在目标顾客群。目标受众的情况和购买行为决定了沟通者的沟通策略：表达什么，如何表达，通过什么媒体表达以及由谁表达等。

2. 确定沟通目标

一旦确定了哪些人群是沟通的主要受众，营销人员紧接着需要确定沟通的目标，即为什么沟通，希望达成什么样的效果。对于一个不怎么有名的餐厅，其首要目标可能是提高在当地居民中的知名度。对于一个已经处于成熟期的产品而言，沟通目标有可能是：（1）培养顾客对产品和品牌的忠诚度；（2）吸引顾客；（3）保持大家对于产品的认知等。

市场营销人员的最终目的是把产品或服务销售出去，发展潜在顾客，并让现有顾客成为其忠诚顾客。这就必须首先让顾客知道产品或服务的存在，了解产品或服务，最终实现购买、信赖并喜爱这些产品或服务。这是一个长期的过程，而营销人员需要明确目标受众对于产品的态度，然后确定还需要对现有的目标和措施进行哪些改进。

3. 设计沟通信息

设计有吸引力的沟通信息是沟通成功的保障。为了使沟通能够获得预期效果，营销人员需要解决三个问题：说什么，怎么说，谁来说。

(1) 信息的内容。营销人员需要寻找诉求和主题，以及关于品牌定位和产品定位等的想法。一般而言，消费者对于产品可能有四种形式的需求：理性的、感性的、社会性的和自我满足的。这些需求又可能是单一的，但更多的是一种综合的结果。

(2) 信息的结构。营销人员需要面对三种不同的结构问题：

①在信息中给出结论或者让消费者自己得出结论的问题。

②说出单方面的观点或者列举出双方的观点问题。

③将最有力的表述放在开头还是结尾的问题。

当然，营销人员还需要考虑如何能够更好地吸引消费者注意。这就需要良好的创意和画面的结构安排，运用不同的色彩、形式和风格去营造与众不同的广告表现形式。

(3) 信息源。有的企业的传播用企业内部的资源，有的则选择通过名人或者非名人进行。声誉好的信息源发出的信息更容易让人相信。例如，体育用品往往选择体育明星，药品广告往往选择用医生或者医药专家来介绍产品。

选择一个有力的信息源的三个因素是：专业性、可信度和亲近感。专业性是信息源用于支持其观点所具备的权威，如医生、科学家和教授等。可信度是与信息来源的客观程度相关的，如朋友比推销人员更可靠。亲近感是信息来源对目标群体的吸引程度。人们比较喜欢幽默和自然的信息来源。声誉好的代言人无疑是那些在专业性、可信度和亲近感三方面表现突出的人。

4. 选择沟通渠道

沟通包括人员沟通渠道和非人员沟通渠道，其中又包含了多个子渠道。

(1) 人员沟通渠道包括两个或者更多的人相互之间直接进行信息传播。他们可能是面对面，或者通过电话、电子邮件等形式进行沟通。在多数情况下，人们希望有人向他们推荐或者介绍产品。尤其是对那些价格高昂、有风险或购买不频繁的产品而言，人员沟通渠道起了很大的影响作用。

(2) 非人员沟通渠道是指那些不直接面对某一个人的传播方式，包括媒体传播、营业推广和事件营销等。非人员沟通渠道也可以直接或间接地影响消费者。一方面,消费者可以直接受到大众媒体的影响去购买产品;另一方面,使用大众媒体还可以通过影响那些"观念领导者"从而间接地影响消费者。因此,大众媒体应该直接瞄准那些"观念领导者",从而将信息传递给其他人。

5. 评估沟通效果

发出信息后,沟通人员必须评价沟通效果,也就是信息对目标市场的影响,包括目标顾客们是否记住了信息,记住了多少,其浏览信息的频率,其对信息的评价如何,以及对企业看法是否因为沟通而有所改变等。沟通人员也需要去评价这些信息所引致的市场行为,如多少人购买产品,多数人提出产品咨询或者浏览产品和企业信息。

案例分析

南塔基特岛甘露的营销

汤姆·帕萨特和汤姆·考斯特在大学毕业后,为了逃避衣冠楚楚的白领生活的束缚,决定自己做一些事情。

在一个冬季的夜晚,他们将各种各样的水果放到搅拌机里,试图榨出一种西班牙式的水果汁儿。他们惊讶地发现调出的水果汁儿美味可口。于是他们萌发了创业念头,决定将自榨的水果汁儿装在回收的玻璃瓶子里,在温暖的季节里卖给远方来的游客。他们为自制的果汁儿取名为南塔基特岛甘露。第一个夏天,他们以每瓶 1 美元价格卖出了 2000 瓶。初战告捷。

开始他们是向靠近南塔基特岛的英格兰大学生和波士顿的年轻人销售自制的饮料。他们在足球比赛及其他比赛场上扎下了一个紫色大帐篷分发果汁儿和带有南塔基特岛甘露字样的 T 恤衫。这种低成本的营销,帮助他们将果汁瞄准了具有年轻、自然和独立特性的顾客。这与大型果汁和饮料公司有显著的不同。他们制作录音,用录音机做广播宣传。一段时间后,他们发现了收音机广告的作用。他们努力说服节目制作人播放他们有关果汁的谈话。他们坚持以朴素的方式提高果汁的知名度。利用移动营销小组住到户外运动地点,不断开发新的消费者——从 18 岁到 35 岁的顾客。精神高昂的小组成员不断地向球迷们、马拉松运动员免费分发果汁样品。他们请来自己的祖母到广播站,与他们谈论很宽泛的话题,但是焦点集中在果汁上。让人们产生一种思想,南塔基特岛甘露就像老祖母亲手做的,非常可口。现在,他们的公司不断扩大,有 100 多名员工,年营业收入达到 8000 万美元。有 50 种不同口味的果汁。他们想将果汁销往全国,甚至国际市场。

案 例 思 考

1. 两个年轻人对南塔基特岛甘露采用了什么促销方式及工具来扩大销路?
2. 南塔基特岛甘露处于产品生命周期的哪一阶段,这对于促销方式选择有什么影响?
3. 如果该公司以广告作为主要促销方式,应从哪些方面入手制定广告决策?

综合练习

一、选择题

（一）单项选择题（每题只有一个最恰当的答案）

1. 促销（Promotion）是指卖方向消费者或用户（　　）的一系列宣传、说服活动。
（A）推销商品　　　　　　　　　　（B）传递企业信息
（C）传递产品信息　　　　　　　　（D）开展公共关系

2. 促销实质上是一种（　　）活动。
（A）沟通　　　（B）广告　　　（C）宣传　　　（D）推销

3. 销售促进方式不包括（　　）。
（A）以消费者或用户为对象的推广方式　（B）以中间商为对象的推广方式
（C）以推销人员为对象的推广方式　　　（D）以批发商为对象的推广方式

（二）多项选择题（每题有两个或两个以上正确答案）

1. 促销的基本方式包括（　　）。
（A）人员推销　　（B）广告　　（C）销售促进　　（D）公共关系

2. 促销的主要目标包括（　　）。
（A）传递产品信息　　　　　　　　（B）激发购买欲望
（C）建立产品形象　　　　　　　　（D）扩大市场份额

3. 沟通过程模式包括的主要要素有（　　）。
（A）发送者　　（B）接收者　　（C）解码和编码　　（D）噪声

4. 沟通过程决策的步骤主要有（　　）。
（A）确定沟通对象和传播目标　　　（B）设计沟通信息
（C）选择沟通渠道　　　　　　　　（D）建立反馈系统

5. 沟通面临的新问题主要有（　　）。
（A）消费者的忧虑心理　　　　　　（B）选择沟通渠道的复杂性
（C）信息泛滥　　　　　　　　　　（D）市场的不确定性

6. 以下属于确定促销组合需要考虑的因素有（　　）。

（A）产品类型　　　　　　　　（B）经济前景
（C）市场特点　　　　　　　　（D）产品生命周期阶段

二、简答题

1. 什么是促销？其实质和方式如何？
2. 促销策略选择时应考虑哪些因素？
3. 各种促销方式的概念及异同各是什么？
4. 人员推销的策略主要有哪些？
5. 简述企业销售促进的主要形式。
6. 简述企业公共关系宣传促销的途径。

三、实训

1. 实训项目：促销策略
2. 实训目的：
培养学生掌握和运用促销诸策略的能力，提高促销组合策略的运用水平。
3. 实训类型：模拟操作
4. 实训内容：
选择促销品与市场，拟订该产品的市场导入方案，实施促销活动。
5. 实训方式：教师指导下学生实训
6. 实训过程：

分组→选择促销产品及促销市场→深入产品市场进行调查→写出简单的市场分析报告→拟订该产品的市场导入方案→教师或企业审批→实施促销活动。

7. 实训要求：

（1）在教师指导下，由学生自由组合成4~6人为一组的产品推广小组，并确定负责人；

（2）根据所学习的促销组合知识及四种主要的促销策略，结合当地市场实际，为某一产品的市场导入设计促销组合方案，并组织实施；

（3）教师加强对学生实训过程的控制。

8. 实训结果：学生填写报告

第三篇 营销战略

第七章　市场分析与预测

第一节　市场调研

本节主要学习内容
■二手资料调查
■设计市场调查问卷
■进行抽样调查

市场调研，是指为了提高产品的销售决策质量、解决存在于产品销售中的问题或寻找机会等而系统地、客观地识别、收集、分析和传播营销信息的工作，就是解决企业内部管理所需依据和外部市场营销分析依据。市场调研的信息来源主要可分为二手资料和一手资料调查，在收集一手资料时通常采用的方式是抽样调查方式。目前的发展趋势是网上市场调研，这种高效的调查手段也被许多调查咨询公司广泛应用，其优点主要表现在提高调研效率、节约调查费用、调查数据处理比较方便、不受地理区域限制等方面。但是在线市场调研并不是轻易可以实现的。

一、二手资料调查

二手资料调研是指查寻并研究与调研项目有关资料的过程，这些资料是经他人收集、整理的，有些是已经发表过的文献资料，也称间接资料。对间接资料的收集，可以使企业迅速了解有关信息，为进一步的直接调查奠定市场基础。

（一）间接资料调查法的优点和不足

1. 间接资料调查的优点

二手资料比较容易得到，相对来说能比较便宜，时间快、费用低地获取有用的资料信息；所得资料客观而又多方面；节省时间、人力，反映信息内容真实。

2. 间接资料调查的不足

由于二手数据是为其他目的不是为手边的问题而收集的，因此，二手数据对当前问题的帮助在一些重要方面是有缺陷的。资料的相关性和准确性都不够。收集二手数据的目的、性质和方法不一定适合当前的情况。而且，二手数据也可能缺乏确定性，或者有些过时了。在使用二手数据之前，有必要先对二手数据进行评价。

（二）选择间接资料的基本原则

1. 相关性原则。这是间接资料调查的首要原则，也是调查选定间接资料的主要标准。调查人员必须根据调查的目标要求，确定资料选择的范围和内容，把与调查主体切实相关的资料选择出来。

2. 时效性原则。间接资料大多是历史性资料，要求调查人员在资料的收集过程中必须考虑时间的背景，抛弃过时的与目前市场情况不相符的资料内容，确保收集资料能够准确反映调查对象发展的规律性。

3. 系统性原则。间接资料调查的主要任务是众多的形象资料中选择出符合调查需要的内容，而一般情况下，调查人员收集的资料并不能直接、全面地说明所要调查的主题，需要调查人员在已有资料的基础上，进行必要的加工处理。如用一个平均数代替一个遗漏的难以查找的特定年份的销售额，以提高间接资料的准确性，确保间接资料的系统性、全面性。

4. 经济效益原则。间接资料的主要优点是省时省钱，如果费用支出过高、调查周期过长就失去了优势。

（三）间接资料调查的资料来源

间接资料的来源主要可以分为两大类：企业内部资料来源和企业外部资料来源。

内部资料的收集主要是收集企业经济活动的各种记录，主要包括以下四种：

（1）业务资料。包括与企业业务经济活动有关的各种资料。如订货单、进货单、发货单、合同文本、发票、销售记录、业务员访问报告等。

（2）统计资料。主要包括各类统计报表，企业生产、销售、库存等各种数据资料，各类统计分析资料等。

(3) 财务资料。财务资料反映了企业活动和物化管理占用消耗情况及所取得的经济效益，通过对这些资料的研究，可以确定企业的发展前景，考核企业经济时效。

(4) 企业积累的其他资料。如平时的剪报、各种调研报告、经验总结、顾客意见和建议、同业卷宗及有关照片和录像等。例如，根据顾客对企业经营商品质量和售后服务的意见，就可以对如何改进加以研究。

企业外部资料的收集

对于企业外部资料，可从以下几个主要渠道加以收集：

(1) 统计部门与各级各类政府主管部门公布的有关资料。国家统计局和各地方统计局都定期发布统计公报等信息，并定期出版各类统计年鉴，内容包括全国人口总数、国民收入、居民购买力水平等，这些均是很有权威和价值的信息。这些信息都具有综合性强、辐射面广的特点。

(2) 各种经济信息中心、专业信息咨询机构、各行业协会和联合会提供的市场信息和有关行业情报。这些机构的信息系统资料齐全，信息灵敏度高，为了满足各类用户的需要，它们通常还提供资料的代购、咨询、检索和定向服务，是获取资料的重要来源。

(3) 国内外有关的书籍、报纸、杂志所提供的文献资料，包括各种统计资料、广告资料、市场行情和各种预测资料等。

(4) 有关生产和经营机构提供的商品目录、广告说明书、专利资料及商品价目表等。

(5) 各地电台、电视台提供的有关市场信息。近年来全国各地的电台和电视台为适应市场经营形势发展的需要，都相继开设了市场信息、经济博览等以传播经济、市场信息为主导的专题节目及各类广告。

(6) 各种国际组织、外国使馆、商会所提供的国际市场信息。

(7) 国内外各种博览会、展销会、交易会、订货会等促销会议以及专业性、学术性经验交流会议上所发放的文件和材料。

3. 对于企业外部资料的收集，可以依不同情况，采取不同的方式：

(1) 具有宣传广告性质的许多资料，如产品目录、使用说明书、图册、会议资料等，是企事业单位为扩大影响、推销产品、争取客户而免费面向社会提供的，可以无偿取得；而对于需要采取经济手段获得的资料，只能通过有偿方式获得，有偿方式取得的资料构成了调查成本，因此，要对其可能产生的各种效益加以考虑。

(2) 对于公开出版、发行的资料，一般可通过订购、邮购、交换、索取等方式直接获得，而对于对使用对象有一定限制或具有保密性质的资料，则需要通过间接的方式获取。随着国内外市场竞争的日益加剧,获取竞争对手的商业秘密已成为市场调查的一个重要内容。

二、设计市场调查问卷

企业为了能够了解市场的情况,了解自身产品在市场上的销售情况,及时了解消费者的需求,他们通常都会采用社会调查的方式来了解市场的走向趋势,以便各企事业单位的产品能够保持或扩大原有的市场份额,及时了解消费者的需求来设计新的产品,从而使企业单位获利。

社会调查一般有以下几种方法,分别是观察法、实验法、访问法以及问卷法。在一般的实地调查中,问卷法的使用比较广泛。

问卷法是通过设计调查问卷,以让被调查者填写调查表的形式来获得调查对象的信息,包括把被访者的意见与回答写进问卷中,所以,在问卷调查中,问卷的设计是一个非常重要的环节。调查问卷的设计要求是主题突出、态度诚恳、措辞得体、形式简明,易懂易答,便于处理。

(一)设计问卷的构成

问卷一般由开头、正文和结尾3部分组成。

1. 问卷的开头

主要包括问候语、填表说明和问卷编号。

(1)问候语。语气应该亲切、诚恳、有礼貌,内容要有调查目的、调查身份、保密原则以及奖励措施等。

(2)填表说明。目的在于规范和帮助受访者对问卷的回答。

(3)问卷编号。主要用于识别问卷、访问员、被访问者地址等。

2. 问卷的正文

一般包括资料收集、被调查者的基本情况和编码3部分。

(1)收集资料部分是问卷的主体,也是使用问卷的目的所在。其内容主要包括调查所要了解的问题和必选答案。

(2)调查者有关背景资料也是问卷正文的重要内容之一。被调查者往往对这部分问题比较敏感,但这些问题与研究目的密切相关,必不可少,如个人的年龄、性别、文化程度、职业、职务、收入等,具体内容要依据研究者先期的分析设计而定。

(3)这里的编码是指问卷中包含的前编码设计以及为后编码设计预留的位置。

3. 问卷结尾

问卷结尾可以设置开放性问题，征询被调查者的意见、感受，或者记录调查情况；也可以是感谢语以及其他补充说明。

（二）设计提问项目

问卷所要调查的资料由若干个提问的具体项目即问题所组成。如何科学、准确地提出所要调查的问题，是问卷设计中十分重要的一步，对调查质量有着重要影响。

在设计调查项目时，需要注意以下几点：

1. 表格式的特点是简练、清晰，一目了然，问题内容尽可能的短

从整体上看，一份问卷中的内容不宜过多，不必要的问题不要列入。很多初学调查或在问卷设计的人，往往以为多一道题，可多一份资料，所以会询问一些不必要的问题，不但浪费时间和增加了资料处理的时间，在问题的理解上也就更容易造成偏差。

2. 用词要确切、通俗

用词是否确切，具体可按 6W 准则加以推敲。6W 即谁（Who）、何处（Where）、何时（When）、为什么（Why）、什么事（What）、如何（How），以此来判断问题是否清楚。当然，并不是一项提问中必须同时具备这 6W。例如：

请问你们家使用什么牌子的电视机？

您最近一段时间使用什么品牌的洗发水？

您最近一个月使用什么品牌的洗发水？

您觉得这种电视机的画面质量怎么样？

你觉得这种电视机的画面是否清晰？

您认为使用电脑数字技术制作的广告是否更具有吸引力？

3. 内容较单一的调查类文种的调查问卷一问一项

如果提问中包含了两项以上的内容，被调查者就很难回答。比如：您对这种电视机的质量和价格满意吗？

这里包含价格和质量的问题，如果消费者对价格满意，而对质量不满意，一时难以把问题回答出来，不如把问题分成两个作调查：

您觉得电视机的质量怎么样？

您觉得电视机的价格怎么样？

4. 避免诱导性提问

问卷的问题不能带有倾向性，而应保持中立。词语中不应暗示出调查者的观点，不要引

诱被调查者该作出何种回答或者该如何选择。例如：

海尔冰箱三年荣获销售榜首，你觉得它怎样？

这里的问题就暗示了海尔冰箱很好，对被调查者的选择具有引导作用。不如改为：您觉得海尔冰箱的质量怎么样？

引导性提问，容易使被调查者不假思索地作出回答或者选择，也会从心理上产生顺应反映，从而按照提示作出反应或者选择，调查的问题不能客观反映消费者对产品的评价。

5. 避免否定形式的提问

在日常生活中人们往往习惯于肯定的方式陈述提问，而不按照否定的方式陈述提问，例如：对一种产品新包装的市场调查，采取否定式的提问是：

您觉得这种产品的价格合理吗？否定式提问会影响调查者的思维，或者容易造成相反的回答或者选择，因此，在问卷中尽量不要用否定的形式提问。

6. 避免敏感性问题

敏感性问题是被调查者不愿让人知道答案的问题，比如个人收入问题、个人生活习惯问题、政治问题等。问卷中要尽量避免提问敏感性问题或容易引起别人反感的问题。对这类问题被调查者可能会拒绝回答，或者采用虚假、假报的方式来应对问题，从而影响整个调查的质量。

对有些调查，必须涉及敏感问题的，应该在提问的方式上进行推敲，尽量采用间接询问的方式，用语也要特别婉转，以降低问题的敏感程度。

（三）设计问句

根据具体情况的不同，问句可以采用不同的形式，主要有以下几种：

1. 开放性问题

所谓开放性问题是指所提出问题并不列出所有可能的答案，而是由被调查者自由做答的问题。开放性问题一般提问比较简单，回答比较真实，但结果难以作定量分析，在对其作定量分析时，通常是将回答进行分类。

2. 封闭性问题

所谓封闭性问题是指已事先设计了各种可能的答案的问题，被调查者只要或只能从中选定一个或几个现成答案的提问方式。封闭性问题由于答案标准化，不仅回答方便，而且易于进行各种统计处理和分析。但缺点是回答者只能在规定的范围内被迫回答，无法反映其他各种有目的的、真实的想法。

（四）问题顺序的设计

问句设计上安排好顺序，确定所要收集的信息、资料。根据问卷的调查方式确定调查内容。问卷调查方式的不同，问卷的设计方式及其内容的繁复程度也不同，因此，在决定问题内容时，问题必须切题，不要出现与调查目的无关的题目。具体设计问题的顺序时，应该注意以下几点：

（1）问题的安排应具有逻辑性；
（2）问题的安排先易后难；
（3）能引起被调查者兴趣的问题放在前面；
（4）开放性问题放在后面。

三、进行抽样调查

相应解释抽样调查法：指从研究对象的全部单位中抽取一部分单位进行考察和分析，并用这部分单位的数量特征去推断总体的数量特征的一种调查方法。其中，被研究对象的全部单位称为"总体"；从总体中抽取出来，实际进行调查研究的那部分对象所构成的群体称为"样本"。在抽样调查中，样本数的确定是一个关键问题。抽样的方式，有随机抽样和非随机抽样两大类。

（一）随机抽样

按照随机的原则抽取样本，完全排除人们主观意识的干扰，在总体中的每一个体被抽取的机会是均等的。其常用的抽样方式有：

1. 简单随机抽样法

这是一种最简单的一步抽样法，它是从总体中选择出抽样单位，从总体中抽取的每个可能样本均有同等被抽中的概率。抽样时，处于抽样总体中的抽样单位被编排成 $1 \sim n$ 编码，然后利用随机数码表或专用的计算机程序确定处于 $1 \sim n$ 间的随机数码，那些在总体中与随机数码吻合的单位便成为随机抽样的样本。

这种抽样方法简单，误差分析较容易，但是需要样本容量较多，适用于个体之间差异较小的情况。

2. 等距抽样法

这种方法又称顺序抽样法，是从随机点开始在总体中按照一定的间隔（即"每隔第几"的方式）抽取样本。此法的优点是抽样样本分布比较好，总体估计值容易计算。

3. 分层抽样法

它是根据某些特定的特征，将总体分为同质、不相互重叠的若干层，再从各层中独立抽取样本，是一种不等概率抽样。分层抽样利用辅助信息分层，各层内应该同质，各层间差异尽可能大。这样的分层抽样能够提高样本的代表性、总体估计值的精度和抽样方案的效率，抽样的操作、管理比较方便。但是抽样框较复杂，费用较高，误差分析也较为复杂。此法适用于母体复杂、个体之间差异较大、数量较多的情况。

4. 分群抽样法

整群抽样是先将总体单元分群，可以按照自然分群或按照需要分群，在交通调查中可以按统计学照地理特征进行分群，随机选择群体作为抽样样本，调查样本群中的所有单元。整群抽样样本比较集中，可以降低调查费用。例如，在进行居民出行调查中，可以采用这种方法，以住宅区的不同将住户分群，然后随机选择群体为抽取的样本。此法优点是组织简单，缺点是样本代表性差。

（二）非随机抽样

非随机抽样调查有配额抽样法、任意抽样法与判断抽样法等。非随机抽样的样本是由调研者凭经验主观选定的，因而代表性依赖于调研者的经验，具有主观性，所以调研结果误差较大，不能准确地反映总体和实际情况。随机抽样虽然比较精确地估计抽样误差，但必须获得严格的抽样框和其他的条件，在实际工作中，非随机抽样比随机抽样使用更多。

1. 任意抽样法

任意抽样也叫便利抽样法，是指调查人员本着随意性、方便性原则去选择样本的抽样方式。这种方式的一个基本假定是认为总体中每一个个体的特征是相同的。任意选出的样本与总体特征并无差别。任意抽样法的特点是方便、经济。任意抽样法往往应用在市场调查与预备试销上。

2. 判断抽样法（目的抽样法）

判断抽样法是凭调查人员的意愿、经验和知识，从总体中选择被认为具有代表性的样本进行调查。选取样本的方法有两种，最能代表普遍情况的调查对象，按照一定的标准，主观选择样本。判断的意图在于选择更能具有代表性的样本。在许多的调查中，使用判断抽样的效果并不好，主要还是因为样本规模小而且样本不易分门别类，不能直接对调查总体进行推断等特点

3. 配额抽样法

配额抽样调查法是分层，在层内样本分配的数额，在每组中用任意抽样的方法选取样本

单位的一种的抽样方法，配额抽样与分层抽样的分层一样，但在层内抽取样本时，方法不一样，是非随机抽样中最流行的，简便易行，比其他的非随机抽样具有更大的代表性。但控制特性比较多时，计算烦琐，缺少统计理论依据，无法准确地估计误差。

第二节　市场预测

本节主要学习内容
■市场需求预测的预测内容
■市场需求预测的基本方法
■市场需求预测的主要程序

市场营销研究的是消费者的需求，市场预测往往是进行市场需求预测。

市场需求预测是指通过对消费者的购买心理和消费习惯的分析，以及对国民收入水平、收入分配政策的研究，推断出社会的市场总消费水平。市场需求预测是市场研究中最重要的一部分，也是最复杂的一部分。

一、市场需求预测内容

1. 预测市场容量及变化。市场容量是指有一定货币支付能力的需求总量。市场容量及其变化预测可分为生产资料市场预测和消费资料市场预测。生产资料市场容量预测是通过对国民经济发展方向、发展重点的研究，综合分析预测期内行业生产技术、产品结构的调整，预测工业品的需求结构、数量及其变化趋势。

2. 消费资料市场容量预测重点

（1）消费者购买力预测。预测消费者购买力要做好下面的预测：

①人口数量及变化预测。人口的数量及其发展速度，在很大程度上决定着消费者的消费水平。

②预测购买力投向。消费者收入水平的高低决定着消费结构，即消费者的生活消费支出中商品性消费支出与非商品性消费支出的比例。消费结构规律是收入水平越高，非商品性消费支出会增大，如娱乐、消遣、劳务费用支出增加，在商品性支出中，用于饮食费用支出的比重会大大降低。另外还必须充分考虑消费心理对购买力投向的影响。

③预测商品需求的变化及其发展趋势。根据消费者购买力总量和购买力的投向，预测各

种商品需求的数量、花色、品种、规格、质量等。

(2) 预测市场价格的变化。企业生产中投入品的价格和产品的销售价格直接关系到企业盈利水平。在商品价格的预测中，要充分研究劳动生产率、生产成本、利润的变化，市场供求关系的发展趋势，货币价值和货币流通量变化以及国家经济政策对商品价格的影响。

3. 预测生产发展及其变化趋势。对生产发展及其变化趋势的预测，是对市场中商品供给量及其变化趋势的预测。

(1) 对某一种或几种产品潜在需求的预测；

(2) 对潜在供应的估计；

(3) 对拟设中的产品市场渗透程度的估计；

(4) 某段时间内潜在需求的定量和定性特征。

除了全部和大部分供出口的产品以外，对产品的潜在需求主要以国内市场为基础进行预测。

4. 对本国需求预测的基本步骤为：

(1) 收集并分析当前消费量及其在一段时期的变化率；

(2) 按市场每个部分将消费量数据分类；

(3) 确定以往需求的决定因素，以及其对以后需求的影响；

(4) 预测这些决定因素的发展及其对需求的影响；

(5) 以一种或几种方法的组合，对这些决定因素进行判断，并预测需求。

对于某些产品不仅要分析国内市场需求，同时要探索出口的可能，对出口市场的需求进行预测。对于出口市场的评价与国内市场的评价重点有所不同。对于过去已经出口或目前开始出口的产品，首先要分析和评价以下有关数据：出口数量、单位、单价、过去或目前的输出国，以及出口产品的特点。

二、市场需求预测的基本方法

市场需求预测是在营销调研的基础上，运用科学的理论和方法，对未来一定时期的市场需求量及影响需求诸多因素进行分析研究，寻找市场需求发展变化的规律，为营销管理人员提供未来市场需求的预测性信息。

1. 购买者意向调查法

多用于工业用品和耐用消费品，适宜作短期预测。

2. 综合销售人员意见法

即分别收集销售人员对预测指标估计的最大值、最可能值及最低值及其发生的概率，集中所有参与预测者的意见，整理出最终预测值的方法。

3. 专家意见法

小组讨论法、单独预测集中法、特尔菲法。

4. 市场试验法

多用于投资大、风险高和有新奇特色产品的预测。

5. 时间序列分析法

将某种经济统计指标的数值，按时间先后顺序排列形成序列，再将此序列数值的变化加以延伸，进行推算，预测未来发展趋势。

产品销售的时间序列（Y），其变化趋势主要是受以下四种因素的影响：
趋势（T）、周期（C）、季节（S）、不确定因素（E）。

6. 直线趋势法

运用最小平方法，以直线斜率表示增长趋势的外推预测方法。

公式为：$Y = a + bX$

式中：a 为直线在 Y 轴上的截距；

b 为直线斜率；

Y 为预测目标值；

X 为时间。

7. 统计需求分析法

统计需求分析是运用一整套统计学方法，发现影响企业销售的最重要的实际因素及其影响力大小的方法。

三、市场需求预测的主要程序

掌握市场需求预测的程序，是需求预测工作中最基本的一环，以此为基础，才能顺利地将预测工作进行到底。选择预测目标进行市场预测首先要明确预测的目标是什么。所谓目标就是指预测的具体对象的项目和指标，为什么要进行这次预测活动，这次预测要达到什么直接目的。其次还要分析预测的时间性、准确性要求，划分预测的商品、地区范围等具体问题。

对市场经济活动可以从不同的目的出发进行预测，预测目标不同，需要的资料、采取的预测方法也都有一些区别。有了明确的预测目标，才能根据目标需要收集资料，才能确定预测进程和范围。确定了预测目标,接着要分析预测的时间性和准确性要求。如果是短期预测,允许误差范围要小,而中长期预测,误差在20%~30%之间则是被允许的。预测的地区范围应是企业的市场活动范围,每次预测要根据管理决策的需要,划定预测的地区范围,过宽过窄都会影响预测的进程。

广泛收集资料进行预测必须要有充分的市场信息资料,因此,在选择、确定市场预测目标以后,首要的工作就是广泛系统地收集与本次预测对象有关的各方面数据和资料。收集资料是市场预测工作的重要环节。按照市场预测的要求,凡是影响市场供求发展的资料都应尽可能地收集。资料收集得越广泛、越全面,预测的准确性程度就越能相应提高。在这里,市场调查材料是一个重要的信息来源。

收集的市场资料可分为历史资料和现实资料两类。历史资料包括历年的社会经济统计资料、业务活动资料和市场研究信息资料。现实资料主要包括目前的社会经济和市场发展动态,生产、流通形势、消费者需求变化等。收集到的资料,要进行归纳、分类、整理,最好分门别类地编号保存。在这个过程中,要注意标明市场异常数据,要结合预测进程,不断增加、补充新的资料。

1. 选择预测方法

收集完资料后,要对这些资料进行分析、判断。常用的方法是首先将资料列出表格,制成图形,以便直观地进行对比分析,观察市场活动规律。分析判断的内容还包括寻找影响因素与市场预测对象之间的相互关系,分析预测期市场供求关系,分析判断当前的消费需求及其变化,以及消费心理的变化趋势等。

在分析判断的过程中,要考虑采用何种预测方法进行正式预测。市场预测有很多方法,选用哪种方法要根据预测的目的和掌握的资料来决定。各种预测方法有不同的特点,适用于不同的市场情况。一般而言,掌握的资料少、时间紧,预测的准确程度要求低,可选用定性预测方法。掌握的资料丰富、时间充裕,可选用定量预测方法。在预测过程中,应尽可能地选用几种不同的预测方法,以便互相比较,验证其结果。

2. 建立模型,进行计算

市场预测是运用定性分析和定量测算的方法进行的市场研究活动,在预测过程中,这两方面不可偏废。

一些定性预测方法,经过简单的运算,可以直接得到预测结果。定量预测方法要应用数学模型进行演算、预测。预测中要建立数学模型,即用数学方程式构成市场经济变量之间的函数关系,抽象地描述经济活动中各种经济过程、经济现象的相互联系,然后输入已掌握的信息资料，运用数学求解的方法，得出初步的预测结果。

3. 评价结果，编写报告

通过计算产生的预测结果，是初步的结果，这一结果还要加以多方面的评价和检验，才能最终使用。检验初步结果，通常有理论检验、资料检验和专家检验。理论检验是运用经济学、市场学的理论和知识，采用逻辑分析的方法，检验预测结果的可靠性程度。资料检验是重新验证、核对预测所依赖的数据，将新补充的数据和预测初步结果与历史数据进行对比分析，检查初步结果是否合乎事物发展逻辑，符合市场发展情况。专家检验是邀请有关方面专家，对预测初步结果作出检验、评价，综合专家意见，对预测结果进行充分论证。

对预测结果进行检验之后，就可以着手准备编写预测报告了。与市场调查报告相似，预测报告也分为一般性报告和专门性报告，每次预测根据不同的要求，编写不同类型的报告。

4. 对预测结果进行事后鉴别

完成预测报告，并不是预测活动的终结，下一步还要对预测结果进行追踪调查。市场预测结果是一种有科学根据的"假定"，这种"假定"毕竟仍要由市场发展的实际过程来验证。因此，预测报告完成以后，要对预测结果进行追踪，考察预测结果的准确性和误差，并分析总结原因，以便取得预测经验，不断提高预测水平。

案 例 分 析

请结合案例和所学知识回答问题。

某公司想了解一下其产品的需求情况，为此他们组织了一次市场调研活动。按照调研计划该企业首先进行了一次问卷调查，他们选取了北京、上海和广州三个城市作为代表城市，在这三个城市中随机发放问卷。他们向消费者所提供的问卷中，问答项目达几百个，而且十分具体。该调查所获得的数据被存入计算机，进行详细的分析。此外，该公司为了改进其刚刚研制成功的产品，还邀请消费者担当"商品顾问"，让他们试用这种新的产品，然后"鸡蛋里挑骨头"，从他们那里收集各种改进的意见。该公司担心"商品顾问"有时也会提供不真实的信息，因此，研究所的市场调查人员经常亲自逛市场，"偷听"消费者购买时的对话，或者干脆装扮成消费者，四处探听店员和顾客对产品的意见。他们的目的只有一个，就是一定要搞到真正准确的信息，而不是虚假的赞誉。在亲自获取市场信息的同时，该公司还把其他部门所提供的市场分析进行加工和整理，来补充市场调查所获取信息的不足。这些从公开出版物、报纸、杂志、政府和有关行业获取的统计资料,为该企业了解整个市场的宏观信息提供了帮助。来自消费者的信息成千上万,如何分析研究,取其精华,该公司有其独特的方法。他们把所有信息分为两类,一类是期望值高的信息,即希望商品达到某种程度,或希望出现某种新产品;另一类是具体的改进建议。该公司十分重视前者,这类信息虽然没有具体意见,甚至很模糊,却反映了消费者的期望,是新产品开发的重要启示,而具体的改进意见一旦和高期望值信息结合起来,则能起到锦上添花的作用。

案 例 思 考

1. 该公司在亲自获取市场信息的同时,还需要多种二手资料的支持,公司可以通过哪几种途径获得二手资料(至少列举三个)?该公司在进行问卷调查时所采用的方法属于哪种?

2. 在调查问卷设计中,问句主要可以采用几种不同的形式?

综合练习

一、选择题

（一）单项选择题（每小题1分，每小题只有一个最恰当的答案）

1. （　　）的实际作用就是为营销决策提供依据。
   (A) 价格管理　　　(B) 销售促进　　　(C) 人员推销　　　(D) 市场调研

2. （　　）指的是从各种文献档案中收集的资料，也称间接资料。
   (A) 一手资料　　　(B) 二手资料　　　(C) 电子资料　　　(D) 市场资料

3. 调查人员在利用二手资料时，发现有些资料已经是5年前发表的便放弃不用了，这表明调查人员在进行市场调研时遵循着（　　）。
   (A) 相关性原则　　(B) 时效性原则　　(C) 系统性原则　　(D) 经济效益原则

4. 如果调查人员为了获得二手资料而要付出大量的人力、物力和财力，我们也许会利用二手资料。这体现着调查人员在利用二手资料时遵循着（　　）。
   (A) 相关性原则　　(B) 时效性原则　　(C) 系统性原则　　(D) 经济效益原则

5. 政府机构及经济管理部门的有关方针、政策、法令、经济公报、统计公报等属（　　）。
   (A) 内部资料来源　(B) 电子资料来源　(C) 直接资料来源　(D) 外部资料来源

6. 行业协会已经发表和保存的有关行业销售情况、经营特点、发展趋势等信息资料属（　　）。
   (A) 内部资料来源　(B) 电子资料来源　(C) 直接资料来源　(D) 外部资料来源

7. （　　）是一种以书面形式了解被调查对象的反应和看法，并以此获得资料和信息。
   (A) 问卷　　　　　(B) 深度访谈　　　(C) 抽样　　　　　(D) 实验控制

8. （　　）是随机抽样法中最简便的方法。
   (A) 简单随机抽样法　　　　　　　　　(B) 等距抽样法
   (C) 分层随机抽样法　　　　　　　　　(D) 分群随机抽样法

9. （　　）又称系统抽样，是从总体中每隔若干个个体选取一个样本的抽样方法。
   (A) 简单随机抽样法　　　　　　　　　(B) 等距抽样法
   (C) 分层随机抽样法　　　　　　　　　(D) 分群随机抽样法

10. 与个人的心理预测进行比较,从中选择与预期标准吻合度最高的方案作为最终方案属于( )。

(A) 最大满意原则　　　　　　　　　(B) 相对满意原则
(C) 遗憾最小原则　　　　　　　　　(D) 预期—满意原则

11. 在企业中有组织采购工作(如选择供应商、与供应商谈判等)的正式职权的人员为( )。

(A) 购买者　　　(B) 采购者　　　(C) 决策者　　　(D) 发起者

12. 在企业外部和内部能控制市场信息流到决定者、使用者的人是( )。

(A) 购买者　　　(B) 信息控制者　　　(C) 决策者　　　(D) 发起者

13. 中间商最基本、最重要的购买决策是( )。

(A) 配货决策　　(B) 供应商组合决策　　(C) 供货条件决策　　(D) 库存决策

14. 公开指标应当按照采购主管部门规定的方式向社会发布招标公告,并有至少( )家符合投标资格的供应人参加投标。

(A) 1　　　(B) 2　　　(C) 3　　　(D) 4

15. 在产业购买决策过程中,所有参与购买过程的人员构成采购组织的决策单位,市场常称之为( )。

(A) 战略业务单位　　(B) 采购中心　　(C) 决策小组　　(D) 购买集团

16. 某企业为了能够了解本行业内的市场信息,派出专门人员到行业协会收集相关资料,该企业通过这种途径所获取的资料属于( )。

(A) 直接资料　　(B) 一手资料　　(C) 二手资料　　(D) 过时资料

17. 在街道上随意访问来往的行人的抽样方法属于( )。

(A) 随机号码表法　　(B) 任意抽样法　　(C) 判断抽样法　　(D) 配额抽样法

18. 假设样本总体为100,要抽取4个个体为样本,采用等距抽样法,先将总体按100号,并求出抽样间隔为25,则从( )号中随机抽出一个号码作为样本。

(A) 4　　　(B) 25　　　(C) 50　　　(D) 100

19. 王某听说自己的好朋友小李在做"小灵通"的代理,他对"小灵通"已经在北京上市感到非常惊奇,向小李进行了多方面的咨询,最终决定购买。则王某获取信息来源属于( )。

(A) 个人来源　　(B) 商业来源　　(C) 大众　　(D) 经验来源

（二）多项选择题（每小题 1 分，每题有多个正确答案）

1. 管理者决策依据的信息来源有（   ）。
   (A) 内部报告系统　　(B) 营销情报系统　　(C) 市场调研系统　　(D) 网络系统

2. 间接资料调查可以（   ）。
   (A) 不受时间和空间限制　　　　　(B) 收集到广泛的资料
   (C) 不受主观因素干扰　　　　　　(D) 直接得到调查结果

3. 间接资料调查的不足有（   ）。
   (A) 容易过时
   (B) 二手资料目的和调查人员要求的不一致
   (C) 需要进一步加工处理
   (D) 利用率不高

4. 选择间接资料的基本原则有（   ）。
   (A) 相关性原则　　　　　　　　　(B) 时效性原则
   (C) 系统性原则　　　　　　　　　(D) 经济效益原则

5. 间接资料调查的资料来源主要可以分为（   ）。
   (A) 内部资料来源　　　　　　　　(B) 电子资料来源
   (C) 直接资料来源　　　　　　　　(D) 外部资料来源

6. 调查问卷一般由（   ）等部分构成。
   (A) 开头　　　(B) 提纲　　　(C) 正文　　　(D) 结尾

7. 问卷的开头主要包括（   ）。
   (A) 问候语　　(B) 填表说明　　(C) 正文　　(D) 问卷编号

8. 问卷的正文一般包括（   ）。
   (A) 资料收集　　　(B) 被调查者的基本情况
   (C) 编码　　　　　(D) 问卷编号

9. 设计调查问卷问题的顺序时，应注意（   ）。
   (A) 问题的安排应具有逻辑性　　　(B) 问题的安排应先易后难
   (C) 能引起被调查者兴趣的问题放在前面　　(D) 开放性问题放在后面

10. 抽样方法大体上可分为（   ）。
    (A) 随机抽样　　(B) 任意抽样　　(C) 非随机抽样　　(D) 等距抽样

11. 分层随机抽样的优点是可以（   ）。

（A）企业职能管理部门提供的资料

（B）竞争对手提供的资料

（C）其他各类记录

（D）企业经营机构提供的资料

12. 问卷编号主要用于识别（　　）等。

（A）问卷　　　（B）填表说明　　　（C）访问员　　　（D）被访者地址

13. 抽样方法大体上可分为两大类：一是随机抽样方法，二是非随机抽样方法。下列各种方法中属于非随机抽样方法的是（　　）。

（A）简单随机抽样法（B）分层随机抽样法（C）判断抽样法　　（D）配额抽样法

14. 下列内容应该放在问卷开头的是（　　）。

（A）问候语　　　（B）填表说明　　　（C）感谢语　　　（D）问卷码

15. 在运用单纯随机抽样调查时，通常用（　　）来实现随机原则抽取样本。

（A）排序法　　　（B）抽签法　　　（C）随机号码表法　　　（D）列举法

16. 下列问卷提问项目设计得比较合理的有（　　）。

（A）您对这种空调的价格和服务质量满意还是不满意？

（B）请问你们家最近一年内使用什么牌子的电视机？

（C）您觉得这种产品的价格合理吗？

（D）海尔冰箱销量连续三年荣居冰箱类榜首，你觉得它怎么样？

17. 调查问卷中的问句可以采用不同的形式来表达，其中封闭式问卷的优点是（　　）。

（A）调查对象可以按自己的意见进行回答，不受任何限制

（B）调研人员可以获得足够全面的答案

（C）答案都是事先拟定的，便于统计分析

（D）便于被调查对象选择，能够节省调查的时间

18. 消费者的购买决策原则不是唯一的，通常是根据产品和市场情况选择适当的可供选择的原则有（　　）。

（A）最大满意原则　　　　　　　　　（B）相对满意原则

（C）遗憾最小原则　　　　　　　　　（D）预期—满意原测

19. 在设计调查问卷的提问项目时，要注意的事项有（　　）。

（A）提问的内容尽可能详尽　　　　　（B）用词确切、俗化

（C）一项提问只包含一项内容　　　　（D）避免否定形式的提问

20. 在问卷设计过程中，安排好问题的顺序是很重要的。下列对问题顺序编排说法正确的是（　　）。

（A）问题的安排应具有逻辑性　　　　（B）问题的安排应先难后易
（C）开放性问题放在后面　　　　　　（D）引起兴趣的问题放在前面

（三）根据案例内容选择正确的选项

案例后有 10 道与之相关的选择题，每题的备选答案中有一个或一个以上符合题意的答案，请将正确选项代号填入括号内。

某公司想了解一下其产品的需求情况（内容），为此他们组织了一次市场调研活动。按照调研计划，该企业首先进行了一次问卷调查，他们选取了北京、上海两个城市作为代表城市。在这两个城市中，确定这次市场调查的样本数为 10000 个，并通过间接渠道收集了有关产品消费者的数据资料，并据此将其分为 VIP 消费者 1000 个，高级消费者 3000 个，普通消费者 6000 个。他们向消费者所提供的问卷中，问答项目有几百个，而且十分具体。该调查所获得的数据被存入计算机，进行详细的分析。

此外，该公司为了改进其刚刚研制成功的产品，还邀请消费者在产品的销售地试用这种新的产品，并且对新产品进行评价，从他们那里收集各种各样改进的意见。该公司担心消费者有时不能提供准确的信息，因此，市场调查人员经常亲自逛市场，"偷听"消费者购买时的对话，或者干脆装扮成消费者，四处探听店员和顾客对产品的意见。

在亲自获取市场信息的同时，该公司还把其他部门所提供的市场分析进行加工和整理，用以补充市场调查所获取信息的不足。这些从公开出版物、报纸、杂志、政府和有关行业获取的统计资料，为该企业了解整个市场的宏观信息提供了帮助。

来自消费者的信息成千上万，如何分析研究，取其精华，该公司有其独特的方法。他们把所有信息分为两类：一类是期望值高的信息，即希望商品达到某种程度，或希望出现某种新产品；另一类是具体的改进建议。该公司十分重视前者，这类信息虽然没有具体意见，甚至很模糊，却反映了消费者的期望，是新产品开发的重要启示，而具体的改进意见一旦和高期望值信息结合起来，则能起到锦上添花的作用。

案例问题：

1. 在设计和销售新产品时，市场营销者必须从产品的整体概念出发考虑产品，新产品大概包括（　　）。

（A）全新产品　　　　　　　　　　　（B）换代产品
（C）改进产品　　　　　　　　　　　（D）仿制产品

2. 该公司在亲自获取市场信息的同时，还需要多种二手资料的支持，那么下列途径中属于获得二手资料的是（　　）。
   (A) 国家统计资料　　　　　　　　　(B) 问卷调查
   (C) 大众传播媒体　　　　　　　　　(D) 行业协会信息资料

3. 从资料中可以看出该公司所进行的调研活动包括的主要内容是（　　）。
   (A) 市场容量　　(B) 需求特点　　(C) 竞争对手　　(D) 市场环境

4. 该公司在进行问卷调查时所采用的方法属于（　　）。
   (A) 全面调查　　　　　　　　　　　(B) 普查
   (C) 随机抽样调查　　　　　　　　　(D) 非随机抽样调查

5. 市场调研对企业的营销活动来说非常重要，其重要性主要体现在（　　）。
   (A) 通过市场调研可以确定顾客需求
   (B) 通过市场调研可以发现一些新的机会和需求
   (C) 通过市场调研可以发现企业产品的不足和经营中的缺点
   (D) 通过市场调研可以及时了解竞争者的动态

6. （　　）是其他抽样方法的基础，其他抽样方法也都是从这种方法推演而来的。
   (A) 简单随机抽样　　(B) 判断抽样　　(C) 等距抽样　　(D) 分群随机抽样

7. 该公司采用的抽样调查方法叫（　　）。
   (A) 配额抽样　　(B) 简单随机抽样　　(C) 等距抽样　　(D) 判断抽样

8. 间接资料调查的优点有（　　）。
   (A) 只需花费较少的时间费用　　　　(B) 不受时间和空间的限制
   (C) 可以不受调查人员主观因素的干扰　(D) 时效性强

9. 间接资料选择的基本原则有（　　）。
   (A) 相关性原则　　(B) 时效性原则　　(C) 系统性原则　　(D) 经济效益原则

10. 任意抽样法的优点是（　　）。
    (A) 经济　　　　(B) 准确　　　　(C) 省时　　　　(D) 方便

11. 问卷的开头主要包括（　　）。
    (A) 问候语　　(B) 填表说明　　(C) 正文　　(D) 问卷编号

二、思考题

1. 抽样调查的方式主要有哪几种？

2. 收集二手资料来源主要有哪些？
3. 二手资料调查问卷有几种，分别叫什么？
4. 二手资料问卷调查问题设计应注意什么？

三、实训

1. 实训项目：二手资料的调查
2. 实训目的：熟练掌握二手资料调查的方法和意义
3. 实训类型：设计二手资料调查提纲
4. 实训内容：

开放式调查问卷、封闭式调查问卷

5. 实训方式：教师指导下学生实训
6. 实训过程：

（1）按照实训小组拟定调查问卷；

（2）讨论各个问题的设计；

（3）教师答疑，并点评。

7. 实训要求：

根据调查问卷得出结论

8. 实训结果：填写实训报告

第八章 市场研究

本章主要学习内容
■消费者购买者，产业购买者、中间商购买角色分析
■消费者购买者，产业购买者、中间商购买决策分析
■政府采购性质及程序

第一节 消费者购买市场决策过程分析

市场营销者在分析营销者购买行为的主要因素之后，还需要了解消费者如何真正作出市场决策，即了解谁作出购买决策，以及购买决策的类型等。

一、消费者购买决策的参与者

人们在购买决策过程中可能扮演的不同的角色，包括：

(1) 发起者。即首先提出或者有意向购买者一定产品或者服务的人。

(2) 影响者。即其看法或者建议对最终决策具有一定影响的人。

(3) 决策者。即是否买、为何买、如何买、何处买等购买决策作出完全或者部分最后决定的人。

(4) 购买者。即实际购买者。

(5) 使用者。即实际消费或者使用产品的人。

二、消费者购买决策过程

消费者购买决策过程如图 8-1 所示：

| 购买行为 | 购买决策 | 评价方案 | 收集信息 | 确认需要 |

图 8-1 消费者购买决策过程

这个购买过程模式适用于分析复杂的购买过程行为，因为复杂的购买行为是最完整、最有代表性的购买类型。其他几种购买类型是某些购买阶段合成后形成的，是复杂购买行为的简化形式。该模式表明，消费者的购买过程早在实际购买以前就已开始，并延伸到实际购买以后，这就要求营销人员注意购买过程的各个阶段而不仅仅是注意销售。

1. 确认需要

消费者购买决策过程的第一阶段是确认需要。当消费者面对实际与需求状态之间的不平衡时，就会产生需求。需求因内部刺激或者外部刺激引起。饥饿是内部刺激；产品价格下降，某明星为某产品做广告，包装颜色变化属于外部刺激。

市场营销人员的任务是使消费者认识到他们现在的状况与他们尚未意识到的需求，即创造需求。

2. 收集信息

除非消费者对所购商品的特征、品牌、价格、销售地点等信息已经十分清楚（如一些日常用品的购买），否则消费者需要先收集有关产品的信息，以作为进行购买决策的依据。

商品信息的主要来源是各种广告、商店（橱窗、货架、宣传招贴）、家庭成员、同事朋友和大众媒体（电视、电台、报纸、杂志）。

（1）个人来源：家庭成员、朋友、邻居、熟人。

（2）商业来源：指广告、推销员、经销商、邻居、熟人。

（3）大众来源：大众传媒、消费评估组织。

（4）经验来源：消费者自身通过参观、试用、实际使用、联想、推论等方式所获得的信息。

3. 评价方案

消费者的评价行为一般涉及以下几个方面：

（1）产品属性。即产品能够满足消费者需要的特性。市场营销人员应该分析本企业产品应具备哪些属性，以及不同类型的消费者分别对哪些属性感兴趣，以便进行市场细分。

（2）品牌权重。即消费者对产品有关属性赋予的不同的重要性权数。消费者被问及如何考虑某一产品属性时立即想到的属性，就叫作产品的特色属性。但是特色属性不一定是最重要的属性。在特色属性中，有些属性可能被消费者遗忘，而一旦被提及，消费者就会认识到它的重要性。

（3）品牌信念。即消费者对某品牌优劣程度的总的看法。由于消费者个人经验、选择性注意、选择性曲解以及选择性记忆的影响，其品牌信念可能与产品的真实属性并不一致，营销者应该提升消费者的品牌信念。

（4）效用函数。即描述消费者所期待的产品满足感随产品属性的不同而有所变化的函数关系。它与品牌信念的联系是，效用函数表明消费者要求属性达到何种水平他才会接受，品牌信念指的是消费者对某种品牌的某一属性已经达到何种水平的认识。

（5）评价模式。即消费者对不同的产品品牌进行评价和选择的程序和方法。例如某消费者在选择电脑时，确定了产品的属性和属性权重，并对 ABCD 四个品牌按照 10 分制进行评分（见表 8-1）消费者就比较容易作出选择。

表 8-1 对电脑的选择评价

电脑	储存能力（30%）	图像显示能力（25%）	大小与重量（20%）	价格（25%）
A	10	8	6	4
B	8	9	8	3
C	6	8	10	5
D	4	3	7	8

4. 购买决策

在比较、分析各种产品的性能、价格品牌、售后服务等各项产品特征之后，消费者要从中选择出最终的购买对象，以便采取行动，实现购买意图。

消费者购买原则不是唯一的，通常需要根据产品和市场情况选择适当的原则。

（1）最大满意原则。力求通过决策方案的选择、实施以取得最大效用，使某方面的需要获得最大的满足。

（2）相对满意原则。在购买决策时，只须作出相对合理的选择，达到相对满意即可，最终能以较少的代价取得较大的效果。

（3）遗憾最小原则。由于任何决策方案都达不到完全满意，所以只能以产生的遗憾最小作为决策的基本原则。

(4)预期—满意原则。与个人的心理预期进行比较,从中选择与预期标准吻合度最高的方案最为最终方案。

在购买决策过程中,消费者往往会受到"他人态度"和"意外情况"的影响,他人态度的影响力取决于3个因素:

(1)他人否定态度的强度。否定态度越强烈,影响力越大。

(2)他人与消费者的关系。关系越紧密,对消费者影响越大。

(3)他人的专业水准。他人对此类产品的专业水准越高,则影响力越大。意外情况也会导致购买意图的改变。

5. 购后行为

产品在购买之后,就进入了买后阶段。此时,市场营销人员的工作并没有结束。在购买者对其购买活动的满意感(S)是其产品期望(E)和该产品可觉察性能(P)的函数,即 $S=f(E, P)$。若 $E=P$ 则消费者满意;若 $E>P$ 则消费者不满意;若 $E<P$ 则消费者会非常满意。消费者根据自己从卖主、朋友以及其他来源所获得的信息来形成产品的期望。如果卖主夸大其产品的优点,消费者将会感觉到不能证实的期望。这种不能证实的期望会导致消费者的不满意感。E 与 P 之间差距越大,消费者的不满意感觉越强烈。因此,卖主应使其产品真正体会出可察觉性能,以便使购买者感到满意。事实上,那些有保留地宣传其产品优点的企业,反倒使消费者产生了高于期望的满意感。

第二节 产业购买决策过程分析

一、产业市场购买决策过程的参与者

在任何一个企业中,除了专职的采购人员以外,还有其他一些人员也参与购买决策过程。所有参与购买决策过程的人员构成采购组织的决策单位,市场营销学称之为采购中心。企业采购中心通常包括5种成员。

(1)使用者。即具体使用预购买的某种产品的人员。使用者往往是最初提出购买某种产品意见的人,他们对购买产品的品种、规格起重要作用。

(2)影响者。即企业外部和内部直接或者间接影响购买决策的人员。他们通常协助企业的决策者决定购买产品的品种、规格等。企业技术人员是最主要的影响者。

(3) 采购者。即在企业中有组织采购工作（如选择供应商、与供应商谈判等）的正式职权的人员。在较复杂的采购工作中，采购者还包括参加谈判的公司高级人员。

(4) 决策者。即在企业中有批准购买产品权力的人。在标准品例行采购中，采购者常常是决定者；在较为复杂的采购中，公司领导人常常是决定者。

(5) 信息控制者。即在企业外部和内部能控制市场信息渠道决定者、使用者的人员。如企业的购买代理商、技术人员等。

当然，并不是任何企业采购任何产品都必须有上述5种人员参与购买决策过程。企业采购中心规模的大小和成员的多少会随着采购产品不同而有所不同。一个企业如果采购办公文具，可能只有采购者和使用者参与购买决策过程，而且采购者往往就是决策者。在这种情况下，采购中心的成员比较少，规模较小；如果一个企业采购中心成员较多，供货企业的市场营销人员就不可能接触所有成员，而只能接触其中少数几位。此种情况下，供货企业的市场营销人员必须了解谁是主要的决策者和参与者，以便影响最有影响力的重要人物。

二、分析影响采购者决策的主要因素

产业购买者作为购买者时受一系列因素的影响（见图8-2）。

环境因素	组织因素	人际因素	个人因素	
经济前景				
需求水平	企业目标	职位		
竞争状况	采购政策	权利	年龄	
供应条件	采购程序	地位	教育	购买者
技术发展	组织结构	态度	个性	
经济政策	运营系统	说服力	对风险的态度	
法律制度	企业文化			
资金成本				

图8-2

1. 环境因素

影响购买决策的环境因素包括一个国家或者地区的经济前景、需求水平、市场竞争、供应条件、经济政策、法律制度、技术发展、资金成本等企业外部环境的因素。例如，经济不景气，市场需求不振，产业购买者就不会增加投资，甚至会减少投资，减少原材料采购量。

2. 组织因素

影响购买决策的组织因素包括企业目标、采购政策、采购程序、组织结构、运营系统、企业文化等企业本身的因素。显然，这些组织因素也会影响产业购买者的购买决策和购买行为，并且不同企业的组织因素是不同的。

3. 人际因素

影响购买决策的人际因素主要是指企业采购中心的因素，通常包括使用者、影响者、采购者、决定者和信息控制者，他们都参与购买决策过程。这些参与者在企业中地位、职权、说服力以及他们之间的关系各不相同。这种采购中心之间的关系也会影响产业购买者的购买决策。

4. 个人因素

影响购买决策的个人因素包括各参与者年龄、受教育程度、个性、对风险的态度等。这些个人因素会影响各参与者对采购的产品和用品及供应商的感觉、看法，从而影响购买者决策和购买行为。在其他因素差不多的情况下，个人因素有时起到重要的作用。

三、产业购买者决策过程

供货企业的最高管理层和市场营销人员要了解其顾客购买决策过程的各个阶段的情况，并采取适当措施，满足顾客在各个阶段的需要，才能成为现实的卖主。产业购买者购买过程的阶段多少，取决于产业购买者的行为类型的复杂程度。

在直接重构这种简单的行为类型下，产业购买者购买决策过程的阶段最少；在新购情况下，购买决策过程的阶段最多，通常要经历8个阶段（见表8-2）。

表8-2

购买阶段	购买类型		
	新购	修正类型	直接重构
1. 认识需要	是	可能	否
2. 确定需要	是	可能	否
3. 说明需要	是	是	是
4. 物色供应商	是	可能	否
5. 征求供应商建议书	是	可能	否
6. 选择供应商	是	可能	否
7. 签订合约	是	可能	否
8. 绩效评价	是	是	是

1. 认识需要

产业购买过程是从企业的某种人员认识到要购买某种产品以满足企业的某种需要开始的。认识需要是由两种刺激引起的：

（1）内部刺激。即导致对产品需要的企业内部因素。例如，企业最高管理层决定推出某种新产品，因而需要采购生产这种新产品的新设备和原料；有些机器发生故障或者损坏，需要购置零件或者新机器等。

（2）外部刺激。即导致对产品需要的企业外部因素。例如，采购人员看广告或者参加展销会等，发现了更物美价廉的其他公司的产品。

2. 确定需要

确定需要，也就是确定所需要品种的特征和数量，标准品可以由采购人员独立决定。至于复杂品种，采购人员要和使用者、工程师等共同研究，确定所需品种的特征和数量。供货企业的市场营销人员在此阶段要展开营销攻势，帮助采购中心的采购人员对本企业的产品产生兴趣。

3. 说明需要

企业的采购部门确定需要以后，要指导专家小组对所需品种进行价值分析，作出详细的技术说明，作为采购人员采购的标准。价值分析是美国通用电器公司采购经理迈尔斯的技术发明。

4. 物色供应商

特别在新购买情况下，采购复杂的、价值高的品种，需要花较多时间物色供应商。供应企业要加强广告宣传，提高本公司的知名度和美誉度。

5. 征求供应商建议书

征求供应商建议书即企业的采购部门邀请合格的供应商提出供应建议。如果采购复杂的、价值高的品种，采购经理应要求每个潜在的供应商都提交详细的书面建议。采购经理还要从合格的供应商中挑选最合格的，要求他们提出正式的建议书，因此，供应企业的市场营销人员必须善于提出与众不同的建议书，以争取顾客的信任，取得订单。

6. 选择供应商

采购中心根据供应商产品质量、产品价格、信誉、及时交货能力、技术服务等来评价供应商，以选择最有吸引力的供应商。采购中心作最后决定以前，也许还需要和那些较中意的供应商谈判，争取较低的价格和更好的条件。最后，采购中心选定一个或者几个供应商。西方国家许多精明的采购经理一般都宁愿有多条供应来源，以免受制于人，而且，这样能够对各个供应商进行比较。如向第一位供应商采购所需原料的50%，分别向其他供应商采购所需原料的30%和20%，这样可以使这几个供应商展开竞争，从而迫使他们利用价格折扣，或者其他优惠条件来满足购买者的要求。

7. 签订合约

即采购经理开订货单给选定的供应商，在订单上列举技术说明、需要数量、交货期限等。现在西方企业日趋采用"一揽子合同"，而不采取"定期采购交货"。这是因为，如果采购次数较少，每次订购批量较大，库存就会增加；反之，如果采购次数较多，库存就会较少。采购经理通过"一揽子合同"，建立起长期供货关系，让供应商承诺采购经理需要订货时即按照原来约定的价格条件随时供货。这样，库存就摆在供货企业（卖方）那里。采购单位（买方）如果需要进货，采购经理就会直接发订货单给供应商，而不需要重新签订合约，供应商也会随时按条件供货。

8. 绩效评价

即采购经理向使用者征求意见，了解他们对产品是否满意，检查和评价各个供应商履行合同的情况，以便更好地为客户服务，维护供货关系。

第三节　中间商的主要购买决策

中间商的主要购买决策包括配合决策、供应商组合决策和供货条件决策。配合决策是指决定拟经营的花色品种，即中间商的产品组合。供应商组合决策是指决定拟与之从事交换活动的各有关供应商。供货条件决策是指决定具体采购时所要求的价格、交货期、相关服务及其他交易条件。

在以上所说决策中，最基本、最重要的购买决策是配合决策，因为中间商经营的货色会影响到从哪家供应商进货，即中间商的供应商组合影响到中间商的市场营销组合和顾客组合。中间商的配货战略主要分4种。

一、独家配货

即中间商决定只经营某一家制造商的产品。

二、专深配货

即中间商决定经营许多家制造商生产的各类型号规格的同类产品。

三、广泛配货

即中间商决定经营种类繁多、范围广泛但尚未超出行业界限的产品。

四、杂乱配货

即中间商决定经营范围广泛且没有关联的多种产品。

第四节 政府与非营利组织购买决策

社会组织被区分为三大类，即政府组织、营利组织和非营利组织。就是现在社会"三元结构"。前面讨论了两大类营利企业的购买行为，下面简单分析政府与非营利组织的购买行为。

一、政府及政府的界限

政府市场是指那些为执行政府的主要职能而采购或者租用商品的各级政府机构需求的总和。也就是说，一个国家政府市场上的购买者是该国各级政府的采购机构。由于各国政府通过税收、财政预算等掌握了相当大一部分国民收入，为了开展日常政务，政府机构要经常采购物资和服务，因而形成了一个很大的市场。确切地讲，政府机构是市场活动的最大买主，一般占有20%～30%的份额。

非营利组织是指在公众支持下，为实现公共目标而存在的组织，包括学校、慈善机构、宗教机构、各种学会与协会、民间俱乐部以及许多其他组织。具体来说，非营利组织就是除了营利机构和政府机构以外的一切组织的总称。在美国，非营利组织既包括税法中列举的所有非营利组织，也包括各类政治组织。在我国，非营利组织包括事业单位和社会团体。非营利组织市场即指那些为执行非营利组织的主要职能而采购或租用商品的需求的总和。

近年来，为了加强对政府采购的管理，提高财政性资金的使用效率，促进公开交易，我国一些国家机关、事业单位和其他社会组织使用财政性资金采购物资或服务的行为开始受到法律的约束和规范，不少省市已陆续颁布采购条例。研究政府采购行为，对于满足政府市场需求、扩大企业销售收入具有重要的意义。

由于非营利组织的采购与政府采购具有极大的积极性，有的地方甚至直接将非营利组织的采购纳入政府采购的范畴，所以下面主要结合我国政府采购法，介绍政府采购的原则、政府采购的方式以及政府招标采购程序等有关问题，以便供应商因地制宜，有针对性地采取营销对策。

二、政府采购的基本概念与原则

（一）政府采购的基本概念

政府采购，是指各级国家机关、事业单位和团队组织，使用财政性资金采购依法制定的集中采购目录以内的或者采购限额标准以上的货物、工程和服务的行为。

政府采购当事人是指在政府采购活动中享有权利和承担义务的各类主体，包括采购人、采购代理机构、供应商等。采购人是指依法进行政府采购的国家机关、事业单位、团体组织。采购代理机构，是指政府设立的集中采购机构和经认定资格的采购代理机构。经认定的资格的采购代理机构是指经政府认定资格的，从事政府采购货物、工程和服务采购代理业务的社会中介机构。供应商是指向采购人提供货物、工程或者服务的法人、其他组织或者自然人。供应商参加政府采购活动应当具备下列条件：

1. 具有独立承担民事责任的能力；
2. 具有良好的商业信誉和健全的财务会计制度；
3. 具有履行合同所必需的设备和专业技术能力；
4. 有依法缴纳税收和社会保障的良好记录；
5. 参加政府采购活动前3年内，在经营活动中没有重大违法记录；
6. 法律、行政法规规定的其他条件。

采购人可以根据采购项目的特殊要求，规定供应商的特定条件，但不得以不合理的条件对供应商实行差别待遇或者歧视待遇。

（二）政府采购的基本原则

政府采购应当遵循公开透明、公平竞争、公正原则和诚实信用原则。

政府采购当事人不得相互串通损害国家利益、社会公共利益和其他当事人的合法权益，不得以任何手段排斥其他供应商参与竞争。采购代理机构不得以向采购人行贿或者采取其他不正当手段谋取非法利益。供应商不得以向采购人、采购代理机构、评标委员会的组成人员、竞争性谈判小组的组成人员、询价小组的组成人员行贿或者采取其他不正当手段谋取中标或者成交。

（三）政府采购主要方式

1. 公开招标

公开招标是政府采购的主要采购方式。采购人不得将应当以公开招标方式采购的货物或者服务化整为零或者以其他任何方式规避公开招标采购。

2. 邀请招标

采用邀请招标方式采取货物或者服务的情形包括：具有特殊性，只能从有限范围的供应商处采购的；采用公开招标方式的费用占政府采购项目总价值的比例过大的。

3. 竞争性谈判

采用竞争性谈判方式采购货物或者服务的情形包括：招标后没有供应商投标或者没有合格标的或者重新招标未能成立的；技术复杂或者性质特殊，不能确定详细规格或者具体要求的；采用招标所需时间不能满足用户紧急需要的；不能事先计算出价格总额的。

4. 单一来源方式采购

采用单一来源方式采购货物或者服务的情形包括：只能从唯一供应商处采购的；发生了不可预见的紧急情况不能从其他供应商处采购的；必须保证原有采购项目一致性或者服务配套的要求，需要继续从原供应商处添购，且添购资金总额不超过原合同采购金额10%的。采取单一来源方式采购的，采购人与供应商应当遵循规定的原则，在保证采购项目质量和双方商定合理价格的基础上进行采购。

5. 询价

采购的货物规格与标准统一、现货货源充足且价格变化幅度小的政府采购项目，可以采用询价方式采购。

在上述5种采购方式以外，还可以有政府采购监督管理部门认定的其他采购方式。

（四）政府招标采购程序

1. 组织招标

货物和服务项目实行公开招标方式采购的，自招标文件开始发出之日起至投标人提交投标文件截止之日止，不得少于20日。公开招标的，招标机构应在投标截止日之前发布招标公告。招标公告应包括如下内容：招标项目的名称、数量；供应人的资格；招标文件的发放办法和时间；投标的时间和地点。

在招标采购中，出现系列情形之一的，应予废标：

（1）符合专业条件的供应商或者对招标文件作实质响应的供应商不足3家的。

（2）出现影响采购公正的违法、违规行为。

（3）投标人的报价均超过了采购预算，采购人不能支付的。

（4）因重大变故，采购任务被取消的。废标后，采购人应当将废标理由通知所有投标人。废标后，除采购任务取消情形外，应当重新组织招标。

2. 开标、评标与现场竞标

（1）招标

招标机构应当在投标截止日后以公开方式开标。开标时，招标机构应当邀请评标委员会成员、供应人代表和有关单位代表参加。评标由评标委员会负责，评标委员会由采购人、招标机构的代表和技术、经济和法律等方面的专家组成，总人数为5人以上的单数，其中专家评委应占有一定的比例。与供应商有利害关系的人不得作为评标委员会成员。评标委员会成员应当严格遵守评标规则，依法公正地履行职责，依据招标文件的要求对投标文件进行评审和比较，在满足招标文件各项要求的情况下，以低于标底的最低投标价者中标。最低投标价者为二人以上的，抽签决定中标者。技术上有特殊要求的采购项目，或者以确定供应商资格为对象的招标，经采购主管部门统一考虑，除考虑投标价格以外，可以综合考虑其品质、性能和供应商的服务质量、经营业绩等情况，最终确定中标者。

（2）招标无效情况

根据我国有关招标投标的规定和招标投标活动的一般原则，投标方所投标书，如具有下列情况之一的，应属无效：

①投标方不具备投标资格；

②投标书没有报价；

③投标书未密封；

④投标书未加盖单位公章及法定代表人未签字；

⑤投标书未按规定的格式、内容和要求填写；

⑥投标书书写潦草，字迹模糊不清难以辨认；

⑦在一个招标项目中，投标方投报两个或多个标书，或有两个或多个报价，又未书面声明哪一个有效；

⑧其他不符合招标文件要求的情况。主要是未按招标文件的要求提交投标保函或担保

文件。

（3）评标定标阶段

公证人员应查验评标组织成员的资格，核实其身份。对与投标方有利害关系的评标组织成员，应让其回避。监督标底的开启，公布标底。监督评标委员会按照招标文件规定的原则、标准、程序和方法进行评标、定标。检查定标结果是否与评标定标记录一致，并监督评标委员会成员在评标定标记录和定标决议上签字。在评标定标活动结束时，对符合规定的程序、原则、方法的评标定标活动和定标结果，当场宣读评标定标公证词。现场监督是整个招标投标公证活动中一项最主要、最复杂的工作内容，其成败、优劣直接关系到公证工作在招标投标活动中作用的发挥，关系到招标投标活动能否按照公平竞争、择优中标的原则进行，也将影响到招标投标活动的成败。因此，公证人员在现场监督过种中，必须以高度负责的精神，严格执行国家有关的法律、政策和招标文件的规定，坚持公正的立场，认真做好每一项工作。

（4）公证员主持招投标

公证人员参加招标投标活动是以国家公证人员的身份对招标投标活动进行监督，是监督者而不是招标投标活动的主持人，也不是招标投标活动的当事人。因此，公证人员必须切实把握住这个监督者的身份，既不能越俎代疱，也不能撒手不管，当旁观者，如公证人员必须出席评标定标会议，对评标定标活动进行监督，但公证人员不能担任评标委员会委员。公证人员必须始终参加招标投标活动的全过程，不能以各种理由不出席，而让当事人代劳，公证人员对整个现场监督活动都应认真制作记录，并存档，特别是对现场监督过程中发现的问题、提出的建议、当事人的解答、采取的措施、对投标箱、标书、投标方的资格审查的结果、发表的现场公证词等更要做出完整、准确的记录。公证人员应认真行使监督职权，如发现招标投标活动中出现违反国家有关法律、政策或招标文件的行为时，应立即予以指出，令其纠正。

（5）签订采购合同与支付价款

招标活动结束后，采购人和中标人应当按照《中标通知书》指定的时间、地点，并根据招标文件和中标的投标文件签订采购合同。签订采购合同后，资金来源属预算内资金的，采购人凭采购合同及财政部门要求的其他材料到财政部门办理付款手续，由财政部门根据采购合同的规定向供应商直接支付价款；属预算外资金和事业收入的，由资金管理部门向供应商支付价款。

采购合同样本

编号：×××

卖方：×××

买方：×××

签订地点：×××

一、根据《中华人民共和国合同法》，经买卖双方协商，签订本合同

序号、使用单位、品名品牌、型号规格、产地、保修期、单价（元）、数量（套）采购金额（元）

1

2

3

……

合计：

二、供应设备

（略）

三、质量与检验

1. 卖方须准时提供全新的、包装完美无破损的、备件齐全的、完全符合国家的有关质量标准的设备。

2. 设备验收包括：数量、外观质量、备件备品、装箱单、技术参数资料（中文）、设备安装调试运行良好。

3. 设备应钉有铭牌（包括制造商、设备名称、型号规格、出厂日期等）并附有产品质量检验合格标志。

四、交货及验收

1. 合同签订后，卖方免费送货至买方的使用单位（名称、地址、电话）。

2. 在货到后3天内，卖方免费完成设备安装调试工作。

3. 设备验收：使用单位按国家规定的标准或厂方出厂标准验收，确认设备运行良好，并在验收报告上签字盖章。

4. 设备出现质量问题，卖方负责免费"三包"，7天包退、15天包换和不少于1年的保修。如果每件设备一年内出现三次质量故障，同类设备总货量一年内出现质量故障超过15%的，应包换。

五、付款方式

1. 卖方提交合同、验收报告、发票复印件（加盖采购单位公章）和拨款凭证复印件×××政府采购中心。

2. ×××付款中心15天内用转账方式支付货款。

六、售后服务

1. 卖方提供的免费上门保修服务，自验收报告签字之日起计算。

2. 保修期内设备出现故障，属于产品质量问题，由卖方负责维修，不再收取费用；属于人为造成的，卖方提供服务，但须收取材料费。

3. 故障报修的响应时间：工作时间8：00—18：00期间为4小时，非工作时间为16小时（保修电话、地址）。

4. 设备故障在检修8小时后仍无法排除，卖方应在24小时内提供不低于故障设备规格型号档次的备用设备使用，直至故障修复。

5. 保修服务方式，即由卖方免费派员到使用单位现场维修。

七、培训

1. 卖方免费向使用单位提供设备的基本使用的培训。

2. 培训时间由使用单位安排进行1~2次集中的培训。

八、违约责任

1. 买方无正当理由拒收设备、拒付设备款的，向卖方赔付货款总值的百分之五违约金。

2. 买方逾期支付设备款的，向卖方赔付欠款百分之五。

3. 卖方所交的设备品种、型号、规格不符合合同规定的，买方有权拒收设备，卖方赔付货款总值百分之五的违约金。

4. 卖方不能交付设备的，向买方赔付货款总值百分之五的违约金。

5. 卖方逾期交付设备，向买方赔付逾期交货部分货款总额的百分之五。逾期交付超过十天，买方有权终止合同。

九、争议及仲裁

1. 因设备的质量问题发生争议，由广州市技术监督局或其指定的质量鉴定单位进行质量鉴定。设备符合质量标准的，鉴定费由买方承担；设备不符合质量标准的，鉴定费由卖方承担。

2. 因本合同引起的争议，双方应协商解决，也可以向合同签订所在地人民法院提出诉讼。

十、本合同一式三份，买卖双方和海珠区政府采购中心各 1 份，自双方签字盖章之日起生效

卖方：	买方：
地址：	地址：
法人代表：	法人代表：
委托代理人：	委托代理人：
电话：	电话：
传真：	传真：
邮政编码：	邮政编码：
开户银行：	开户银行：
账号：	账号：
年 月 日	年 月 日

3. 合同管理制度

注意：签订采购合同后，资金来源属于预算内资金的，采购人凭采购合同及财政部门要求的其他材料到财政部门办理付款手续，由财政部门根据采购合同的规定向供应人直接支付价款；属于预算外资金和事业收入的，由资金管理部门向供应人支付价款。

4. 监督检查

采购主管部门应当加强对政府采购的监督，定期对政府采购进行检查。检查内容如下：

（1）采购活动是否依据采购计划进行；

（2）采购项目是否符合政府规定；

（3）采购方式和程序是否符合法律规定；

(4) 采购合同的履行情况;
(5) 其他应当检查的内容。

5. 验收与检查

采购人或者其委托的采购代理机构应当组织对供应商履约的验收。大型或者复杂的政府采购项目,应当邀请国家认可的质量检测机构参加验收工作。验收方成员应当在验收书上签字,并承担相应的法律责任。采购人、采购代理机构对政府采购项目每项采购活动的采购文件应当妥善保存,不得伪造、变造、隐匿或者销毁。采购文件的保存期限为从采购结束之日起至少保存15年。采购文件包括采购活动记录、采购预算、招标文件、投标文件、评标标准、评估报告、定标文件、合同文本、验收证明、质疑答复、投标处理决定及其他有关文件、资料。政府采购监督管理部门应当加强对政府采购活动及集中采购机构的监督检查。

(五) 公开招标和邀请招标的区别

这两种方式的区别主要在于:

(1) 发布信息的方式不同。公开招标采用公告的形式发布,邀请招标采用投标邀请书的形式发布。

(2) 选择的范围不同。公开招标因使用招标公告的形式,针对的是一切潜在的对招标项目感兴趣的法人或其他组织,招标人事先不知道投标人的数量;邀请招标针对已经了解的法人或其他组织,而且事先已经知道投标者的数量。

(3) 竞争的范围不同。由于公开招标使所有符合条件的法人或其他组织都有机会参加投标,竞争的范围较广,竞争性体现得也比较充分,招标人拥有绝对的选择余地,容易获得最佳招标效果;邀请招标中投标人的数目有限,竞争的范围有限,招标人拥有的选择余地相对较小,有可能提高中标的合同价,也有可能将某些在技术上或报价上更有竞争力的承包商漏掉。

(4) 公开的程度不同。公开招标中,所有的活动都必须严格按照预先制定并为大家所知的程序和标准公开进行,大大减少了作弊的可能;相比而言,邀请招标的公开程度逊色一些,产生不法行为的机会也就多一些。

(5) 时间和费用不同。由于邀请招标不发公告,招标文件只送几家,使整个招投标的时间大大缩短,招标费用也相应减少。公开招标的程序比较复杂,从发布公告,投标人作出反应,评标,到签订合同,有许多时间上的要求,要准备许多文件,因而耗时较长,费用也比较高。

案例分析

政府采购方式变更引发的合同纠纷

上海太阳膜结构有限公司对北京市首都公路发展集团有限公司和华杰工程咨询有限公司提起诉讼,要求二被告连带赔偿因缔约过失给原告造成的直接经济损失18万余元。北京市朝阳区人民法院受理了此案。

原告上海太阳膜结构有限公司诉称,2007年6月8日,首都公路发展集团有限公司决定通过公开招标的方式,对"首都机场南线收费站收费大棚索膜结构工程施工"项目进行采购。采购金额为1300万元人民币。采购人及其委托代理人发出投标供应商资格预审公告后,原告顺利通过资格预审,应邀参加投标,并且按照第一被告发出的投标邀请书的指示,以1000元的价格向第二被告购买了招标采购项目的招标文件。招标文件写明,投标文件递交的截止日期是2007年7月14日10时,采购人将于同一时间举行公开招标的开标仪式。

原告为竞标,先后聘请了数位国外工程技术方面的专家和国内膜结构方面的资深人士对招标项目的采购项目进行论证。但是,2007年7月23日原告收到了被告发出的竞争性谈判采购方式的邀请函,内容是:截至招标文件规定的提交时间,仅有两家投标供应商提交了投标文件,造成本次公开招标项目流标,经协商,将公开招标项目改为竞争性谈判的采购方式。原告认为,被告方在招投标过程中的做法严重违法了法定招投标程序,触犯了《政府采购法》的强制性规定,违反了公平、公正、诚实、信用的招投标原则,严重侵害了原告方的利益,给原告带来巨大的经济损失。

被告庭前答辩认为,最终确定竞争性谈判的采购方式是因为供应商不足引起的流标而导致的,而且采购人不属于《政府采购法》所规定的主体范围,不能适用《政府采购法》的相关规定。原告未能在规定的时间里参加竞争性谈判,被告方最终选定了另一公司作为供应商,没有违反任何法定程序,无须承担赔偿责任。

综合练习

一、选择题

(一) 单项选择题（每题仅有一个最恰当的答案）

1. 引导性提问容易使被调查者不产生（　　）反应，从而按着提示做出回答或选择。
   (A) 逆反　　　　　　(B) 思考　　　　　　(C) 抵抗　　　　　　(D) 顺应

2. 下列封闭式问句的提问方法属于（　　）。"在未来一年内，你是否准备买车？a. 是 b. 否"
   (A) 二项选择法　　(B) 多项选择法　　(C) 程度尺度法　　(D) 顺序选择法

3. 实际消费或使用产品或服务的人是（　　）。
   (A) 购买者　　　　(B) 影响者　　　　(C) 决策者　　　　(D) 使用者

4. 某消费者在购买产品时，所拥有的商品信息主要是通过电视广告来获取的，则该消费者收集信息的来源属于（　　）。
   (A) 个人来源　　　(B) 商业来源　　　(C) 大众来源　　　(D) 经验来源

5. 企业最高管理层决定推出某种新产品，因而需要采购生产这种新产品的新设备和原料，这种认识需要由（　　）引起的。
   (A) 内部刺激　　　(B) 直接刺激　　　(C) 间接刺激　　　(D) 外部刺激

6. 采购人员看广告或参加展销会等，发现了更物美价廉的其他公司的产品，这种认识需要由（　　）引起的。
   (A) 内部刺激　　　(B) 直接刺激　　　(C) 间接刺激　　　(D) 外部刺激

7. 下列公式正确的是（　　）。（F 为功能，C 为成本或费用）
   (A) V（价值）= C/F　　　　　(B) F = C/N（价值）
   (C) V（价值）= F/C　　　　　(D) C = F/V（价值）

8. 中间商决定只经营某一家制造商的产品，这属于（　　）决策。
   (A) 独家配货　　　(B) 广泛配货　　　(C) 专深配货　　　(D) 杂乱配货

9. 中间商决定经营许多家制造商生产的同类产品的各种型号规格，这属于（　　）决策。
   (A) 独家配货　　　(B) 广泛配货　　　(C) 专深配货　　　(D) 杂乱配货

10. 中间商决定经营种类繁多、范围广泛但尚未超出行业界限的产品，这属于（　　）

— 220 —

决策。

(A) 独家配货　　(B) 广泛配货　　(C) 专深配货　　(D) 杂乱配货

11. 中间商决定经营范围广泛且没有关联的多种产品，这属于（　）决策。

(A) 独家配货　　(B) 广泛配货　　(C) 专深配货　　(D) 杂乱配货

12. 在影响产业购买者作购买决策的一系列因素中，一个国家的经济前景、市场竞争、政治法律等情况属于（　）。

(A) 环境因素　　(B) 人际因素　　(C) 个人因素　　(D) 组织因素

13. 在影响产业购买者作出购买决策的一系列因素中，企业的目标、政策、步骤、组织结构、系统等属于（　）。

(A) 环境因素　　(B) 人际因素　　(C) 个人因素　　(D) 组织因素

14. 在影响产业购买者作出购买决策的一系列因素中，使用者、影响者、采购者、决定者和信息控制者等属于（　）。

(A) 环境因素　　(B) 人际因素　　(C) 个人因素　　(D) 组织因素

15. 在影响产业购买者作出购买决策的一系列因素中，各个参与者的年龄、受教育程度、个性等属于（　）。

(A) 环境因素　　(B) 人际因素　　(C) 个人因素　　(D) 组织因素

16. 具体使用欲购买的某种产业用品的人员是企业组织中的（　）。

(A) 影响者　　(B) 信息控制者　　(C) 决策着　　(D) 使用者

17. 会计、统计、计划部门的统计数字、报表、原始凭证、会计账目、分析总结报告等属于（　）。

(A) 企业职能管理部门提供的资料　　(B) 竞争对手提供的资料

(C) 其他各类记录　　(D) 企业经营机构提供的资料

18. 进货统计、销售报告、库存动态记录、合同签订执行情况、广告宣传效果意见反映等属于（　）。

(A) 企业职能管理部门提供的资料　　(B) 竞争对手提供的资料

(C) 其他各类记录　　(D) 企业经营机构提供的资料

19. 企业领导决策层的各种规划方案、企业自己做的专门审计报表，以及以前的调查、报告等属于（　）。

(A) 企业职能管理部门提供的资料　　(B) 竞争对手提供的资料

(C) 其他各类记录　　(D) 企业经营机构提供的资料

20. 政府机构及经济管理部门的有关方针、政策、法令、经济公报、统计公报是（ ）
（A）内部资料来源　　　　　　（B）电子资料来源
（C）直接资料来源　　　　　　（D）外部资料来源

21. 对是否买、为何买、如何买、何处买等购买决策作出完全或部分最后决定的人是（ ）。
（A）购买者　　　（B）影响者　　　（C）决策者　　　（D）发起者

（二）多项选择题（每题有两个或两个以上正确答案）

1. 下列商业信息中，属于大众来源的有（ ）。
（A）大众传媒　　　（B）消费评估组织　　　（C）邻居　　　（D）家人

2. 在购买决策的过程中，他人态度的影响力取决于（ ）。
（A）他人否定态度的强度　　　（B）他人与消费者的关系
（C）他人的专业水平　　　　　（D）他人的经验

3. 产业购买者作购买决策时受（ ）等一系列因素的影响。
（A）环境　　　（B）组织　　　（C）人际　　　（D）个人

4. 消费者认识需要是由（ ）引起的。
（A）内部刺激　　　（B）正面刺激　　　（C）负面刺激　　　（D）外部刺激

5. 中间商的主要购买决策包括（ ）。
（A）配货决策　　　（B）供应商组合决策　　　（C）供货条件决策　　　（D）库存决策

6. 中间商的配货战略主要有（ ）。
（A）独家配货　　　（B）专深配货　　　（C）广泛配货　　　（D）杂乱配货

7. 政府采购可以采用（ ）等方式实现。
（A）招标　　　（B）竞争性谈判　　　（C）邀请报价　　　（D）采购卡

二、简答题

1. 政府采购可以通过哪些方式实现？
2. 投标招标有哪些主要步骤？

第九章 商务洽谈

第一节 市场谈判攻略

本节主要学习内容
■市场让步策略原则
■主要的谈判让步方式
■阻止对方进攻的策略

让步策略是指在商业谈判中双方或多方就某一个利益问题争执不下时,为了促成谈判成功,一方或多方采用的放弃部分利益为代价的谈判策略。主要用于解决一些棘手的利益冲突问题,例如,房东与承租人之间的房租问题;在国际贸易中的交货期长短问题;最终的价格条款的谈判问题等,恰当地运用让步策略是非常有效的工具。

一、让步的基本规则

1. 以小换大。为了达到这一目的,要事先充分准备在哪些问题上与对方讨价还价、在哪些方面可以做出让步、让步的幅度有多少,不要做无谓的让步,应体现出对己方有利的宗旨。每次让步或是以牺牲眼前利益换取长远利益,或是以己方让步换取对方更大的让步和优惠。

2. 慎重让步。在未完全了解对方的所有要求以前,不要轻易做任何让步。盲目让步会影响双方的实力对比，让对方占有某种优势，甚至对方会得寸进尺，让步要让在刀口上，让得恰到好处，能使己方以较小的让步获得对方较大的满意。

3. 分清轻重缓急。在己方认为重要的问题上力求使对方先让步，而在较为次要的问题上，根据情况需要，己方可以考虑先做让步；己方的让步形态不要表现得太清楚。每个让步都应该指向可能达成的协定，可是不能让对方看出己方的目标所在；不要做交换式的让步。

4. 后发让步。在准备让步时，尽量让对方开口提出条件，表明其要求，先隐藏自己的观点、想法；一次让步的幅度不宜过大，节奏也不宜太快，但也必须足够，应做到步步为营；没有得到某个交换条件，永远不要轻易让步。不要免费让步，或是未经重大讨论就让步。如果你得不到一顿晚餐，就得一个三明治。如果你得不到一个三明治，就得一个许诺。

5. 敢于说"不"。不要不敢说"不"。大多数人都不敢说"不"，只要你重复说，对方就会想你说的是真的，要坚持立场；让步的目标必须反复明确。让步不是目的，而是实现目的的手段。任何偏离目标的让步都是一种浪费。让步要定量化，每次让步后，都要明确让步已到何种程度、是否获得了预想的效果；不要执着于某个问题的让步。整个合同比各个问题更重要。要向对方阐明：各个问题上所有的让步要视整个合同是否令人满意；在接受对方让步时要心安理得。不要一接受对方让步就不好意思，就有义务感、负债感，马上考虑是否做出什么让步给予回报。不然，你争取得到的让步就没有什么意义了。

二、常见的八种让步策略

（一）第一种让步策略

这是一种在让步的最后阶段一步让出全部可让利益的让步方法。该策略给对方的感觉是一直没有什么妥协的希望，因此也有人称之为坚定的让步策略。如果买方是一个意志比较软弱的人，当卖主采用此策略时，买主可能早就放弃讨价还价了，因而得不到利益；如果买主是一个意志坚强、坚持不懈、不达目的不罢休的人，那么买主只要不断地迫使对方让步，即可达到目的，获得利益。这种策略在运用时，买卖双方往往都要冒着形成僵局的危险和可能。

1. 特点：最后时刻一步到位。
2. 优点
(1) 传达己方坚定信念；
(2) 让对方有险胜感；
(3) 留下出手大方的好印象。

3. 缺点：风险性较大。

4. 适用情况：投资少、依赖性差。

（二）第二种让步策略

这是一种一次性让步的策略，即一开始就拿出全部可让利益的策略。

1. 特点：一开始拿出全部让利；态度诚恳、务实、坚定、坦率。

2. 优点：容易促成和局；给对方以合作感、信任感；有利于获取长远利益；降低洽谈成本。

3. 缺点：提高买主期望值；减小获取利益的机会；造成僵局。

4. 适用情况：己方处于劣势或双方关系较友好。

（三）第三种让步策略

这是一种等额地让出可让利益的让步策略。此种方法只要遇到耐心等待的买主，就会不断鼓励买主期待进一步的让步。

1. 特点：等额让利；态度谨慎，步子稳健，富有商人气息。

2. 优点：不易被买主占便宜；利益均沾；易占上风。

3. 缺点：易生厌倦感；提高谈判成本；传递负面信息。

4. 适用情况：商务洽谈中极为普遍。

（四）第四种让步策略

这是一种先高后低，然后又拔高的让步策略。

1. 特点：先高后低，然后又拔高；比较机智、灵活、富有变化。

2. 优点：传递可合作信息；洽谈氛围富有活力；获取较大利益。

3. 缺点：得寸进尺；不利于友好合作关系；留下不好印象。

4. 适用情况：洽谈高手使用。

（五）第五种让步策略

这是一种从高到低的，然后又微高的让步策略。这种让步策略往往可以显示出卖主的立场越来越坚定，表示着卖主愿意妥协，但是防卫严密，不会轻易让步；也告示买主，可挤的东西越来越少了，到最后，以一个适中的让步结束洽谈。

1. 特点：从高到低，然后又微高；合作为首，竞争为辅，柔中带刚。

2. 优点：成功率高；易产生优胜感；易达成协议。

3. 缺点：加强进攻性；诚心不足。

4. 适用情况：以合作洽谈为主。

（六）第六种让步策略

这是一种由大到小、渐次下降的让步策略。即先让出较大的利益，然后再逐期减让，到最后一期让出较小的利益。

1. 特点：由大到小，渐次下降；自然，坦率，符合规律。
2. 优点：易为人所接受；有利于促成和局；不会产生失误；利益均沾。
3. 缺点：情绪不高；比较乏味。
4. 适用情况：适用于商务洽谈的提议方。

（七）第七种让步策略

这是一种开始时大幅度递减，但又出现反弹的让步策略。此种是在初期让出绝大部分可让的利益，以表示己方的诚意的一种技巧。

1. 特点：大幅度递减，又出现反弹；给人软弱、憨厚、老实感。
2. 优点：换得对方的回报较大；可能打消对方进一步让利的期望；收效不错；比较艺术的做法。
3. 缺点：变本加厉；导致僵局或败局。
4. 适用情况：处于不利境地，但又急于获得成功的洽谈。

（八）第八种让步策略

这是一种在起始两步全部让完可让利益，三期赔利相让，到四期再讨回赔利相让部分的洽谈策略。此种策略在洽谈中是最具有特殊性的一种让步策略，也是最富有戏剧性的一种策略。

1. 特点：戏剧性的策略；风格果断诡诈，具有冒险性。
2. 优点：起死回生；具有诱惑力；容易促成和局。
3. 缺点：强化对手议价能力；损害己方利益；风险性。
4. 适用情况：陷于僵局或危难性的洽谈。

影响使用哪种让步策略的因素：洽谈经验、洽谈方针和策略、期望何种反应。

三、阻止对方进攻的策略

商务洽谈中让步是必须的，没有适当的让步，洽谈就无法进行下去。但事实上，洽谈的任何一方都不可能一味地让步，因为这是根本不现实的，也是有害于己方利益的，因此，必须掌握一些能够阻止对方进攻的常规策略。

(一) 利用限制性因素

限制性因素是人们用以阻止对方进攻的上策，实可谓坚固的盾牌。常用的限制性因素主要有权利限制和资料限制，也有其他方面的一些限制性因素。

在商务洽谈过程中，如果碰到对方的有力进攻而又无法充分地予以反驳时，为了避免让步，保卫本方的利益，可以以受到某种客观因素或条件的制约而无法满足对方的要求为理由，拒绝对方的要求，从而使得这种客观因素对本方的限制，转变成为对对方进攻的限制，因而成为本方阻止对方进攻的上策。

1. 权利限制因素

就一般情况而言，参加商务洽谈的所有人员，其所拥有的权力都是有限的。这种权力的大小主要取决于3个方面：一是上司的授权；二是国家的法律和公司的政策；三是一些贸易惯例。其实，从某种意义上讲，一个在权力上受到限制的洽谈人员要比大权独揽、一个人即可拍案签约的洽谈人员处于更有利的地位。在商务洽谈中，受到限制的权力才是真正的权力。

在我方以权力限制为借口阻止对方进攻时，对方往往十分烦恼，因为这时他只有3种选择：一是根据我方权限来考虑停止进攻，接受这笔交易；二是既然我方不能满足他的要求，那就去找权力更大的上司来说吧；三是由于我方权力太小，因而只好中止洽谈而使交易宣告结束。

洽谈经验告诉我们，任何一位在洽谈桌上声明自己可以作出一切决定的洽谈者，都是不聪明、不理智的举动，是很危险的。因为这时如果对方指出确实而充分的理由要求其让步时，他的权力就只能使他接受让步，而无理由找借口来回绝了，这其实等于丢掉了自己的"保护伞"，是不可取的。

2. 资料限制因素

当对方要求我们就某一个问题进行进一步解释，或要求我方让步时，我们可以用抱歉的口气告诉对方：实在对不起，有关这个问题方面的详细资料我方手头暂时没有，或者没有备齐，或者这属于本公司的商业机密，概不透露，因此暂时还不能作出答复。

利用资料限制因素来阻止对方进攻的策略也不能经常使用，经验证明：使用的频率与效率是成反比的。

3. 其他方面的限制因素

除了常用的权利限制和资料限制以外，人们还常用自然环境、人力资源、生产技术要求、时间因素等来作为阻止对方进攻的工具，在运用得当的时候，效果也非常不错。

（二）以攻对攻

洽谈实践告诉我们：只靠防守是不能有效地阻止对方的进攻的，因此，有时还需要以进攻来对付对方的进攻，从而达到阻止对方进攻的目的。

运用以攻对攻的策略来阻止对方进攻的基本做法是：当对方就某一个问题逼我方让步时，我们可以将这个问题与其他问题联系在一起加以考虑，在其他问题上要求对方作出让步，从而达到以攻对攻的效果。

第二节 控制回避市场风险

本节主要内容
■商务活动中风险分析
■预测和控制商务风险
■回避商务风险
■驾驭谈判进程

一、商务活动中风险分析

商务活动进行过程中以及商务洽谈活动当中，都实实在在地存在着商务风险。我们一是要努力寻找增加双方共同收益，共同减少风险的途径；二是要虚心学习，谨慎从事，尽可能避免由于商务活动经验不足、自身企业机制不够完善等原因所带来的风险；三是要提高警惕，提倡公平合理地分担风险，增强防范某些国内外客商趁机转嫁风险的意识，最终使风险能降到最低程度。

（一）商务活动中的非人员风险

非人员风险包括政治风险、市场性风险等。

1. 政治性风险

经济作为社会生活的基础，它决定着政治格局，而政治反过来又推动或抑制着经济的发展，古往今来，两者之间的这种辩证关系不断反映在国际政治、经济生活之中。

2. 市场性风险

国际市场上各种因素的交互变化，不可避免地给市场参与者带来各种损益的可能性。其风险主要来源于由整体政治、经济、社会等环境因素对证券价格所造成的影响。系统性风险包括政策风险、经济周期性波动风险、利率风险、购买力风险、汇率风险等。这种风险不能通过分散投资加以消除，因此又被称为不可分散风险。

（1）汇率风险。汇率风险是指在较长的付款期限内，由于汇率变动而造成结汇损失的风险。

（2）利率风险。利率是金融市场的杠杆。利率的变动制约着资金的供给与需求的方向和数量。所谓利率风险是指国际金融市场上，由于各种商业贷款利率的变动而可能给当事人带来损益的风险。

（3）价格风险。这里所指的价格风险是从狭义的角度来理解的。它撇开了作为外汇价格的汇率和作为资金价格的利率的风险问题。而且，它主要是对于投资规模较大，延续时间较长的项目而言的。

（二）商务活动中的人员风险

在商务活动中，人员风险主要有素质性风险、技术性风险等。

1. 素质性风险

人员素质性风险主要表现为以下几个方面：

（1）有些谈判人员在谈判中表现出急躁情绪；

（2）有些谈判人员不敢担负责任；

（3）有些谈判人员刚愎自用，自我表现欲望过强；

（4）有些谈判人员缺乏必要的知识，又没有充分地调查与研究，也没有虚心地向专家请教，因此也会带来风险。

2. 技术性风险

商务谈判中技术性风险所反映的内容很多。比如技术项目本身的风险、过分奢求引起的风险、合作伙伴选择不当引起的风险等。总之，技术性风险主要就是技术项目本身和谈判中技术操作不当而可能带来的风险。

（1）技术上过分奢求引起的风险。

（2）由于合作伙伴选择不当引起的风险。实践证明，只有选择了合适的伙伴，才有可能保证项目合作达到预定目的。特别是对于那些重要的、敏感的工程，我们更要寻找信誉良好、有实力的合作伙伴，而且为此承担稍高的合同价格也是完全值得的。相反，合作伙伴选择不当，不但会使项目在合作进程中出现一些难以预料甚至是难以逆转的困难，造成不可挽回的损失，而且在项目尚未确定之时，就有可能使我们蒙受机会成本的损失。

(3) 强迫性要求造成的风险。发展中国家在国际商务谈判中采取"强迫"的做法是与"过分奢求"的思想一脉相承的。事实上，当奢求的愿望变得愈加强烈，并且自恃有利地位逐步在态度上变得强硬起来时，"强迫"也就伴随而生了，与此同时，风险也就出现了。

二、预测和控制商务风险

所谓风险的回避并不意味着完全消灭风险，我们所要回避的是风险可能给我们商务活动所造成的损失。这一方面要降低这种损失发生的概率，即主要是指采取事先控制的措施；另一方面，降低损失程度，包括事先预测和事后补救两个方面的内容。

（一）纯粹风险和投机风险是共存的

商务风险不仅可以从宏观上区分为人员风险和非人员风险，同时还可以从微观上具体地区分为纯粹风险和投机风险两种，而且这两种风险往往是共存的。

纯粹风险包括损失或者充其量是收支相抵的情况。其后果只能对我们不利，或者让我们处于跟事件发生前一样的情况下。车祸、工厂的火灾、商场货物的偷窃或者是工伤，这些风险都是不能获利的纯粹风险。

与之相对的是投机风险，这种风险是有可能获利的。股票投资就是一个很好的例子。这种投资可能有损失或者可能收支相抵，但是投资的目的是获利。

纯粹风险是令人望而生畏的，投资风险具有诱人的特性。

（二）对风险的预测与控制

对商务风险预测于控制是商务活动的重要组成部分。风险预测是风险管理的重要组成部分，它是风险规避即控制的基础。任何风险事件的发生，都是在外界各种因素的综合作用下进行的。因此，需要在对风险事件进行预测中，需要综合考虑这些不确定的、随机的因素可能造成的破坏性影响。

通常人员风险大多数比较容易预测，也比较容易控制。而对于非人员风险的预见和控制往往难度比较大，因为其发生常会令人难以适从，只有采取事后补救的办法，但实际损失的绝大部分将是无可挽回的。

1. 预测

风险预测是指在工作之前对工作过程中以及工作结果可能出现的异常情况进行预测、制定对策从而预防事故发生的一种措施，目前有一种典型的观点即认为通过完善"五防"装置功能并且增加其强制性能避免误操作事故即完全从技术角度杜绝误操作事故。

["五防"通常是指为确保人身安全,对高压电气设备应具备五种防误功能的简称,是电力安全的重要措施之一。1. 防止误分、合断路器。2. 防止带负荷分、合隔离开关。3. 防止带电挂(合)接地线(接地开关)。4. 防止带地线送电。5. 防止误入带电间隔。变配电室的"五防"即防火、防水、防雷、防雪、防小动物。"一通"即保持通风良好。]

2. 控制

(1)定义

风险控制是指风险管理者采取各种措施和方法,消灭或减少风险事件发生的各种可能性,或风险控制者减少风险事件发生时造成的损失。

(2)内容

总会有些事情是不能控制的,风险总是存在的。作为管理者会采取各种措施减小风险事件发生的可能性,或者把可能的损失控制在一定的范围内,以避免在风险事件发生时带来难以承担的损失。风险控制的四种基本方法是:风险回避、损失控制、风险转移和风险保留。

三、回避商务风险

风险回避是投资主体有意识地放弃风险行为,完全避免特定的损失风险。简单的风险回避是一种最消极的风险处理办法,因为投资者在放弃风险行为的同时,往往也放弃了潜在的目标收益。所以一般只有在以下情况下才会采用这种方法:风险回避、损失控制、风险转移和风险保留。

1. 风险控制内容。包括:决策风险、项目可行性研究风险、决策体制风险、投资成本控制风险、投资体制风险、项目法人责任制风险、项目建设考核风险、项目建设后评估制度、投资前的风险控制措施、投资中的风险控制实施及风险发生后的补救措施、制定内部风险控制制度等方面。

2. 风险控制方法。风险控制的四种基本方法是:

(1)完全风险回避

所谓完全风险回避即通过放弃或者拒绝合作,停止业务活动来回避风险源。虽然潜在的风险或者不确定的损失就此回避了,但是,获得利益的机会就此丧失殆尽。

(2)风险损失控制

损失控制不是放弃风险,而是制订计划和采取措施降低损失的可能性或者是减少实际损失。控制的阶段包括事前、事中和事后三个阶段。事前控制的目的主要是降低损失的概率,事中和事后的控制主要是为了减少实际发生的损失。

(3) 风险转移

风险转移是指通过契约，将让渡人的风险转移给受让人承担的行为。通过风险转移过程有时可大大降低经济主体的风险程度。风险转移的主要形式是合同和保险。

①合同转移。通过签订合同，可以将部分或全部风险转移给一个或多个其他参与者。

②保险转移。保险是使用最为广泛的风险转移方式。

(4) 风险控制自留

风险自留，即风险承担。也就是说，如果损失发生，经济主体将以当时可利用的任何资金进行支付。风险保留包括无计划自留、有计划自我保险。

①无计划自留。指风险损失发生后从收入中支付，即不是在损失前做出资金安排。当经济主体没有意识到风险并认为损失不会发生时，或将意识到的与风险有关的最大可能损失显著低估时，就会采用无计划保留方式承担风险。一般来说，无计划自留应当谨慎使用，因为如果实际总损失远远大于预计损失，将引起资金周转困难。

②有计划自我保险。指可能的损失发生前，通过做出各种资金安排以确保损失出现后能及时获得资金以补偿损失。有计划自我保险主要通过建立风险预留基金的方式来实现。

3. 风险管理。风险管理是指如何在一个肯定有风险的环境里把风险减至最低的管理过程。

(1) 定义：风险管理是社会组织或者个人用以降低风险的消极结果的决策过程，通过风险识别、风险估测、风险评价，并在此基础上选择与优化组合各种风险管理技术，对风险实施有效控制和妥善处理风险所致损失，从而以最小的成本收获最大的安全保障。

风险管理（Risk Management）在降低风险的收益与成本之间进行权衡并决定采取何种措施的过程。确定减少的成本收益权衡方案（Trade－Off）和决定采取的行动计划（包括决定不采取任何行动）的过程称为风险管理。

①风险管理必须识别风险。风险识别是确定何种风险可能会对企业产生影响，最重要的是量化不确定性的程度和每个风险可能造成损失的程度。

②风险管理要着眼于风险控制，公司通常采用积极的措施来控制风险。通过降低其损失发生的概率，缩小其损失程度来达到控制目的。控制风险的最有效方法就是制定切实可行的应急方案，编制多个备选的方案，最大限度地对企业所面临的风险做好充分的准备。当风险发生后，按照预先的方案实施，可将损失控制在最低限度。

③风险管理要学会规避风险。在既定目标不变的情况下，改变方案的实施路径，从根本上消除特定的风险因素。例如设立现代激励机制、培训方案、做好人才备份工作等，可以降

低知识员工流失的风险。

（2）意义：有效地对各种风险进行管理有利于企业作出正确的决策、有利于保护企业资产的安全和完整、有利于实现企业的经营活动目标，对企业来说具有重要的意义。

（3）风险管理的目标：风险管理是一项有目的的管理活动，只有目标明确，才能起到有效的作用。否则，风险管理就会流于形式，没有实际意义，也无法评价其效果。风险管理的目标就是要以最小的成本获取最大的安全保障。因此，它不仅仅只是一个安全生产问题，还包括识别风险、评估风险和处理风险，涉及财务、安全、生产、设备、物流、技术等多个方面，是一套完整的方案，也是一个系统工程。

四、驾驭谈判进程

如何使谈判工作得以进一步的深入，是推销员驾驭谈判进程的关键。推销员要想成功地展开谈判工作，需要掌握以下几个方面的策略与技巧。

（一）准备阶段的驾驭

作为主谈人，应抓好以下两项工作：

1. 始终抓住谈判对手，以保证信息畅通。
2. 请对方将其具体要求写成"正式的文字"。

（二）首场开场的驾驭

作为主谈人首先应该清楚该做的第一件事就是：介绍本方在场人员，以便双方相互沟通得知与谁对话，即双方各自的参谈人员都有谁。接下去，即需要回顾双方往来的背景，包括信函往来和电传往来等，以反映双方所持的立场。再就是要引导对方共同确定洽谈目标，即谈判的内容及程序，使双方有共同的节奏和工作目标，为下一步谈判开好头。

首场开场要努力制造友好、合作的气氛。

首场开场白的内容要依谈判繁简而定，时间一般是可长可短，切忌给人以松垮懈怠之感。

（三）续场开场的驾驭

对于双方紧张情况下的续场，其开场时要讲究技巧。首先应缓和一下紧张的气氛，然后再进行下一步的内容。针对如何缓和气氛这一话题，大致有两种，即设问式和列账单式。

1. 设问式即采用汉语中设问句的方式来缓和气氛。
2. 列账单式即采用将未解决问题——列出的方式来缓和紧张气氛。

(四) 谈判过程的驾驭

作为主谈，要想成功地展开洽谈工作，需要掌握以下几个方面的策略与技巧：

1. 明确达到目标需要解决多少问题。为了很好地驾驭谈判的进程，主谈必须明确达到目标需要解决的问题有哪些。不论大小问题均应仔细考虑到，不可遗漏。

2. 抓住分歧的实质是关键。因为人的文化修养和个性品格各不相同，故在谈判中，对于一个问题的回答往往会有多种策略和技巧，有时也会让人难以理解，甚至出现离题太远的现象。这就需要推销员能够抓住分歧的实质，把握住洽谈发展的方向，切忌在慌乱中迷失方向，误入歧途。应具备平息混乱，清醒洽谈的思路，促使谈判向目标方向发展。具体应采取如下措施：

（1）善于及时清理已有的各种观点。通过清理可以告诉洽谈成员，哪些是有关的，哪些是无关的，以使保留和重视有关的观点。

（2）对于有关的问题，要善于指出各种观点的分歧点。对于具体共同点的各种问题要善于对其进行合并同类项，从而归纳出真正的分歧点。

（3）对分歧点的实质性进行分析。通过论证要提出分歧所反映的实质，以使后面的谈判能够击中要害。

（4）提出应该讨论的新问题。根据分歧所反映的实质。抓住围绕实质的有关方面，从而找到未解决实质性分歧的有关问题，以便进一步加以解决。

3. 不断小结谈判成果，并能够提出任务。推销员及时小结谈判成果是提高谈判效果的重要手段。无论谈判千变万化，所涉及之处应有一定的目的，一旦经过了一些问题，应及时检查效果并对其做出评价和结论，同时认证该结论是否双方一致同意。若是，则应予以小结，作为一个问题的结束。不是，则尚需进一步磋商。通过这样做可达到两个目的：一是向大家展示劳动成果，以振奋士气；二是避免重复劳动，浪费时间和精力。

4. 掌握谈判的节奏。谈判的节奏主要反映在时间的长短和问题安排的松紧程度两个方面。谈判展开后，双方条件已经亮出，何时争、何时让、争什么、让什么都有个节奏问题。洽谈时态度强硬与否，谈判时间安排得紧或松也是节奏问题。实践证明，推销员把整个谈判节奏安排得好与差会直接影响谈判的效果。

在谈判的初期，在掌握节奏方面应基于一个"快"字。

在谈判的中期，在掌握节奏方面要稳健。

在谈判的后期，在掌握节奏方面要快慢相结合。

(五) 收尾阶段的驾驭

谈判收尾主要是指谈判的结束方式，包括每一场谈判的结束方式和整个谈判的结束方式。

谈判的终级目标是达成一个令相关各方均受益的长期协议。在你与潜在客户进行谈判时，以下六个策略有助于你们建立更为牢固的关系。

第一，耐心。大多数销售人员脸上都刻着"饥渴"二字，潜在客户一眼就可以看出。他们因此知道只要略施心思，故意拖延一下，你一定会给他开出更好的价钱。此时你要做的就是淡定、淡定。

第二，提问。通过提问了解潜在客户的需求，厘清他面对的问题，然后考虑有无别的备选方案。有效的问题可以引导大家集思广益，并在双方之间达成更大的理解。

第三，倾听。认真听对方的发言，在做出回应前细细揣摩其背后的意思。不要随意打断或反驳对方。保持开放的心态有助于你发现新的战略和技巧，以便进一步推动双方之间的合作关系。

第四，透明化。沟通透明化，避免使用技术术语和行话。作为销售人员，你的任务是把什么都说得清清楚楚，而不要在你与客户之间筑起一堵墙。

第五，保持中立。不要随意做价值判断，而应使用中立、描述性的词语。不要自诩为老师，而要把自己当作是一个帮助潜在客户发现并解决问题的探索者。

第六，创意。当对方纠结于价钱时，开动脑筋想想别的办法。例如，给对方提供额外服务提供团购价等。

第三节　谈判策略与技巧

本节主要学习内容
■基本谈判方式

商务谈判的核心是要学习一种思维的方法，学习判断决策博弈以及创新的方法。这就需要我们有丰富的实战经验，能通过观察和分析，判断出对方的谈判策略，并随时做出积极的应对。在这里为大家介绍几种谈判常见的技巧与战术。

一、红脸白脸策略

贸易谈判的过程是复杂多变的，为了在复杂多变的谈判中取得满意的效果，得到实现利益目标的保证，必须在谈判中适时而灵活地实施有效的战略方案。相同地，谈判人员想要参与谈判，就必须了解谈判的基本策略与技巧，这样才有可能把握整个谈判的全局，为灵活处理谈判过程中的许多具体问题打好基础。同时，对谈判对手的种种策略和手段也会有清晰的判断。

然而，因应于贸易谈判的复杂多变，应对各种谈判的策略也有数十种。这里介绍其中的一种谈判策略——红脸白脸策略。

（一）红脸白脸策略的定义

红脸白脸策略是指在商务谈判过程中，利用谈判者既想与你合作，但又不愿与有恶感的对方人员打交道的心理，以两个人分别扮演"红脸"和"白脸"的角色，诱导谈判对手妥协的一种策略。

（二）红脸白脸策略的应用原理及其注意事项

在红脸白脸策略实施过程中，以两个人分别扮演"红脸"和"白脸"的角色，或一个人同时扮演着两种角色，使得谈判进退更有节奏，谈判效果更好。在红脸白脸策略的使用过程中，"白脸"扮演的是强硬派，在谈判中态度坚决、寸步不让、咄咄逼人，几乎没有商量的余地。而此策略中的"红脸"扮演的是温和派，在谈判中态度温和，拿"白脸"当武器来压对方，与"白脸"积极配合，尽力撮合双方合作，以至于达成于己方有利的协议。"白脸"一般是"放炮"人物，而"红脸"则是收场人物。

在运用红脸白脸策略时，应注意以下几点：

（1）从扮相分工来看，一般来说"红脸"由主持人来充当，"白脸"由助手来充当，因为收场或拍板最后一般由主持人来完成。

（2）从扮相特征来看，两种扮相应基本符合本人的性格特征。扮演"红脸"的人应该思路宽广、语言平缓，处事圆滑，经验丰富。扮演"白脸"的人应该反应迅速，抓住时机，力主进攻，言辞尖锐。如果让不相宜的人去扮演这种角色，那么就会出现该"硬"的话说不上去，该"收"的场面收不回来的现象，或者说该说的也说了，但与其语气或人物性格特征相距较远时，就达不到预期效果。当然这并不是指从外表上看要与扮相多么的一致，如"白脸"就要一副凶相，唬着脸，高门大嗓的，"红脸"就要一副绅士气派。主要要看谈判人员的内在功夫和把握角色的能力。

（3）这两种角色一定要互相配合好，否则会出乱子。如果"白脸"发起强攻，声色俱厉时，"红脸"就要善于把握火候，让"白脸"好下台，及时请对方就范。否则，让"白脸"过了头，反而使己方处于被动，就只好暂停、休会，改日再谈了。

（4）如果一个人同时扮演"红脸"和"白脸"时，要机动灵活。发动强攻时应给自己留有余地，避免把自己架起来。

（三）在谈判中，如何应对红脸白脸策略

当你在商务谈判中遇到了谈判对手使用红脸白脸策略时，应对方法是：要根据双方的目标距离有多大，然后在谈判中少去注意"红脸人"，应努力转变"白脸人"（态度强硬者）的态度，设法阐述自己要求的合理性和充分性。

二、欲擒故纵策略

欲擒故纵策略即对于志在必得的交易谈判，故意通过各种措施，让对方感到自己是满不在乎的态度，从而压制对手开价的胃口，确保己方在预想条件下成交的做法。使用欲擒故纵策略最关键的就是，务必使假信息或假象，做得足以让对方相信。人们通常有一种心理：越是偷偷得来的信息，其真实性越不容置疑。所以，最好是通过非官方、非正式渠道传播，或第三方之口发布。

在欲擒故纵策略的做法上，务必使自己的态度保持半冷半热、不紧不慢的状态。例如，日程安排上不显急切；在对方激烈强硬时，让其表现，采取"不怕后果"的轻蔑态度等。

采用这一策略时要注意：

1. 立点在"擒"故"纵"时应积极地"纵"，即在"纵"中激起对手的成交欲望。激的手法是：一方面表现己方的不在乎，利益关系不大；另一方面要尽可能揭示对方的利益，处处为其着想，让其不愿被"纵"。

2. 在冷漠之中有意给对方机会，只不过应在其等待、努力之后，再给机会与条件，让其感到珍贵。

3. 注意言谈与分寸，即讲话要掌握火候，"纵"时的用语应有尊重对方的成分，切不可羞辱对手。否则，会转移谈判焦点，使"纵"失控。

三、抛放低球策略

抛放低球策略是指先提出一个低于己方实际要求的谈判起点，以让利来吸引对方，试图首先去击败参与竞争的同类对手,然后再对被引诱上勾的卖方进行真正的谈判,迫使其让步,达到自己的目的。

商业竞争从某种意义上可分为三大类,即买方之间的竞争、卖方之间的竞争以及买方与卖方之间的竞争。在买方与卖方之间的竞争中,一方如果能首先击败同类竞争对手,就会占据主动地位。当对方觉得别无所求时,就会委曲求全。

抛放低球策略,是一种在多角谈判中竞争的策略。这种策略在各类经济商务谈判中被运用。运用抛放低球策略,先击败其他买方的竞争对手,然后迫使卖主就范,以较低的价格成交,获得了成功。

四、旁敲侧击策略

旁敲侧击策略是指在谈判过程中的场外交涉时,以间接的方法和对方互通信息,与对方进行心理与情感的交流,使分歧得到解决,从而达成协议。

每个商谈都有两种交换意见的方式,一个是在谈判时直接提出来讨论,另一个则是在场外,以间接的方法与对方互通消息。

间接交流的存在是因为有实际的需要。一个谈判者可能一方面必须装出很不妥协的姿态给己方的人看,而另一方面又必须在对方认为合理的情况下和对方交易,以达成协议,不管是买主或者卖主都会有这种双重压力的困扰。这也就是谈判双方会建立起间接谈判关系的原因。

并不一定每一件事情都要在会议桌上提出来,彼此建立起来的间接关系,能使消息在最少摩擦的情况下传达给对方。假如对方拒绝这个非正式提出的条件,双方都不会有失掉面子的忧虑;倘若这个条件在谈判时被正式拒绝了,则很可能会引起对方的指责,而导致双方感情的破裂,造成不良的影响。所以,间接的沟通方式,可以帮助谈判者和公司在不碍情面的情形下,悄悄地放弃原先的目标,而某些偏差了的目标也可以借由半正式或非正式的沟通方式加以修正。

以下所列的方式足以用来弥补正式会谈的不足:

1. 有礼貌地结束每一次谈话;
2. 在正式谈判之外,另外再秘密地讨论;
3. 以跌价来探测对方的意见,或者故意放出谣言;
4. 故意遗失备忘录、便条和有关文件,让对方拾取而加以研究;
5. 请第三者作中间人;

6. 组成委员会来研究、报告和分析；
7. 通过报纸、刊物或广播的媒介。

旁敲引导和暗示是旁敲侧击技巧最常见的运用，是指在谈判中使用"先言他物，以引起所咏之词"的战术。对于神经敏感的谈判对手来说，使用暗示引导的方法是很容易奏效的。就如同高明的医师用暗示的手法治好了心理疾病造成的生理疾患，聪明的广告制作者用暗示的手段诱导消费者。

暗示是旁敲侧击的具体手段，但是，使用这种技巧一定要隐蔽，要使对手在毫不觉察的情况下接受我方的建议，才能达到预期的效果。

五、浑水摸鱼策略

浑水摸鱼策略是指谈判中，故意搅乱正常的谈判秩序，将许多问题一股脑地摊到桌面上，使人难以应对，借以达到使对方慌乱失误的目的。这也是在业务谈判中比较流行的一种策略。

研究结果表明，人们遇到一大堆难题，精神紧张的时候，就会信心不足，甚至会自暴自弃。预防这种策略的要诀是，你在尚未充分了解之前，不要和对手讨论和决断任何问题，应注意坚持以下几点：

1. 坚持事情必须逐项讨论，不给对方施展计谋的机会；
2. 坚持自己的意见，用自己的意识和能力影响谈判的进程和变化；
3. 将谈判尽量安排在正常的工作时间内，以保持充沛的精力；
4. 对手可能也和你一样困惑不解，此时应攻其不备。

六、疲劳轰炸策略

疲劳轰炸策略是指谈判者为了达到一定的谈判效果，利用消耗对方精力、麻木对方神经的办法，使之在谈判中失利。

七、化整为零策略

化整为零是把一个整体项目或整体产品化解为一些环节，通过不同的谈判把不同的环节分给不同的商人，从而产生某种竞争效果。化零为整是把项目中的各环节整体打包，通过把整个项目打包，以在价格市场或技术上取得更优惠的条件。

八、大智若愚策略

"智可及,愚不可及"的策略,所谓的"愚不可及",就是说他"糊涂"的智慧常人不能赶上去,故作惊慌失措、糊里糊涂、犹豫不决、反应迟钝,以此来松懈对方的意识,达到后发制人的目的。

九、故布疑阵策略

故布疑阵技巧是指谈判一方利用向对方泄露己方虚假信息的手段,诱人步入迷阵,从而从中谋利的一种方法。这些手段主要有故意在谈判室或走廊上遗失你的备忘录、便条或文件夹,或者把它们放到对方容易找到的字纸篓里。有时还让第三者打来让谈判对手相信的虚假电话。

十、声东击西策略

声东击西策略指一方为达到某种目的和需要,故作声势地将洽谈的议题引导到某些并非重要的问题上去,以使对方造成错觉。

使用此策略的一个目的,往往是掩盖真实的企图。比如"围魏"的真正目的是"救赵","指桑"的真正用意是为了"骂槐",而"项庄舞剑"则"意在沛公"。之所以要掩盖真实的动机,无非是怕真实的动机一旦暴露,就很难实现目的。只有在对手毫无准备的情况下,才容易实现目标。声东击西的策略就是要达到乘虚而入的目的。

十一、寻找临界价格

1. 买主的技巧

(1) 以假设试探;

(2) 低询价试探;

(3) 派别人试探;

(4) 规模购买试探;

(5) 低级购买试探;

(6) 可怜试探;

(7) 威胁试探;

(8) 让步试探;

（9）合买试探。

2. 卖主的技巧

（1）请你考虑试探；

（2）诱发试探；

（3）替代试探；

（4）告吹试探；

（5）错误试探；

（6）开价试探；

（7）仲裁试探。

十二、把利益摆在明处，把压力给对方

谈判桌上人人平等。保全对手的面子，获取更多信息，以理服人。利用时间的紧迫性，识破低价诱惑，勇于认错会转危为安，尽力推销自己的观点。寻找临界价格，建立起对手满意感，使之能把这种满意感看得高于谈判本身。

十三、以漏斗方式获取更多的信息

我们主张以漏斗方式获取信息。它是指先提出一般化问题，寻求叙述式的回答。在从宽泛的回答中获取足够的信息之后，再将提问方向逐步转入狭窄化，以便从中发现更为具体的信息。

十四、保全对手的面子

保全别人的面子并不意味着你要处处保持缄默让别人保全面子，并不意味着你要在重要的事情上让步。请分清两者的区别。一再为别人保全面子常常暗示着不好的迹象。如果你发现自己总是在帮别人保全面子，那么在这种迹象下通常掩藏着很大的问题，所以你应该挑选一个时机好好地和对方谈一下这个问题。

十五、利用时间的紧迫性

利用紧迫的心理影响，趁时间即将结束前扭转局面，利用了最佳时机。需要强调的是，在时间即将结束前扭转局面，并不是在时间即将结束前仓促行事，而是要利用时间即将结束这一事实给对方造成心理压力，让对方"中套"。对自己来说，时间即将结束前，正是最好

时机,最恰当的火候,而观察事情的发展就像观火候。总之,自己对时机的把握是主动的、胸有成竹的,这样,才可能取得理想的效果。

十六、勇于认错会转危为安

在复杂的谈判过程中,气氛紧张,头绪繁杂,难免会出现一些差错,而勇于认错会转危为安。

第四节 试行订约

本节主要学习内容
■处理顾客异议
■建议成交
■签订交易合同

一、处理顾客异议

一般来说,在处理顾客异议时应遵循以下程序:

(一)认真听取顾客提出的异议

转化顾客的异议应注意以下几点:

1. 有些顾客提出的异议是正确的,这时销售人员要虚心地接受,而不要强词夺理;
2. 无论在什么情况下,都要避免与顾客发生争吵或冒犯顾客;
3. 在回答顾客的异议时,要尽量简单扼要。

(二)适时回答顾客的异议

销售人员应根据销售环境的情况、顾客的性格特点、顾客提出的异议的性质等因素,来决定提前回答、及时回答、稍后回答,或是不予回答。

1. 提前回答。这样的回答至少有以下几个优点:
(1) 销售人员主动提出顾客可能提出的异议,可以先发制人;
(2) 使顾客感到销售人员考虑问题非常周到;
(3) 使顾客感到销售人员非常坦率;
(4) 同一种异议,由销售人员主动提出并婉转地加以解决,则会大事化小,小事化了;
(5) 销售人员主动提出异议并自己解答,可以节省时间,提高销售的效率。

2. 立即回答。

3. 稍后回答。指对顾客提出的异议，稍后再予以回答。主要出于以下几种原因：

（1）销售人员认为顾客提出的异议比较复杂；

（2）销售人员无法回答顾客的意见，或需要收集资料；

（3）销售人员认为随着销售业务的进一步深入，顾客提出的异议将不答自解；

（4）销售人员认为若立即回答顾客的异议会影响销售工作的顺利进行；

（5）销售人员认为顾客的问题无关紧要。

4. 不予回答。对于顾客由于心情欠佳等原因提出的一些异议，或与购买决策无关的异议等，销售人员可以不予回答。

二、建议成交

令顾客同意购买你的商品的策略有：请求成交法是一种最简单也最直接的建议成交的方法，也叫直接成交法。它是指在接到顾客购买信号后，用明确的评议向顾客直接提出购买建议，以求适时成交的方法。局部成交法又叫小点成交法，是销售人员利用局部成交来促成整体成交的一种策略。假定成交法，也叫假设成交法，即在尚未确定成交、对方仍持有疑问时，销售人员就假定顾客已接受销售建议而直接要求其购买的一种策略。选择成交法是销售人员向顾客提供几种可供选择的购买方案来促成交易的策略。限期成交法是指销售人员通过限制购买期限从而敦促顾客购买的方法。从众成交法是指销售人员利用大众购买行为促进顾客购买的方法。保证成交法是指销售人员向顾客提供某种成交保证来促成交易的方法。优惠成交法是指销售人员通过提供某种优惠条件来促成交易的方法。最后成交法是指销售人员通过告知顾客现在是购买最为有利的时机来促成交易的办法。激将成交法指销售人员用激将的语言刺激顾客购买，来促成交易的方法。让步成交法是指销售人员在成交的关键时刻退让一步来促成交易的方法。饥饿成交法是指通过让产品处于一种供不应求的状态来促成交易的方法。

三、签订交易合同

（一）巧用场外交易

场外交易是指谈判双方在谈判桌以外的某些场合，比如酒宴上、娱乐场所等，对谈判中的某些问题取得谅解和共识，从而促进和完成交易。

（二）规范合同的条款

（略）

（三）成交以后的注意事项

签订合同后，销售人员还应做好以下几项工作：1. 为双方庆贺；2. 留念人情；3. 寻求引见。

（四）成交失败的注意事项

销售人员要清楚成交失败后需要注意的一些事项。1. 避免失态；2. 请求指点；3. 分析原因；4. 吸取教训。

第五节　货品管理

本节主要学习内容

■订购决策

■商品检验

■终端管理

一、订购决策

（一）订单的报价方式

在实际操作过程中，订单的报价方式不外乎以下两种报价方式：

1. 直接报价法。即在客户对产品产生购买愿望并询问产品价格后，直接告知客户产品的价格是多少。

2. 估价报价法。如果客户需要的产品企业库存里没有，必须根据客户的具体要求为客户量身定做，那么，只能在科学合理地估价后才能向客户报价，这就是估价报价法。

（二）订单的管理流程

企业的订单管理流程大致上可以分为以下两大类：

1. "存货生产方式"的订单管理流程。现实中，大多数企业的订单管理流程都采用这种方法，即企业用自己库存中的商品来满足客户的需求。

2. "订货生产方式"的订单管理流程。近些年来,国内外的许多企业纷纷提出了"零库存"和"个性化定制"的概念。

(三)库存的分类管理——ABC 分类管理方法

ABC 分类管理方法就是将库存物资按重要程度分为特别重要的库存(A 类库存)、一般重要的库存(B 类库存)和不重要的库存(C 类库存)三个等级,然后针对不同的级别分别进行管理和控制。

1. 如何进行分类。具体地说,A 类库存品种数目少但资金占用大,即 A 类库存品种约占库存品种总数的 5%~20%,而其占用资金金额占库存占用资金总额的 60%~70%。C 类库存品种数目多但资金占用小,即 C 类库存品种约占库存品种总数的 60%~70%,而其占用资金金额占库存占用资金总额的 15% 以下。B 类库存介于两者之间,B 类库存品种约占库存品种总数的 20%~30%,其占用资金金额占库存占用资金总额的 20% 左右。

2. 如何进行管理。A 类库存:这类库存最为重要,是最需要严格管理和控制的库存。B 类库存:对 B 类库存一般进行正常的例行管理和控制。C 类库存:对于这类库存一般进行简单的管理和控制。

(四)订货方式的选择

定量订货方式是指当库存量下降到预定的最低库存数量(订货点)时,按规定数量进行订货补充的一种库存管理方式。定期订货方式是指按预先确定的订货间隔期进行订货补充库存的一种库存管理方式。

(五)最佳订购量的确定

最佳订购量,又叫经济订购量。订货处理成本与存货占用成本随着订购量的不同而改变。单位订购成本随订购量的增加而降低,单位占用成本随订购量的增加而提高,因为订购量越多,每单位的存储时间越长。假定成本取决于:订购量 Q(数量)、单位成本 C(金额)、每年的占用成本占单位成本的百分比 I(%)、每次订购处理成本 S(金额)和每年需要量 D(数量)。可以得出三个变量:平均存货量 Q/2,每年订货次数 D/Q 和每年每单位占用成本 IC。则成本 T 为:T = 每年订购成本 + 每年占用成本

T = 每年订购次数 × 每次订购处理成本 + 平均存货量 × 每单位占用成本。

二、商品检验

商品质量检验的方法主要有感官检验法、理化检验法、现代检测技术检验法和实际试用

观察法四种。

（一）感官检验法

感官检验法，是指借助于人的感觉器官对商品体的外形、色泽、气味、滋味、透明度、在外力作用下商品体发出的声音和软硬感觉等的审查，来判断商品质量的方法。根据人们利用不同的感觉器官，商品感官检验可分为味觉检验、嗅觉检验、视觉检验、听觉检验和触觉检验。

（二）理化检验法

理化检验法是利用各种一般的仪器、器具和试剂以物理、化学或生物学的方法检测商品质量特性的方法。理化检验法可分为物理检验法、化学检验法和生物学检验法等。

1. 物理检验法。物理检验法根据使用的仪器、器具和待测商品体特性的不同，可分为度量衡检验法、光学检验法、热学检验法和机械性能检验法。度量衡检验法是利用度量衡器对商品体的长度、体积和相对密度进行测量的方法。光学检验法是利用简单的光学仪器，对商品的物理性质、成分或品质缺陷进行检测的方法。热学检验法是通过对商品体加热或降温，商品体是否发生破损、性能变化情况，以及物态发生变化时的温度，来检验商品的品质和是否纯正的方法。机械性能检验法是利用机械仪器测定商品体机械性能的检测法。

2. 化学检验法。化学检验法是使用化学仪器、化学试剂，采用定性分析、定量分析或者合同或标准中规定的方法，分析商品所含化学成分的种类、数量和性质，以确定商品品质的方法。

3. 生物学检验法。生物学检验法有微生物检验法和生理学检验法。微生物检验法是对商品及其包装容器中有害微生物是否存在，存在的种类和数量进行检验的方法。生理学检验法用于测定食品的可消化率、发热量及维生素和矿物质的含量，以确定食品营养价值。

（三）现代检测技术检验法

现代检测技术检验法，是指采用现代仪器分析法对商品体的成分和含量，其内部结构和表面状态，以及混入的微量或限量杂质进行检验的方法。

三、终端管理

（一）终端管理决策

终端销售管理须做到以下几点：

1. 选择适宜的终端类型；

2. 争取店方的合作
3. 增加人力的支持
4. 提高促销的整体配合。

（二）终端人员管理

企业对终端工作人员的管理表现在以下几个方面：
1. 严格报表管理
2. 对终端人员进行培训
3. 进行终端监督
4. 搞好终端协调。

第六节 合同纠纷解决

■分析经济合同纠纷产生的原因
■经济合同纠纷的协商
■经济合同纠纷的调解
■经济合同的仲裁
■经济合同的审理

一、分析经济合同纠纷产生的原因

目前，我国产生经济合同纠纷的原因是多方面的，据有关材料和有关部门的反映，其原因主要表现在以下几个方面：

（一）企业合并分立

1. 企业分立合同纠纷，是指一个企业在将企业分为两个或两个以上企业的过程中，因当事人之间有关企业分立合同的签订、效力、履行等问题发生的民事纠纷。
2. 当事人订立合同后合并的，由合并后的法人或者其他组织行使合同权利、履行相关义务。因当事人之间有关企业合并合同的签订、效力、履行等问题发生的民事纠纷。

（二）合同虚假、欺骗

当事人之间缺乏了解，盲目签订合同，造成不具有资格的当事人签订合同甚至产生欺诈行为，或者与没有或者缺乏履行能力的一方签订合同，导致合同纠纷的产生。

（三）单方不履行

当事人法治观念淡薄，无视经济合同的严肃性，随意更改、变更、撕毁合同而产生经济纠纷。

（四）履行内容与合同内容不符

因标的、质量、包装不合格而发生经济纠纷，合同签订时，标的约束不明确，在履行合同时依据不确定，容易发生相互扯皮的现象，这种情况产生的经济纠纷较多、较常见，也比较难解决。

（五）买卖产品与付款不同步

由于拒付或者少付款或者少付酬金，逾期付款，产品价格变动等原因而发生经济纠纷。这一类纠纷，不少是需方收到供方提供的产品后，拒付或者少付所引起的。

（六）表见代理

企业下属的部门负责人或者专职业务人员如采购员、推销员，带着企业的空白合同到处签订合同而无法履行，从而产生的经济纠纷。

（七）超范围，超职权

有的企业超出自己的设备能力和自己能力签订的合同，以至于不能按期、按质量交货而导致的经济纠纷。

（八）违反公平诚实信用原则

有的企业和单位用影响力、用名气以上压下、以大欺小的手段强迫对方签订"霸王合同""老子合同"，中小企业或者集体所有制企业为了维护关系不得已签订的合同，产生的经济纠纷。

经济合同产生后怎样解决合同纠纷呢？可以根据《中华人民共和国合同法》的相关规定解决，还可以本着平等、合作、互惠互利的原则协商解决，协商不成时，任何一方均可向国家规定的合同管理机构进行调解或者申请仲裁，也可以直接向人民法院起诉。对经济合同纠纷处理，可以采取协商、调解、仲裁和审理四种方式。

二、经济合同纠纷的协商

协商解决是由经济合同当事人双方在自愿互谅的基础上，按照法律和行政法规的规定，通过摆事实讲道理解决纠纷的一种办法。自愿、平等及合法是协商解决的基本原则。协商解决的特点在于简便易行,能及时解决纠纷,有利于双方的协作,便于协议的执行。但由于协商必须在双方自愿的基础上进行,且构成经济合同纠纷的分歧较大时,协商解决经济合同纠纷的方式往往受到局限。

三、经济合同纠纷的调解

是经济合同当事人在第三人的主持下,通过其劝说引导,在互谅互让的基础上达成协议,以解决争议的一种方式。调解的原则也是自愿、平等、合法。实践中,依调解人的不同,经济合同调解又分为民间调解、行政调解、仲裁机构调解和法庭调解。

(一)调解方式

1. 民间调解是指当事人临时选任的社会组织或个人作为调解人对经济合同进行调解。行政调解是由有关主管部门作为调解人对经济合同进行的调解。这两种调解达成的调解协议,与一般的协议一样具有法律约束力。

2. 仲裁机构的调解是指在仲裁机构进行的由仲裁庭主持对经济合同的调解。仲裁机构调解成功,应制作调解书,由双方签字,调解书一般与裁决书具有同等效力。

3. 法庭调解是指由法院主持进行的调解。我国人民法院在审理经济合同纠纷案件时,可依当事人的请求调解结案。法院调解成功,制作调解书,经双方当事人签收后,与生效的判决书具有同等的法律效力。

(二)双方当事人在协商解决经济纠纷的过程中要注意以下几点

1. 双方态度要端正诚恳。本着与人为善、解决纠纷的态度协商解决,本着实事求是的精神,既不缩小自己的责任,也不能扩大对方的责任。

2. 通过协商达成的协议,一定要符合国家的法律、法规和政策。否则即使达成了协议也无效。为此,各个经济组织,都应遵守政策、法令的规范,任何违反政策、法令的行为都是不允许的。对在合同中具有的欺诈、欺骗等违法行为,坚决打击,坚决揭露。

3. 协商解决纠纷一定要坚持原则,决不允许损害国家和集体利益,特别是不能影响国家计划的完成。

4. 协商一致应在平等的前提下进行,签订合同的双方当事人,在法律地位上是平等的,决不允许任何一方有特权,坚决反对以大压小、以强欺弱,对只要求对方履行义务,不规定自己的责任的"霸王条款"应予以抵制。

5. 在协商解决合同纠纷中，还要防止拉关系、搞私利等不正之风。

调解解决经济合同争议，可以不伤和气，使双方当事人互相谅解、促进合作，维护当事人的合法权益，但这种方法受到当事人自愿的局限，如果当事人不愿调解解决，或调解不成时，则应采取仲裁或诉讼解决。

（三）经济合同纠纷的调解程序

一般包括当事人申请、有关的行政调解部门受理、在行政调解部门的主持下进行调解、达成调解协议这五个步骤：

1. 当事人提出申请。持各方当事人合意调解的协议并交付合同文书以及有关的证据材料，供主持调解的行政部门掌握情况。当然，在一方向该部门反映情况时，该部门在征得全体当事人的同意后，也可以开始行政调解。

2. 行政调解部门受理。行政机关如看报送的材料齐全且又在自己的法定权限范围内的即可受理。

3. 行政调解的进行。主持调解的行政机关根据自由、自愿、平等、合法的原则，分清双方的是非责任，然后促成当事人之间达成调解协议。

4. 主持调解的行政机关制作调解书。写明当事人的名称，合同纠纷的主要事实，当事人各方的过错责任，达成调解的协议的内容，最后由所有的当事人签字，调解的行政部门盖章。

5. 产生法律效力行政调解的合同纠纷后制作的调解书是否有法律效力，完全取决于合同当事人双方。因为行政调解书从法律上看是无强制执行力和既判力的，当事人中任何一方都可以启动下一个更有力的权威性的程序（如仲裁或诉讼程序）。

（四）经济合同纠纷调解方法

合同关系多种多样、错综复杂，经济纠纷也必然是各式各样，解决纠纷应针对不同的情况，采取不同的调节方式。

1. 当面调解；
2. 现场调解；
3. 异地合同共同调解；
4. 通过信函进行调解；
5. 分头调解和回合调解穿插进行；
6. 根据需要分别采用开会调解和开庭调解。

四、经济合同的仲裁

经济合同仲裁是指经济合同当事人之间发生纠纷，双方协商不成，根据一方当事人的申请，由经济合同仲裁机关依法作出具有法律约束力的裁决。

（一）经济合同仲裁的程序

1. 提出仲裁申请。经济合同仲裁申诉，是指经济合同发生纠纷时，一方或双方当事人向管辖的仲裁机关要求依法仲裁而保护自己合法权益的行为。申请仲裁必须具备一定条件：申诉人必须是与本案有直接利害关系的法人或其他生产经济组织及从事商品生产经营活动的农户、专业经营户、因经济合同未履行致使权益受到侵害的，均可向仲裁机关提出请求；有明确的被诉人，就是要确定谁侵犯了申诉人的权益，谁来履行合同而给其造成经济损失等；属于仲裁机关收案范围和受诉仲裁机关管辖的；不能超过申请仲裁的时效期限。

2. 接受仲裁申请，根据《经济合同法》和《仲裁条例》的规定，当事人申请仲裁的时效期限和仲裁机关受理合同纠纷案件的期限一般以一年为限，超过法律规定期限的，一般不予受理。

3. 进行答辩：答辩要针对提出的仲裁请求——予以答辩，表明是承认其请求，还是反对其请求，或部分承认部分反对，反对的或反驳的要有事实的证据，不作答辩的态度是不可取的，对自己也是不利的。中国国际经济贸易仲裁委员会《仲裁规则》第14条规定，被申请人应在收到仲裁通知之日起的45天内提交答辩书及有关证据。仲裁庭认为有正当理由的，可以适当延长此期限。答辩书由被申请人及/或被申请人授权的代理人签名及/或盖章，并应包括下列内容：

（1）被申请人的名称和住所，包括邮政编码、电话、传真、电子邮件或其他电子通信方式；

（2）对申请人的仲裁申请的答辩所依据的事实和理由；

（3）答辩所依据的证明文件。进行答辩的当事人可以对其答辩进行修改。修改的方式有更正、补充等方式，如果仲裁庭对答辩修改提出了明确的时间限制，当事人应遵守该决定。

如果被申请人或被反请求人有两个或两个以上，则被申请人或被反申请人可以共同提出答辩，也可以分别以自己的名义提出答辩，修改答辩。

如果被申请人出于某种原因，放弃答辩或拒绝答辩，不交答辩书及相关证据材料，不影响仲裁程序的进行。

4. 调查取证，查明事实真相。仲裁机关在开庭审理前，应审核申诉状及案卷，分析案情，确定调查线索，认定证据是否充分、真实；查阅陈述的原因、理由，争议的焦点和要求赔偿的依据及责任是否清楚，可否要求当事人补充证据和材料；是否应予追加仲裁参加人等。

5. 先行调解，是指仲裁机关在调查取证、查明事实、分清责任的基础上，由仲裁员主持，为促进双方当事人互让互谅，自愿达成和解协议的一种方式。调解达成协议后，应制作调解书，由当事人双方按照协议调解书规定自动履行。

6. 组织仲裁，是指仲裁机关虽经努力，调解未达成协议，仲裁庭应当进行仲裁，即应开庭审理，作出裁决。这是仲裁程序的最后阶段。

7. 仲裁的监督和执行。《仲裁法》第20条规定："当事人对仲裁协议的效力有异议的，可以请求仲裁委员会作出决定或者请求人民法院作出裁定。一方请求仲裁委员会作出决定，另一方请求人民法院作出裁定的，由人民法院裁定。"

对已发生法律效力的仲裁决定，由仲裁机构监督执行。

（二）经济合同仲裁的原则

1. 经济合同当事人一方申请仲裁的原则。经济合同仲裁机关无权主动提起案件，提案是由经济合同当事人一方或双方向仲裁机关申请。申请仲裁的期限是以当事人知道或应当知道被侵害之日起1年内提出。仲裁机关收到申请书后，经审查符合规定的，在7日内立案；反之，在7日内通知申请人不予受理。

2. 以事实为依据，以法律为准绳的原则。仲裁机关处理经济合同纠纷，必须全面地调查研究，认定事实，以国家法律、法规作为区分是非的标准。

3. 先行调解的原则。调解是经济合同仲裁机关处理经济合同纠纷的重要方法和必经程序。根据规定，仲裁机关在处理案件时，应当先行调解，调解不成时，才可依法裁决。仲裁调解必须双方自愿，在查明事实、分清责任的基础上进行。调解协议不得违背国家法律、法规和政策，不得损害公共利益和他人利益。仲裁调解达成协议后，仲裁机关即按法律规定制作调解书。调解书一经送达，即发生法律效力。一方当事人不履行的，另一方当事人有权向法院申请强制执行。用调解的方法解决合同纠纷，简便易行，有利于及时、顺利地解决纠纷。实践中，绝大部分经济合同纠纷案件都是调解结案的。

4. 仲裁合议原则。仲裁机关审理经济合同纠纷案件，除简单的案件可指定一名仲裁员进行仲裁外，均由仲裁员若干人和仲裁委员会指定的首席仲裁员一人组成合议庭进行。合议庭实行少数服从多数的原则。

5. 一裁终局原则。《中华人民共和国经济合同法》规定实行一次裁决制度，当事人一方或双方对裁决不服的，可以在收到仲裁决定书之日起 15 日内，向法院起诉；期满不起诉的，裁决即具有法律效力。

6. 回避原则。仲裁庭组成人员，如果认为自己办理本案不适应，应当自行申请回避；当事人若发现仲裁庭成员与本案有关联，有权用口头或书面方式申请他们回避。仲裁机关查实后，应更换仲裁员；查无实据的，裁定驳回。

五、经济合同的审理

所谓经济合同纠纷的审理是指经济审批机关根据当事人一方的请求，依法处理经济合同纠纷案件而进行的职能活动，其基本程序是：

1. 起诉

合同纠纷起诉是指自然人、法人和其他组织认为自己的合同权益受到侵害或者与他人发生了争议，以自己的名义，请求人民法院通过审判给予法律保护的诉讼行为。

（1）起诉的实质条件。有合格的原告，即原告必须是与本案有利害关系的自然人、法人或其他组织；有明确的被告；有具体的诉讼请求和事实、理由；属于人民法院受理合同纠纷案件的范围和受诉人民法院管辖。

（2）起诉的形式要件。起诉应向人民法院提交诉状，并按被告人数提交起诉状的副本。起诉状应当写明下列内容：

①当事人的有关情况。当事人是自然人的，应写明姓名、性别、年龄、民族、职业、工作单位、住所等。如果有代理人的，需写明代理人的姓名、住所、工作单位以及与当事人的关系。当事人是法人或其他组织的，应写明法人或者组织的名称、单位所在地址、法定代表人或者主要负责人的姓名、职务等。

②原告的诉讼请求以及诉讼请求所依据的事实和理由。

③证据和证据来源，证人的姓名、住所等。

④受诉法院名称，起诉的年、月、日，起诉人签名或者盖章。法律在规定书面起诉的同时，为了方便当事人诉讼，充分保障当事人的诉权，对于原告书写起诉状困难的，又规定了可以口头起诉，由法院记入笔录，并告知对方当事人。

2. 审查与受理

人民法院接到原告诉状后，予以审查，认为符合起诉条件的，应当在 7 日内立案并通知当事人，立案后，应当在 5 日内将起诉状副本发送被告人，被告人从收到之日起 15 日内提出答辩状，不提交答辩状的，不影响案件的审理。

对不予受理的案件，人民法院应在收到起诉状或口头起诉次日起 7 日内裁定不予受理。当事人不服的，可以在法定期限内向上一级人民法院提起上诉。

3. 开庭审理前的准备

（1）依法发送起诉状、答辩状。人民法院立案之日起 5 日内将起诉状副本发送被告。被告收到起诉状副本 15 日内提出答辩状，当然提出答辩状是被告的诉讼权利，是否行使，由其自己决定。被告不提出答辩状，不影响人民法院的审理。被告提出答辩的，人民法院收到答辩状 5 日内将答辩状副本发送原告。

（2）告知当事人有关诉讼权利和义务。按照民事诉讼法的规定，法院有义务告知当事人有关的诉讼权利和诉讼义务。告知的方式可以是书面方式，即在受理案件通知书中告知原告有关的权利和义务，在应诉通知书中告知被告有关的诉讼权利和义务，也可以口头告知。

（3）依法组成合议庭。案件受理后，人民法院就应依法组成合议庭。从开庭前的各项准备工作到案件审结，都应当在合议庭所有成员的参与下进行，合议庭成员自始至终对全案的审理负责，以充分发挥合议庭的作用，保证办案质量。合议庭组成人员确定后，应当在 3 日内告知当事人。

（4）审核诉讼材料，调查、收集必要的证据。

（5）依法追加当事人。根据《民事诉讼法》第 119 条的规定，必须共同进行诉讼的当事人没有参加诉讼的，人民法院应通知其参加诉讼，追加为诉讼当事人。

4. 开庭审理

人民法院审理合同纠纷案件，除涉及国家机密、个人隐私或者法律另有规定的以外，应当公开审理。涉及商业秘密的案件，当事人申请不公开审理的，可以不公开审理。

人民法院审理经济纠纷案件，应当在开庭 3 日前通知当事人和其他诉讼参与人。开庭审理前，书记员应当查明当事人和其他诉讼参与人是否到庭，宣布法庭纪律。开庭时由审判长核对当事人，宣布审判人员、书记员名单，告知当事人有关的诉讼权利和义务，询问当事人是否提出回避申请。然后开始法庭调查和法庭辩论，出示书证、物证，宣读鉴定结论、勘察笔录。法庭辩论终结，可进行调解，调解不成的，应当及时判决。

原告经传票传唤无正当理由拒不到庭的，或者未经法庭许可中途退庭的，可以按撤诉处理。被告经传票传唤，无正当理由拒不到庭的，或者未经法庭许可中途退庭的，可以缺席判决。

人民法院按照法律规定，通过对经济合同纠纷案件审理的执法活动，对当事人的合法权益给予法律保护。

案例分析

B 公司要从 C 公司购买 50 部大型发电机，经过认真的准备之后，谈判开始了。B 公司的主谈在首场谈判中，表现得非常热情，简明扼要地说出了 B 公司对产品的要求。C 公司的主谈表现十分积极，并且认真地聆听对方的各种要求，对对方的一些要求提出疑问。经过几个小时的谈判，双方对产品都获得了一致的意见，但是因双方在价格问题上发生严重分歧而暂时休会。半小时后，谈判重新开始。为了缓和紧张气氛，B 公司的主谈平和地说："李先生，刚才您顽强地坚持不能降价，现在，您是否能灵活一点使大家能够找到出路？"李先生回答："贵方的态度不是也一样吗？坐立不安的感觉实在让人不舒服呀！"B 公司主谈人爽朗地笑了，紧张气氛得以缓和。双方围绕付款方式这一问题进行积极的磋商，C 公司的主谈人答应减少 5 万元的现金付款，B 公司的主谈人认为还有降价的空间，于是继续和 C 公司的主谈人周旋，谈判再次发生分歧，暂时休会。又过了半个小时，谈判重新开始。B 公司主谈人和 C 公司主谈人各自总结了前面谈判的情况以后，继续进入谈判。B 公司的主谈人利用化整为零的策略，指出每部发电机的大约成本，这个策略使得 C 公司的主谈人又连续两次将货款减少 5 万元的现金付款。当 B 公司的主谈人想进一步压低发电机的价格时，C 公司的主谈人的态度已经变得十分强硬，坚决不肯让寸步，这时 B 公司的主谈人终于做出了让步，最终达成了一致意见。

案例思考

1. C 公司采取的让步策略有什么优点和缺点？
2. 如果你是 B 公司的主谈人，在 C 公司的主谈人连续 3 次减价后，你是否还会继续坚持要求 C 公司的主谈人降低价格？为什么？

综合练习

一、选择题

（一）单项选择题（每题仅有一个最恰当的答案正确）

1. （　）是指销售人员通过赠送礼物来接近顾客的方法。
（A）商品接近法　　（B）介绍接近法　　（C）社交接近法　　（D）馈赠接近法

2. （　）是指销售人员利用一般顾客的虚荣心，以称赞的语言博得顾客的好感，接近顾客的方法。
（A）赞美接近法　　（B）反复接近法　　（C）服务接近法　　（D）利益接近法

3. （　）是指销售人员在一两次接近不能达成交易的情况下，采用多次进行销售拜访来接近顾客的方法。
（A）赞美接近法　　（B）反复接近法　　（C）服务接近法　　（D）利益接近法

4. （　）是指销售人员通过为顾客提供有效并符合需要的某项服务来博得顾客的好感赢得顾客的信任来接近顾客的方法。
（A）赞美接近法　　（B）反复接近法　　（C）服务接近法　　（D）利益接近法

5. （　）是指销售人员利用商品或服务能为顾客带来的实际利益以引起顾客的兴趣接近顾客的方法。
（A）赞美接近法　　（B）反复接近　　C）服务接近法　　（D）利益接近法

6. （　）是指销售人员通过引发顾客的好奇心来接近顾客的方法。
（A）好奇接近法　　（B）求教接近法　　（C）问题接近法　　（D）调查接近法

7. （　）是指销售人员通过请客帮忙来解答疑难问题，从而接近顾客的方法。
（A）好奇接近法　　（B）求教接近法　　（C）问题接近法　　（D）调查接近法

8. （　）是指销售人员通过直接向顾客提问的方式来接近顾客的方法。
（A）好奇接近法　　（B）求教接近法　　（C）问题接近法　　（D）调查接近法

9. （　）是指销售人员利用现场调查的机会接近顾客的方法。
（A）好奇接近法　　（B）求教接近法　　（C）问题接近法　　（D）调查接近法

10. （　）是洽谈双方为达成协议所必须承担的义务。
（A）以进为退　　（B）以退为进　　（C）让步　　（D）坚持

11. 在开始时让步策略，态度十分强硬；到了最后时刻，则一次让步到位，促成和局，这种策略是（ ）。
    (A) 坚定的让步策略　　　　　　　　(B) 一开始就拿出全部可让利益的策略
    (C) 等额地让出可让利益的策略　　　(D) 先高后低，然后又拔高的让步策略

12. 会给对力既强硬，又出手大方的强烈印象的策略是（ ）。
    (A) 坚定的让步策略　　　　　　　　(B) 一开始就拿出全部可让利益的策略
    (C) 等额地让出可让利益的让步策略　(D) 先高后低、然后又拔高的让步策略

13. 洽谈的投资少、依赖性差，因而在洽谈中占有优势时，应采用（ ）
    (A) 坚定的止步策略　　　　　　　　(B) 一开始就拿出全部可让利益的策略
    (C) 等额地让出可让利益的让步策略　(D) 先高后低，然后又拔高的让步策略

14. 具有态度诚恳、务实、坚定、坦率特点的策略是（ ）
    (A) 坚定的让步策略　　　　　　　　(B) 一开始就拿出全部可让利益的策略
    (C) 等额地让出可让利益的让步策略　(D) 先高后低，然后又拔高的让步策略

15. 洽谈者一开给就给对方亮出底牌，让出自己的全部可让利益，比较容易打动对方采取回报行为，以促成和局的是（ ）。
    (A) 坚定的让步策略　　　　　　　　(B) 一开始就拿出全部可让利益的策略
    (C) 等额的让出可让利益的让步策略　(D) 先高后低，然后又拔高的让步策略

16. 具有态度慎、步子稳健、极富有商人的气息特点的是（ ）。
    (A) 坚定的让步策略　　　　　　　　(B) 一开始就拿出全部可让利益的策略
    (C) 等额地让出可让利益的让步策略　(D) 先高后低，然后又拔高的让步策略

17. 具有让步平稳、持久特点，本着步步为营原则的是（ ）。
    (A) 坚定的让步策略　　　　　　　　(B) 一开始就拿出全部可让利益的策略
    (C) 等额地让出可让利益的让步策略　(D) 先高后低，然后又提高的让步策略

18. 每次让利的数量相等，速度平稳，类似马拉松式的洽谈，给人的感觉平淡容易使人产生疲劳厌倦之感的是（ ）。
    (A) 坚定的让步策略　　　　　　　　(B) 一开始就拿出全部可让利益的策略
    (C) 等额地让出可让利益的让步策略　(D) 先高后低，然后又拔高的让步策略

19. 具有比较机智、灵活、富有变化等特点的策略是（ ）。
    (A) 坚定的让步策略　　　　　　　　(B) 一开始就拿出全部可让利益的策略
    (C) 等额地让出可让利益的让步策略　(D) 先高后低，然后又拔高的让步策略

20. ( ) 一般适应于以合作为主的洽谈。
    (A) 从高的,然后又微高的让步策略
    (B) 由大到小、渐次下降的让步策略
    (C) 开始时大幅度递减,但又出现反弹的让步策略
    (D) 先高后底,然后又拔高的让步策略

21. ( ) 一般运用于在洽谈竞争中处于不利境地,但又急于获得成功的洽谈。
    (A) 从高到低,然后又微高的让步策略
    (B) 从大到小、渐次下降的让步策略
    (C) 开始时大幅度递减,但又出现反弹的让步策略
    (D) 起始两步全部让完可让利益,三期赔利相让,到四期再讨回赔利相让部分的洽谈策略

22. 区域战争属于( )。
    (A) 谈判中的非人员风险   (B) 谈判中的非风险
    (C) 无法确定   (D) 谈判中的人员风险

23. 贸易摩擦属于( )。
    (A) 谈判中的非人员风险   (B) 谈判中的非风险
    (C) 无法确定   (D) 谈判中的人员风险

24. ( ) 就是指在挑选交往对手不慎、对专业问题无知,不合理的合作条件等问题上,往往可以由谈判人员预先了解并予以控制,因此,完全可以将风险消灭在萌芽状态。
    (A) 谈判中的非人员风险   (B) 谈判中的非风险
    (C) 货物风险   (D) 谈判中的人员风险

25. 政治风险属于( )。
    (A) 谈判中的非人员风险   (B) 谈判中的非风险
    (C) 无法确定   (D) 谈判中的人员风险

26. 市场性风险属于( )。
    (A) 谈判中的非人员风险   (B) 谈判中的非风险
    (C) 无法确定   (D) 谈判中的人员风险

27. ( ) 是指在较长的付款期限内,由于汇率变动而造成结算损失的风险。
    (A) 人员风险   (B) 利率风险   (C) 汇率风险   (D) 价格风险

28. ( ) 是指国际金融市场上,由于各种商业贷款利率的变动可能给当事人带来利益

的风险。

(A) 人员风险　　(B) 利率风险　　(C) 汇率风险　　(D) 价格风险

29. （　　）主要就是技术项目本身和谈判中技术操作不当而可能带来的风险。

(A) 技术性风险　(B) 利率风险　　(C) 素质风险　　(D) 价格风险

30. 通过放弃或者拒绝合作，停止业务活动来回避风险的做法叫作（　　）。

(A) 完全回避风险　(B) 转移风险　　(C) 风险损失控制　(D) 风险自留

31. （　　）是在经济合同发生纠纷时，由双方当事人在自愿、互谅的基础上，按照《合同法》以及合同条款的有关规定，直接进行协商，通过摆事实、讲道理，取得一致意见，自行解决合同纠纷。

(A) 经济合同纠纷的协商　　　　(B) 经济合同纠纷的仲裁
(C) 经济合同纠纷的调解　　　　(D) 经济合同纠纷的审理

32. 通过（　　）方法使问题得到恰当的解决，是合同管理机关解决经济合同纠纷的基本方法。

(A) 协商　　　　(B) 仲裁　　　　(C) 调解　　　　(D) 审理

33. （　　）是指先提出一个低于己方实际要求的谈判起点，以让利来吸引对方，试图首先去击败参与竞争的同类对手，然后再与被引诱上钩的卖方进行真正的谈判，迫使其让步，达到自己目的。

(A) 红脸白脸策略　　　　　　　(B) 欲擒故纵策略
(C) 抛放低球策略　　　　　　　(D) 旁敲侧击策略

34. （　　）是指在谈判过程中的场外交涉时，以间接的方法和对方互通信息，与对方进行心理与情感的交流，使分歧得到解决，从而达成协议。

(A) 红脸白脸策略　　　　　　　(B) 欲擒故纵策略
(C) 抛放低球策略　　　　　　　(D) 旁敲侧击策略

35. 在谈判过程中，注意使自己的态度保持在不冷不热、不紧不慢的地步，这是在运用（　　）。

(A) 红脸白脸策略　　　　　　　(B) 欲擒故纵策略
(C) 抛放低球策略　　　　　　　(D) 旁敲侧击策略

36. （　　）是指谈判者为了达到一定的谈判效果，利用消耗对方精力、麻木对方神经的办法，使之在谈判中失利。

(A) 浑水摸鱼策略　　　　　　　(B) 疲劳轰炸策略

(C) 化整为零策略 (D) 大智若愚策略

37. （ ）是指谈判的一方，在整体项目不好谈的情况下，将项目分成若干块，分块议价，最终达成交易。
(A) 浑水摸鱼策略 (B) 疲劳轰炸策略
(C) 化整为零策略 (D) 大智若愚策略

38. （ ）是指谈判一方利用向对方泄露己方虚假信息的手段，诱人步入迷阵，从而从中谋利的一种方法。
(A) 故布疑阵策略 (B) 声东击西策略
(C) 寻找临界价格 (D) 把利益摆在明处，把压力塞给对方

39. 故意在谈判室或走廊上遗失你的备忘录、便条或文件夹，或者把它们放到对方容易找到的纸篓里等做法属于（ ）。
(A) 故布疑阵策略 (B) 声东击西策略
(C) 寻找临界价格 (D) 把利益摆在明处，把压力塞给对方

40. 作为使用者，不到万不得已的情况下一般不宜采用（ ）。
(A) 故布疑阵策略 (B) 声东击西策略
(C) 寻找临界价格 (D) 把利益摆在明处，把压力塞给对方

41. 要想提高发货水平，（ ）是关键。
(A) 存货控制 (B) 订货控制 (C) 销售控制 (D) 商品检验

42. （ ）的订单管理流程，要求企业必须具备很强、很准确的销售预测的能力。
(A) "存货生产方式" (B) "订货生产方式" (C) 销售控制 (D) 商品检验

43. A类库存品种数目少但资金占用大，即A类库存品种约占库存品种总数的（ ）。
(A) 80%~90% (B) 5%~20% (C) 60%~70% (D) 20%~30%

44. C类库存品种数目大但资金占用小，即C类库存品种约占库存品种总数的（ ）。
(A) 80%~90% (B) 5%~20% (C) 60%~70% (D) 20%~30%

45. B类库存介于两者之间，B类库存品种约占库存品种总数的（ ）。
(A) 80%~90% (B) 5%~20% (C) 60%~70% (D) 20%~30%

46. C类库存品种数目大，但资金占用小，其占用资金金额占库存占用资金总额的（ ）。
(A) 80%~90% (B) 20%左右 (C) 60%~70% (D) 15%以下

47. B类库存介于两者之间，其占用资金金额大约占库存占用资金总额的（ ）。

(A) 80%~90%　　(B) 20%左右　　(C) 60%~70%　　(D) 15%以下

48. （　）是当库存量下降到预定的最低库存数量（订货点）时，按规定数量进行订货补充的一种库存管理方式。

(A) 定量订货方式　　　　　　　(B) 定性订货方式
(C) 定点订货方式　　　　　　　(D) 定期订货方式

49. 采用（　）必须预先确定订购点和订购量。

(A) 定量订货方式　　　　　　　(B) 定性订货方式
(C) 定点订货方式　　　　　　　(D) 定期订货方式

50. （　）是指按预先确定的订货间期间进行订货补充库存的一种库存管理方式

(A) 定量订货方式　　　　　　　(B) 定性订货方式
(C) 定点订货方式　　　　　　　(D) 定期订货方式

51. （　）是指借助于人的感觉器官对商品体的外形、色泽、气味、滋味、透明度，在外力作用下商品体发出的声者和软硬感觉等的审查，来判断商品质量的方法。

(A) 感官检验法　　(B) 理化检验法　　(C) 现代仪器检测法　(D) 实际试用观察法

52. （　）几乎对所有的商品都是必要的。

(A) 感官检验法　　(B) 理化检验法　　(C) 现代仪器检测法　(D) 实际试用观察法

53. 对于某些商品如茶、酒、调味品、香皂、化妆品、纺织品等，（　）则是评定它们质量的主要方式。

(A) 感官检验法　　(B) 理化检验法　　(C) 现代仪器检测法　(D) 实际试用观察法

54. （　）是利用各种一般的仪器、器具和试剂以物理、化学或生物学的方法检测商品特性的方法。

(A) 感官检验法　　(B) 理化检验法　　(C) 现代仪器检测法　(D) 实际试用观察法

55. （　）是利用度量衡器对商品体的长度、体积和相对密度进行测量的方法。

(A) 度量衡检验法　　(B) 光学检验法　　(C) 热学检验法　　(D) 机械性能检验法

（二）多项选择题（每题有两个或两个以上正确答案）

1. 商务谈判中，一开始就拿出全部可让利益的策略的优点是（　）。

(A) 比较容易打动对方　　　　　(B) 采取以诚相待、合作感、信任感
(C) 有利于获取长远利益　　　　(D) 有益于速战速决、马到成功、降低洽谈成本

2. 商务谈判中，一开始就拿出全部可让利益的策略的缺点是（　）。

(A) 让步操之过急

(B) 一次性的大步让利，可能失掉本来能够力争到的利益

(C) 遇到强硬而又贪婪的买主，会导致其追求更大的利益

(D) 让对方无动于衷

3. 商务谈判中，等额地让出可让利益的让步策略的特点是（   ）。

(A) 态度谨慎 (B) 步子稳健

(C) 依赖性强 (D) 极富有商人的气息

4. 商务谈判中，等额地让出可让利益的让步策略的优点是（   ）。

(A) 不易让买主轻易占了便宜

(B) 遇到性情急躁的买主时，削弱买方的议价能力

(C) 容易占买主的便宜

(D) 容易在利益均沾的情况下达成协议

5. 商务谈判中，等额地让出可让利益的让步策略的缺点是（   ）。

(A) 容易使人产生疲劳厌倦之感

(B) 洽谈成本较高

(C) 必须要耐心等待才能获得更多利益

(D) 容易使自己处于劣势地位

6. 商务谈判中，先高后低，然后又拔高的让步策略的特点是（   ）。

(A) 让步操之过急 (B) 富有变化 (C) 灵活 (D) 比较机智

7. 商务谈判中，先高后低，然后又拔高的让步策略的缺点是（   ）。

(A) 让步操之过急 (B) 给对方的感觉是我们不够诚实

(C) 不稳定 (D) 影响了初期留下的美好印象

8. 商务谈判中，先高后低，然后又拔高的让步策略的优点是（   ）。

(A) 让步的起点比较恰当、适中 (B) 不易让买主轻易占了便宜

(C) 洽谈中富有活力 (D) 能够保住己方的较大利益

9. 商务谈判中，从高到低的，然后又微高的让步策略的特点是（   ）。

(A) 合作为首 (B) 竞争为辅 (C) 诚中见虚 (D) 柔中带刚

10. 商务谈判中，从高到低的，然后又微高的让步策略的优点是（   ）。

(A) 让步起点较高，富有较强的诱惑

(B) 比较容易使对方产生优胜感而达成协议

(C) 洽谈中富有活力

(D) 最后稍大一点的利润,往往会使对方很满意而达成协议

11. 商务谈判中,由大到小、渐次下降的让步策略的优点是( )。

(A) 审慎的让步策略,一般不会产生让步上的失误

(B) 给人以顺乎自然、无须格外劳神之感

(C) 有利于洽谈各方在等价交换利益均沾条件下达成协议

(D) 让利的过程中是采取先大后小的策略

12. 商务谈判中,小大到小,渐次下降的让步策略的缺点是( )。

(A) 容易加强对手的进攻性

(B) 往往使买主感觉不十分良好,故结局情绪不会太高

(C) 不稳定

(D) 缺乏新意,也比较乏味

13. 商务判中,开始时大幅度递减,但又出现反弹的让步策路的缺点是( )。

(A) 让对方无动于衷

(B) 开始时表现软弱,对手得寸进尺

(C) 不稳定

(D) 可能由于三期让步遭受拒绝后导致僵局和败局

14. 商务谈判中,起始两步全部让完可让利益,三期赔利相让,到四期再讨回赔利相让部分洽谈策略的特点是( )。

(A) 风格果断诡异　　　　　　(B) 比较自然

(C) 比较机智　　　　　　　　(D) 具有冒险性

15. 商务谈判中,不同的让步策略给对方传递不同的信息,选择、采取哪种让步策略,取决的因素有( )。

(A) 洽谈对手的洽谈经验

(B) 准备采取什么样的洽谈方针和策略

(C) 对手的谈判人数

(D) 期望让步后对方给予我们何种反应

16. 商务谈判中,常用的限时性因素有( )。

(A) 经济限制　　(B) 受权限制　　(C) 资料限制　　(D) 时间限制

17. 商务谈判人员拥有的权利大小主要取决于( )。

(A) 竞争对手　　　　　　　　(B) 上司的授权

(C) 国家的法律和公司的政策　　　　　(D) 一些贸易惯例

18. 下列选项中属于谈判中的非人员风险的是（　）。
(A) 区域战争　　　　　　　　　　　(B) 货物质量不及格
(C) 贸易摩擦　　　　　　　　　　　(D) 不可抗力

19. 下列选项属于市场性风险的是（　）。
(A) 汇率风险　　(B) 利率风险　　(C) 贸易摩擦　　(D) 价格风险

20. 影响工程设备远期价格的因素主要有（　）。
(A) 原材料价格　　　　　　　　　　(B) 汇率和利率风险
(C) 工资　　　　　　　　　　　　　(D) 内外其他政治经济情况的变动

21. 人员风险主要有（　）。
(A) 技术性风险　　　　　　　　　　(B) 利率风险
(C) 素质性风险　　(D) 价格风险

22. 人员素质性风险主要表现为（　）。
(A) 缺乏必需的知识　　　　　　　　(B) 利率风险
(C) 刚愎自用，自我表现欲望过强　　(D) 不敢承担责任

23. 下列选项中属于商务谈判中技术性风险的是（　）。
(A) 技术项目本身的风险　　　　　　(B) 强迫性要求造成的风险
(C) 技术上过分奢求引起的风险　　　(D) 由于合作伙伴选择不当引起的风险

24. 降低由于风险造成损失发生的概率的内容包括（　）。
(A) 先控制　　　　　　　　　　　　(B) 事后补救
(C) 不作任何行动　　　　　　　　　(D) 事后掩盖

25. 商务风险从微观上具体地分为（　）。
(A) 投机风险　　(B) 利率风险　　(C) 纯风险　　(D) 价格风险

26. 对商务风险的评价主要应集中在（　）。
(A) 对事件性质进行判断　　　　　　(B) 对损失程度的估计
(C) 对事件发生概率大小的估计　　　(D) 对实际损失的计算

27. 想有效地回避商务活动中可能出现的风险，通常采取的措施是（　）。
(A) 完全回避风险　　　　　　　　　(B) 转移风险
(C) 风险损失的控制　　　　　　　　(D) 风险自留

28. 转移风险的方式（　）。

(A) 保险   (B) 非保险   (C) 控制   (D) 非控制

29. 风险自留可以是（ ）。
(A) 被动的   (B) 主动的   (C) 无意识的   (D) 有意识的

30. 成功地展开洽谈工作、抓住分歧的实质的主要措施有（ ）。
(A) 善于及时清理已有的各种观点
(B) 对分歧点进行实质性分析
(C) 对于有关的问题，要善于指出各种观点的分歧点
(D) 掌握谈判的节奏

31. 谈判的节奏主要反映在（ ）等方面。
(A) 需要解决问题的多少   (B) 时间的长短
(C) 问题安排的松紧程度   (D) 地点的选择

32. 每场谈判的结束方式可根据（ ）来确定。
(A) 时间   (B) 气氛   (C) 地点   (D) 内容

33. 我国产生经济合同纠纷的原因主要有（ ）。
(A) 企业转产、停产，以至撤销、合并或分立
(B) 缺乏调查了解，盲目签订合同
(C) 当事人法制观念淡薄，随意变更、撕毁合同
(D) 因标的数量短缺，质量、包装不合格而发生经济纠纷

34. 我国产生经济合同纠纷的原因主要有（ ）。
(A) 企业转产、停产，以至撤销、合并或分立
(B) 拒付、少付货款或劳务酬金、逾期付款、产品价格变动等
(C) 当事人法制观念淡薄，随意变更、撕毁合同
(D) 因标的数量短缺，质量、包装不合格而发生经济纠纷

35. 我国产生经济合同纠纷的原因主要有（ ）。
(A) 企业转产、停产，以至撤销、合并或分立
(B) 拒付、少付货款或劳务酬金、逾期付款、产品价格变动等
(C) 企业下属职能部门负责人或专职业务人员，带着企业的空白合同到处签订合同而无法履行
(D) 因标的数量短缺，质量、包装不合格而发生经济纠纷

36. 我国产生经济合同纠纷的原因主要有（ ）。

(A) 企业转产、停产，以至撤销、合并或分立

(B) 拒付、少付货款或劳务酬金、逾期付款、产品价格变动等

(C) 用以上压下、以大欺小的手段强迫对方签订"霸王合同""老子合同"

(D) 企业超出自己的设备能力和资金能力签订合同

37. 我国产生经济合同纠纷的原因主要有（　　）。

(A) 当事人法制观念淡薄，随意变更、撕毁合同

(B) 拒付、少付货款或劳务酬金、逾期付款、产品价格变动等

(C) 用上压下、以大欺小的手段强迫对方签订"霸王合同""老子合同"

(D) 企业超出自己的设备能力和资金能力签订合同

38. 对经济合同纠纷的处理，可以采取（　　）的方式。

(A) 协商　　　(B) 仲裁　　　(C) 审理　　　(D) 调解

39. 双方当事人在协商解决经济合同纠纷的过程中应注意的是（　　）。

(A) 双方的态度要端正、诚恳

(B) 通过协商达成的协议，一定要符合国家的法律、政策

(C) 协商解决纠纷一定要坚持原则，决不允许损害国家和集体的利益

(D) 协商一定要在平等的前提下进行

40. 双方当事人在协商解决经济合同纠纷的过程中应注意的是（　　）。

(A) 双方的态度要端正、诚恳

(B) 通过协商达成的协议，一定要符合国家的法律、政策

(C) 协商解决纠纷一定要坚持原则，决不允许损害国家和集体的利益

(D) 在协商解决经济合同纠纷中，还要防止拉关系、搞私利等不正之风

41. 双方当事人在协商解决经济合同纠纷的过程中应注意的是（　　）。

(A) 双方的态度要端正、诚恳

(B) 通过协商达成的协议，一定要符合国家的法律、政策

(C) 协商一定要在平等的前提下进行

(D) 在协商解决经济合同纠纷中，还要防止拉关系、搞私利等不正之风

42. 经济合同纠纷的调解方法有（　　）。

(A) 当面调解　　　　　　　　(B) 现场调解

(C) 异地合同，共同调解　　　(D) 通过信函进行调解

43. 经济合同纠纷的调解方法有（　　）。

（A）当面调解

（B）现场调解

（C）分头解决和会合调解穿插进行

（D）根据需要分别采取当面调解和开庭调解

二、简答题

1. 谈判准备阶段应做好哪些工作？
2. 什么是合同纠纷？解决合同纠纷有几种办法？

三、实训

1. 实训项目：合同纠纷谈判
2. 实训目的：解决营销合同纠纷
3. 实训类型：方案设计
4. 实训内容：

设计一下合同内容，履行合同产生了纠纷（质量不合格；交货时间未按合同要求、价款未按合同约定支付；数量多、少；合同漏洞执行难）选用解决合同纠纷的方式。

5. 达成共识
6. 实训过程：

（1）根据学生兴趣，分别成立几组谈判小组（5~8人）；

（2）针对谈判问题进行反复磋商；

（3）各拟定各类角色分别发言；

（4）教师答疑，并点评。

7. 实训结果：

得出谈判解决方案，填写实训报告。

第十章　顾客满意理念

第一节　顾客满意理念的目标指向

本节主要学习内容
■顾客满意
■顾客满意度
■顾客满意战略

用顾客满意度就可以判断产品或服务质量的优劣，即可以了解用户、了解自己，特别是了解自己在顾客心目中的地位、作用，通过不断满足顾客的需要，提升企业的竞争力，使企业获得最佳效益，同时使全社会的资源得到最佳配置和最有效的利用。根据顾客满意度的有关概念和满意战略，实现提高企业竞争优势，适应日益激烈的市场竞争，完成企业以顾客满意作为经营的目标导向，提高顾客满意度，创造和提升顾客价值，从而提升企业自身的竞争优势。

一、顾客满意

在市场经济条件下，对于企业而言，顾客以及顾客满意的重要性已越来越明显。以顾客为中心的经营理念已成为国内外企业的共识。顾客是否满意，企业该如何来评价其顾客满意度，如何提高顾客满意度，以提升企业的竞争力，争取顾客，保住市场，壮大发展是企业当前迫切需要解决的问题。

1. 概念

（1）顾客抱怨是一种满意程度低的最常见的表达方式，但没有抱怨并不一定表明顾客很满意。

（2）即使规定的顾客要求符合顾客的愿望并得到满足，也不一定确保顾客很满意。

营销大师菲利普·科特勒认为，顾客满意"是指一个人通过对一个产品的可感知效果与他的期望值相比较后，所形成的愉悦或失望的感觉状态"。顾客满意就是顾客对其要求已被满足的程度的感受。当商品的实际消费效果达到消费者的预期时，就导致了满意；否则，就会导致顾客不满意。

2. 顾客期望值

从上面的定义可以看出，满意是可感知效果或测量分析后效果和期望值之间的差异比较。如果效果低于期望，顾客就会不满意；如果效果与期望相匹配，顾客就会满意；如果效果超过期望，顾客就会高度满意、高兴或欣喜，从而达到提高满意度。

一般而言，顾客满意是顾客对企业和员工提供的产品和服务的直接性综合评价，是顾客对企业、产品、服务和员工的认可。

在企业内部可以根据顾客的价值判断来评价自己产品和服务，因此，满意是以人的感觉状态划分成不同的水平状态。满意来源于对一件产品或者服务所设想的绩效或产出与人们的期望实现的绩效与产出进行的比较结果。

3. 顾客满意理论

（1）顾客满意（Customer Satisfaction，CS）的思想和观念

早在20世纪50年代就受到世人的认识和关注。学者们对顾客满意的认识大都围绕着"期望—差异"范式。

这一范式的基本内涵是顾客期望形成了一个可以对产品、服务进行比较、判断的参照点。顾客满意作为一种主观的感觉被感知，描述了顾客某一特定购买的期望得到满足的程度。

对顾客满意理念，部分营销学家认为顾客满意是一种心理状态的比较值；另一部分营销学家则认为顾客满意是顾客在购买行为发生前对产品所形成的期望质量与消费后所感知的质量之间存在差异的评价。

还有的认为顾客满意是一种情感反应，这种情感反应是伴随或者是在购买过程中产品陈列以及整体购物环境对消费者的心理影响而产生的。

从已有研究来分析，顾客满意具有四方面的特性：

①顾客满意的主观性；

②顾客满意的层次性；

③顾客满意的相对性；

④顾客满意的阶段性。

顾客满意理论（Customer Satisfaction，CS）的产生是企业管理观念变迁的必然，从"产值中心论"到"销售中心论"，再到"利润中心论"，再到"市场中心论"，再到"顾客中心论"，然后进入"顾客满意中心论"阶段。顾客满意工作是主动的，具有前瞻性，而售后服务工作是相对被动的，具有滞后性。此外，二者在工作观念、过程、境界上都有很大差别。

（2）顾客满意与顾客信任的区别

顾客满意和顾客信任是两个层面的问题。如果说顾客满意是一种价值判断的话，顾客信任则是顾客满意的行为化。

因此，我们说顾客满意仅仅只是迈上了顾客信任的第一个台阶，不断强化的顾客满意才是顾客信任的基础。同时，需要明确的是，顾客满意并不一定可以发展至顾客信任，在从顾客满意到顾客信任的过程中，企业还要做许许多多的事情。

二、让顾客满意（CS）

（一）顾客与顾客满意

1. 顾客的分类

（1）按顾客所处的位置划分

①外部顾客

②内部顾客

a. 显现顾客

b. 潜在顾客

（2）按时间来划分

①过去型顾客

②现在型顾客

③未来型顾客

2. 顾客满意关系

取决于顾客对产品的感知使用效果，这种感知使用效果与顾客的期望密切相关。高度满意的顾客会重复购买，还会把自己满意的体会告诉给其他人。公司就是要把活动和顾客期望相匹配。

3. 顾客满意水平

七个级度为：很不满意、不满意、不太满意、一般、较满意、满意和很满意；

五个级度为：很不满意、不满意、一般、满意和很满意。

期望值 = 可感知的效果 满意

期望值 < 可感知的效果 非常满意

期望值 > 可感知的效果 不满意

五个级度的参考指标类同顾客满意级度的界定是相对的，因为满意虽有层次之分，但毕竟界限模糊，从一个层次到另一个层次并没有明显的界限。之所以进行顾客满意级度的划分，目的是供企业进行顾客满意程度的评价之用。

级值	很不满意	不满意	不太满意	一般	较满意	满意	很满意
分值	-60	-40	-20	0	20	40	50

产品属性	质量	功能	价格	服务	包装	品位
满意级别	满意	较满意	很满意	满意	不太满意	一般
分值	40	20	60	40	-20	0
综合分值	$\sum X/N = (40+20+60+40-20+0)/6 = 23.3$					

从计算结果可以看出，该产品的顾客满意度得分是 23.3，属于"较满意"的产品。但是，由于顾客对每个属性的要求程度不同，因此，应根据顾客对评价指标的重要程度进行分值加权，则更能科学地反映出顾客的满意程度。同例，该企业对质量、功能、价格、服务、包装、品位，根据其对顾客满意的影响程度确定的加权值分别为 0.3、0.1、0.35、0.15、0.05、0.05。

产品属性	权值	分值	综合值
质量	0.3	40	2
功能	0.1	20	2
价格	0.35	60	21
服务	0.15	40	6
包装	0.05	-20	-1
品位	0.05	0	0
总计	1	140/6	40

收集顾客满意信息的目的是针对顾客不满意的因素寻找改进措施，进一步提高产品和服务质量。因此，对收集到的顾客满意度信息进行分析整理，找出不满意的主要因素，确定纠正措施并付诸实施，以达到预期的改进目标。

在收集和分析顾客满意信息时，必须注意两点：

第一，顾客有时是根据自己在消费商品或服务之后所产生的主观感觉来评定满意或不满意。因此，往往会由于某种偏见/情绪障碍和关系障碍，顾客心中完全满意的产品或服务他们可能说很不满意。此时的判定也不能仅靠顾客主观感觉的报告，同时也应考虑是否符合客观标准的评价。

第二，顾客对产品或服务消费后，遇到不满意时，也不一定都会提出投诉或意见。因此，企业应针对这一部分顾客的心理状态，利用更亲情的方法，以获得这部分顾客的意见。

4．顾客满意的特点

（1）成本高；

（2）不定式；

（3）企业文化组成。

三、顾客满意度

顾客满意度是指顾客对其明示的、通常隐含的或必须履行的需求或期望已被满足的程度的感受。满意度是顾客满足情况的反馈，它是对产品或者服务性能，以及产品或者服务本身的评价；给出了（或者正在给出）一个与消费的满足感有关的快乐水平，包括低于或者超过满足感的水平，是一种心理体验。

1. 顾客满意度

顾客满意度是一个变动的目标，能够使一个顾客满意的东西，未必会使另外一个顾客满意，能让顾客在一种情况下满意的对象，在另一种情况下未必能使其满意。只有对不同的顾客群体影响满意度各类因素进行非常充分了解，才有可能实现百分之百的顾客满意。

（1）顾客满意是经济发展的必然。

（2）顾客满意是以人为本观念普及的必然结果。

（3）顾客满意是企业永恒追求的目标。

2. 顾客满意调查为企业带来什么

满意战略应用在企业市场营销策略以后，给企业带来的利益分别可以用具体业绩来衡量。

（1）对顾客的管理是企业成功和更富竞争力的最重要的因素。

（2）顾客忠诚度提高5%，利润的上升幅度将达到25%~85%。

（3）一个非常满意的顾客的购买意愿将六倍于一个满意的顾客。

（4）2/3顾客离开供应商是因为对顾客关怀不够。

随着中国市场竞争的日趋白热化，企业间的较量已开始从基于产品的竞争转向基于顾客资源的竞争，顾客资源正在逐渐取代产品。

3. 顾客满意战略一般性描述

（1）很不满意

指征：愤慨、恼怒、投诉、反宣传。

分述：很不满意状态是指顾客在消费了某种商品或服务之后感到愤慨、恼羞成怒难以容忍，不仅企图找机会投诉，而且还会利用一切机会进行反宣传以发泄心中的不快。

（2）不满意

指征：气愤、烦恼。

分述：不满意状态是指顾客在购买或消费某种商品或服务后所产生的气愤、烦恼状态。在这种状态下，顾客尚可勉强忍受，希望通过一定方式进行弥补，在适当的时候，也会进行反宣传，提醒自己的亲朋不要去购买同样的商品或服务。

（3）不太满意

指征：抱怨、遗憾。

分述：不太满意状态是指顾客在购买或消费某种商品或服务后所产生的抱怨、遗憾状态。在这种状态下，顾客虽心存不满，但想到现实就这个样子，别要求过高吧，于是认了。

（4）一般

指征：无明显正负情绪。

分述：一般状态是指顾客在消费某种商品或服务过程中所形成的没有明显情绪的状态。也就是对此既说不上好，也说不上差，还算过得去。

（5）较满意

指征：好感、肯定、赞许。

分述：较满意状态是指顾客在消费某种商品或服务时所形成的好感、肯定和赞许状态。在这种状态下，顾客内心还算满意，但按更高要求还差之甚远，而与一些更差的情况相比，又令人安慰。

（6）满意

指征：称心、赞扬、愉快。

分述：满意状态是指顾客在消费了某种商品或服务时产生的称心、赞扬和愉快状态。在这种状态下，顾客不仅对自己的选择予以肯定，还会乐于向亲朋推荐，自己的期望与现实基本相符，找不出大的遗憾所在。

（7）很满意

指征：激动、满足、感谢。

分述：很满意状态是指顾客在消费某种商品或服务之后形成的激动、满足、感谢状态。在这种状态下，顾客的期望不仅完全达到，没有任何遗憾，而且可能还大大超出了自己的期望。这时顾客不仅为自己的选择而自豪，还会利用一切机会向亲朋宣传、介绍推荐，希望他人都来消费之。

考评级度的参考指标类同顾客满意级度的界定是相对的，因为满意虽有层次之分，但毕竟界限模糊，概况区分的从一个层次到另一个层次并没有明显的界限。之所以进行顾客满意级度的划分，目的是供企业进行顾客满意程度的评价之用。

4. 调查方法

顾客满意度调查进入中国从最初的服务落实度调查，到感知质量调查，再到满意度指数模型调查，不断与多种研究技术和理念相结合，发展出满足不同需求的满意度调研技术。根据满意度调研关注点和解决问题的不同，到目前为止，满意度调研方式可归为以下不同阶段。

(1) 第一阶段

经历了从服务过程调查到服务效果调查，从服务质量调查到满意度指数调查发展过程。

(2) 第二阶段

以提升不满意客户为关注点，发展了不满意度调查；为优化资源配置策略、确定资源投入边际效应，应用模型处理；为分析差异化服务需求，融入了满意度调查；满意度重点关注高满意人群，将提升用户体验作为调研重点；强调以满意度调查为核心建立服务管理体系；循序渐进地采用有针对性的不同调查方式，可显著有效地管理和提升服务水平。

5. 满意度调查意义

满意度调研技术，适应企事业单位的需求变化和发展，在不断地变化和发展；同时也在主动融合其他调研技术和管理理念，以更高的价值，引导着企事业单位服务管理的发展。对于调查人员来说，每一代产品都只是一个新的起点，一切只为更好地满足需求。

四、顾客满意战略

顾客满意战略即 CS 经营战略：CS 是英文 Customer Satisfaction 的缩写，意为"顾客满意"。CS 的基本指导思想是：企业的整个经营活动要以顾客满意度为指针，要从顾客的角度、用顾客的观点而不是企业自身的利益和观点来分析考虑顾客的需求，尽可能全面尊重和维护顾客的利益。这里的"顾客"是一个相对广义的概念，它不仅指企业产品销售和服务的对象，而且指企业整个经营活动中不可缺少的合作伙伴。要实施这一战略，企业应该做好以下几方面：

（一）开发顾客满意产品

"以顾客为关注焦点""以顾客满意为标准"的质量理念，是实施顾客满意战略的思想基础。组织的所有质量管理工作，都必须以顾客为关注焦点。要实施顾客满意战略，首要的一步就是将顾客满意纳入到质量方针中去。在质量方针中体现"以顾客为关注焦点"及"顾客满意"，使质量方针能够真正指引、指导组织的全体员工和各项工作都围绕顾客满意去努力，都用顾客满意为最高标准来衡量和评价。从根本上保证顾客满意，使自身得到长远的发展。

产品满意是指企业产品带给顾客的满足状态，包括产品的内在质量、价格、设计、包装、时效等方面的满意。产品的质量满意是构成顾客满意的基础因素。

产品满意是顾客满意的前提，顾客和企业的关系首先体现在产品细节上，要做到产品满意必须作好以下方面的工作：

(1) 了解顾客需求

(2) 适应顾客需求

为了适应顾客需求，企业不仅要注意观察正在发生的顾客需求变化，并且要先于竞争对手掌握变化，准确掌握变化的情况。

(3) 提供满意的产品

① 对产品功能的满意

包括产品质量、使用性能、品牌的知名度等，一般顾客对产品的质量、价格等最为敏感，严把产品质量关，决不能让不合格的产品流入市场，让顾客买得放心。

② 对产品品位的满意

产品的设计风格、定位是关键。当顾客走进一家专卖店时，他不是看某一件产品，而是确定他是否走进一家适合自己的专卖店，这时他会迅速地扫视一下专卖店里的陈列，摆放的产品，并决定是否在这家店里停留或进行购买。因此在各区域市场的适应程度如风格、款式、颜色、面料、尺码等，在很大程度上决定该区域顾客是否购买该品牌，因此对公司而言必须要加强产品开发，多开发与市场定位相符的产品。

（二）建立以顾客为关注焦点的质量管理体系

质量方针的确立是建立质量管理体系的第一步。然后，根据质量方针的规定建立质量目标，对质量管理体系进行策划，分配质量职能并确定职责权限，编制质量手册和其他质量管理体系文件等。在这整个过程中，都应该贯彻落实"以顾客为关注焦点"的原则，将"以顾客为关注焦点"作为建立质量管理体系的出发点，将"顾客满意"作为其最终目标。在这一过程中，应着重抓好以下几个方面：

(1) 质量目标应当体现顾客满意的要求；

(2) 在识别顾客的需求和期望上下功夫；

(3) 从设计开发到生产和服务提供都要以顾客满意作为指针；

(4) 用顾客满意为标准，对质量管理体系进行评审和改进；

(5) 将服务放在重要的位置。

培养员工"以顾客为关注焦点"的质量观念则是实现顾客满意战略的第二步。为此，组织应解决管理者特别是最高管理者的思想问题，因为组织最高管理者的质量态度往往决定组织的质量态度，是组织质量态度的代表，并直接影响组织的质量风气。要强化全员的顾客满意质量理念教育，并形成"以顾客为关注焦点"的组织文化，从建立质量方针入手，从经营体制、管理模式、环境状况、员工意识等方面去努力。

（三）确定顾客的需求和期望

在市场经济体制下，供大于求的买方市场使顾客有了更大的挑选余地，他们的需求越来越多样化，他们的爱好、购买动机和欲望对组织的市场营销影响很大，因此，组织需要从多方面去获得市场信息资料，分析和研究市场需求变化的规律，用以指导组织的经营决策，减少决策的风险，使开发、生产出来的产品能有竞争力并占领市场。但应认识到，了解市场顾客需求是一项非常困难和细致的工作，需要有市场营销学、统计学和产品生产技术方面的专门知识，需要有信息分析处理的技术，还应有强烈的事业心、责任感和刻苦的工作精神。

（四）建立与顾客沟通的渠道

组织的质量管理必须"以顾客为关注焦点"。顾客的要求和期望、意见与建议是组织生产经营必不可少的信息。组织与顾客之间建立起合作信任的关系，才能使双方都获益，而这种关系的建立又有赖于双方的沟通，因此，组织应利用多种渠道，如产品信息、顾客对产品的要求、顾客反馈等，加强与顾客的沟通，不断改进产品的质量，使之适应顾客不断变化的需求，从而获得竞争的实力。沟通的方法多种多样，如组织形象宣传、产品现场展销、开通顾客热线电话、接待顾客来信来访、产品使用培训班、顾客联谊会等，组织应根据自身的情况进行选择。

（五）顾客满意的监视和测量

对顾客满意进行监视和测量，是实施顾客满意战略的需要，同时也可以进一步满足顾客的需求和期望。组织应建立顾客满意程度监视和测量的程序，并形成文件，要充分利用有关顾客满意情况的信息，对这些信息进行分析处理，并将分析结果提交组织管理评审。对那些长期未能解决或顾客普遍反映的，或涉及质量管理体系自身的顾客意见，则应提交最高管理者进行决策，对顾客不满意的地方，要进行及时的补救，减少顾客的流失。

只有做好以上几点，组织才能从根本上保证顾客满意，使自身得到长远的发展。

第二节 客户关系管理

本节主要学习内容
■客户价值分析
■客户分类管理
■客户发展战略

客户关系管理是现代营销理论中最重要的观念。CRM（Customer Relationship Management 的简写）客户管理系统是一套先进的管理模式，其实施要取得成功，必须有强大的技术和工具支持，是实施客户关系管理必不可少的一套技术和工具集成支持平台。CRM 客户管理系统基于网络、通信、计算机等信息技术，能实现不同职能部门的无缝连接，能够协助管理者更好地完成客户关系管理的两项基本任务：识别和保持有价值客户。即企业利用相应的信息技术以及互联网技术来协调企业与顾客在销售、营销和服务上的交互，从而提升其管理方式，向客户提供创新式的个性化的客户交互和服务的过程。其最终目标是吸引新客户、保留老客户以及将已有客户转为忠实客户。

CRM 最早产生于美国，是通过满足客户个性化的需要、提高客户忠诚度，实现缩短销售周期、降低销售成本、增加收入、拓展市场、全面提升企业赢利能力和竞争能力的目的。任何企业实施客户关系管理的初衷都是想为顾客创造更多的价值，即实现顾客与企业的"双赢"。

一、客户价值分析

（一）客户的实际价值

客户的实际价值是指客户对企业而言的实际的当前价值，等于来自于此客户所有未来利润的净现值之和。"所有未来利润"一语包括了未来对客户销售个人产品和服务所赚取的利润，减去对特定客户的服务成本。这个术语包括了如下因素：来自于客户推荐所赚取的利润，把客户对新产品或者服务设计的协助换算成的货币价值、由于在其他现有和潜在客户中拥有的声誉而带来的收益等。

如果企业能够考虑所有这些变量。则计算出来的数字就是客户的实际价值或者终生价值（LTV），企业可将它视为客户对企业的运转比率。衡量客户终生价值的基本方程式是：

（客户终生价值－企业受益－客户取得成本－保有成本）÷客户数

（二）客户战略价值

事实上，对于企业来说最有价值的客户是经常同企业保持业务关系的客户，因此，企业对所有的客户平均分配其资源是没有道理的。"帕累托最优原则"（Pareto Prineiple）表明，任何企业80%的业务都仅仅是来源于其20%的客户。中小企业资源有限，对企业来说，知道哪些客户是最有价值的，或这些客户比那些客户更有价值，有利于企业优先安排其资源，在竞争的环境里居于更主动的地位。

因此，企业在CRM管理过程中，需要对客户需求和客户价值进行分析，区别对待客户，确定哪些客户对企业更具有价值。对于不同价值的客户提供不同的企业资源，这样才能锁定那些给企业带来高回报率的客户对企业的忠诚，增加他们对企业的价值。

在进行客户终生价值的研究上，国内外一些学者从客户生命周期价值（CLV）大小的角度来进行客户细分。

CLV是指企业在与客户保持客户关系的全过程中从客户获得的全部利润现值，由此可以得到预测单个客户CLV的基本模型：

从本质上说，客户终身价值就是企业过去行为"挣得"的价值——只是企业当时没有收取现金而已。而企业今天的行为可以改变客户的终生价值。企业可在未来事实发生之前，通过自己的行动来影响客户。

影响客户终生价值因素包括客户的获取成本、客户保持成本、客户服务成本、营运利润率、客户态度、交叉销售率、客户渗透率等。通过"客户终生价值"和"客户回报率"工具对这些因素进行分析，可找到影响客户未来行为变量的主导因素。如果客户保持是主导因素，那么提升客户忠诚度就是成功的关键。再如银行A希望与客户B继续业务，从客户B处找到一种收入来源，而不是让客户B走向破产。银行A就有意识地采取一些行动，改变客户B作为一种金融资产的价值。因此，如果企业能够采取一种清晰的战略，通过某种方式改变客户未来的行为，就能获得客户为企业带来的全部价值。

二、客户分类

客户分类是基于客户的属性特征所进行的有效性识别与差异化区分。客户分类以客户属性为基础的应用。客户分类通常依据客户的社会属性、行为属性和价值属性。

按客户对企业的价值来区分客户，对高价值的用户提供高价值的服务。对低价值客户提供廉价的服务。也可以分为长期客户和临时客户。对长期客户采用优惠，对临时客户进行宣传服务。对客户进行分类有利于针对不同类型的客户进行客户分析，分别制定客户服务策略，区分客户类型可以适应不同的目标市场和战略客户。

1. 有兴趣购买的客户。对此类客户应加速处理。积极地进行电话跟进、沟通，取得客户的信任后，尽快将客户过渡到下一阶段。

2. 考虑、犹豫的客户。对待此类客户此阶段的目的就是沟通、联络，不要过多地营销产品。我们要使用不同的策略，千万不要电话接通后立即向客户营销产品，而是要与客户沟通，了解客户的需求、兴趣，拉进与客户的距离，通过几次电话沟通，将客户区分为有兴趣购买、暂时不买、肯定不买的类型，从而区别对待。

3. 暂时不买的客户。我们要以建立良好关系为目标，千万不要放弃此类客户。要与客户沟通，记录客户预计购买此类产品的时间等信息，同时要与客户保持联络渠道的畅通，使客户允许公司定期地将一些产品的功能介绍等宣传资料邮寄给客户或电话通知客户，同时在客户需要的时候可以与公司或与本人联系。

4. 肯定不买的客户。此类客户一般态度比较强硬，在沟通中，一定要排除客户的心理防线，然后了解客户不购买的原因，如果有产品功能方面的问题，一定要为客户做好解释，并将客户的一些扩展功能记录，集中汇总提供业务开发部门，以便改良产品或开发新产品。

5. 已经报过价没有信息回馈的客户：对于已经报过价的客户可以利用贸易通交流，也可以电话跟踪沟通，主要询问一下客户对产品的售后服务，产品质量，使用细则等还有什么不明白的地方再做进一步详谈，不过价格是客户一直关心的最大问题，为了打消客户能否合作的顾虑，可以着重介绍一下产品的优点与同行产品的不同之处、优惠政策等，要让客户觉得物有所值，在沟通价格时建议在言语上暗示一些伸缩性，但一定要强调回报，比如"如果你能够现款提货，我可以在价格上给予5%的优惠待遇"或"如果你的定货量比较大的话，在价格方面我可以给你下调3%"——这样既可以让客户对我们的产品有更进一步的了解，在价格方面也有一定回旋的余地。切记更好的服务、更高的产品质量才是赢得客户的"法宝"。

三、客户关系管理

（一）客户关系管理体系

1. 客户信息管理；
2. 销售过程自动化（SFA）；
3. 营销自动化（MA）；

4. 客户服务与支持（CSS）管理；

5. 客户分析（CA）系统 5 大主要功能模块组成。

（二）中国客户关系管理系统市场的总趋势

1. 用户重视度提高，CRM 系统市场潜力大；

2. CRM 数量不少，但实施成功少；

3. 云计算背景下，SaaS 型 CRM 发展迅猛；

4. 移动应用不落后，移动 CRM 系统初现；

5. 打破传统思想，社交 CRM 系统成热点。

（三）实施成功的关键

1. 管理决策层的大力支持和配合；

2. 制定符合企业业务特点的详尽的操作手册；

3. 专人稽核、与利益挂钩。

（四）建立 CRM 系统的条件

1. CRM 系统已经涉及越来越多的学科技术，包括计算机、通信、网络、管理与行为、多媒体、数据库、图形图像等，是一个需要综合各种人才的团队工程，一个或者几个普通程序员很难做好；

2. 单位内部的程序员受行业和职位限制，无法掌握最新的管理理念及其发展趋势，往往只能对市面上的 CRM 系统和自己单位的办公流程进行简单模仿和克隆，不能够真正实现提升管理水平的目的；

3. 频繁调整 CRM 系统会严重影响员工的快速掌握和正常使用，延长融合期；

4. 开发 CRM 系统需要耗费大量的人力、物力、财力、管理、时间成本，不可控因素很多，综合费用最低也要几万元，很多都要数十万元，投入很大。

CRM 的特性之一就是鼓励公司内的团队合作，因此在一个完善的 CRM 项目中，打造团队协作也是一个重要的目标。除此之外，你还应当培训你的员工，尤其是 CRM 的使用者，他们不仅要了解如何操作，同时也要能够向他们展现在使用了该系统后，生产力会得到哪些提高，确保你的用户完全了解并适应系统。

综上所述，CRM 对企业的影响是很广泛的，尤其对一家销售型企业的影响更是显而易见，也大大提高企业各个不同人群的工作效率，使用系统化的管理，对企业进行有针对性市场活动推广，做各种分析报告，完善内部管理等，都将带来可观的效益。

第三节 超值服务理念

本节主要内容
■超值服务的类型
■超值服务的表现
■超值服务的注意环节

所谓超值服务，就是所提供的服务除了满足顾客的正常需要外，还有部分超出了正常需求以外的服务，从而使服务质量超出了顾客的正常预期水平。

实际上，服务本身的价值有时会超过硬件产品本身，有的顾客会为了得到更好的服务，而宁可多跑一些路，到服务好的地方去消费。

从根本上说，提供超值服务既是一种价格战，又是一种心理战。

"价格战"就是在不提高服务价格的同时，提供一些额外的服务，实质上就是变相的降价；对顾客来说，同样的价格可以多享受一些服务，成本也降低了，会获得更大的满足感。

"心理战"就是变相降价，是服务方主动提出的，可以充分地显示服务方的诚意，也可以借此拉近与顾客的关系，满足其心理需求，使顾客获得较好的身份感。

一、超值服务的类型

超值服务就是向消费者提供超越其心理期待的满意服务。一般有售前超值服务、售中超值服务和售后超值服务三类。

1. 售前超值服务是指在产品上市之前做好售前调研、售前培训、售前准备和售前接触四个环节的工作。如在售前邀请各方代表进行"消费者模拟定价"，以拉近客户的距离。

2. 售中超值服务是指在销售现场，客户服务人员的言行规范和各种身体语言的良好表达以及其他超过客户心理期待的服务内容。

3. 售后超值服务是指在产品到达客户手中后，客户服务人员进行售后服务时提供给客户的超出其期望值的服务，如帮助顾客做一些力所能及的额外工作等。

二、超值服务的表现

超值服务的表现可以包括以下一种或几种方式：

1. 站在顾客立场上，给顾客提供咨询服务；
2. 为顾客提供其所需要的信息；
3. 注重感情投资，逢年过节寄卡片、赠送小礼品等；
4. 主动向顾客寻求信息反馈并提供所需的服务；
5. 实实在在地替顾客做一些延伸服务，使顾客不由自主地体会到所接受服务的"超值"；
6. 在业务和道德允许的范围内，为顾客提供一些办理私人事务的方便。

三、超值服务的注意环节

掌握超值服务应把握的主要环节有以下四个：

1. 超值服务理念的确立。每一个客户服务人员都应该深深掌握超值服务的理念，以指导自己的服务实践，为客户带来超值享受，确保客户的忠诚。
2. 耐心细致，态度和蔼可亲。在提供超值服务时应该让客户感觉到你是真心在为他服务，而不是敷衍塞责。这就要求工作人员在提供服务时态度一定要好，对客户的问题要及时、耐心地解答。
3. 细心观察，捕捉客户的超值服务点。通过细心观察了解客户真正关心的问题、困难，然后给顾客提供帮助，这是赢得客户忠诚的最好办法。
4. 超值服务一定是在自己力所能及范围内进行，防止不切实际的承诺或盲目的行动。

第四节 顾客信息是企业命脉案例导入

案例导入背景材料

彼得·德鲁克（Peter F. Drucker），现代管理学之父，他的著作影响了数代追求创新以及最佳管理实践的学者和企业家们，各类商业管理课程也都深受彼得·德鲁克思想的影响。

德鲁克先生在《管理的实践》这本著作中，明确地告诉我们："如果我们想知道企业是什么，我们必须先了解企业的目的，企业是社会的一分子，企业的目的必须在社会之中，企业的目的，只有一个正确而有效的定义：创造顾客。"

在德鲁克先生看来，企业家必须设法满足顾客的需求。是顾客决定了企业是什么，因为只有当顾客愿意付钱购买商品或者服务的时候，才能把经济资源转化为财富，把物品转化为商品，才会有企业存在的价值。

德鲁克先生结合《管理的实践》创作的时代背景，通过讲述西尔斯的故事来阐明这一问题，而西尔斯成功的关键：由合适的人在合适的时间对合适的顾客做出了合适的事业。

案例：顾客信息是企业命脉

一、西尔斯公司简介

西尔斯公司由理查德·西尔斯于 1886 年创建，它经历了美国社会生活的几次大变革，最终成为美国经营最成功和最赚钱的企业之一，西尔斯公司虽在采用尖端技术领域并无令人瞩目的贡献，但它对美国消费者的购物及生活方式，都产生了很大影响。在西方商业界享有"零售业科学院"之誉。

西尔斯公司不仅是美国，也是世界最大的私人零售企业。它拥有 30 多万名职工，仅仅印刷在商品目录上的连锁商店就有 1600 多家，另外还有 800 多家供应契约商，其子公司遍布欧美各大城市。

二、品德兼优人力资源战略

西尔斯公司的人事管理工作的信念是：找到最优秀的人，对他们好，留住他们，承认他们的贡献并加以奖励。西尔斯善于选择、指导有能力、肯苦干的优秀员工，以保持公司的高效运营，它还能够有效地组织和领导优秀员工，分析他们的表现和贡献，分配和委派适当的人从事适当的工作，还能够根据员工的日常表现迅速判断出其工作的成效。西尔斯说："在西尔斯公司，成功建立在个人的荣誉上，每个人的发展都依赖于他的努力和工作质量。"

三、公正诚实慷慨地对待顾客的经营理念

西尔斯成功的关键就是坚持了一个具有革命性的观点——在适当的时候将适当的服务提供给适当的顾客，并以此作为建立企业信誉的基础。

在名利方面，西尔斯不刻意求名，而是踏踏实实地在为顾客以最低的价格提供最好的商品方面不懈努力，力图使每一步发展都能盈利。理查德·西尔斯离开公司后，罗森沃德提出了西尔斯公司的宗旨，即公正、诚实、慷慨地对待每一位顾客，以求得到他们公正、诚实、慷慨的回报。同时还制定了经营管理的三大准则：

第一，通过大宗、现款购买以保证低买低卖，但是要保证质量；

第二，通过把商品的运费降至最低来减少销售成本，但是要保证质量；

第三，通过薄利多销来增加总盈利，但是要保证质量。

对于西尔斯来说，失去顾客意味着没有做出令人满意的业绩，或者提供了极差的服务，或者冒犯了顾客，因此，必须将问题找出来。西尔斯在每个经营区域都设专职人员整理顾客反馈的信件，以便及时发现顾客的意见并给予回复。

四、根据消费者的偏好开发市场

在企业的发展观方面，西尔斯坚信向外扩张始终是建立在现有业务已经非常稳固的基础上，因此发展脚步始终比较稳健。西尔斯从极低的起点进入市场，每一年都多投入一点，使得投入持续增加。而且，西尔斯的发展不盲目，每一次向新的领域进军之前，它都要经过充分的调查、论证。它经常在消费者中调查，问消费者"你认为西尔斯有能力进入哪些领域"，同时对行业、市场、人口、地域文化等各方面影响因素都进行充分的分析论证。

在与供应商的关系上，西尔斯始终坚信要帮助供应商赚取合理的利润，应与供应商建立长期、稳定的伙伴关系，共存共荣。为适应不断变化的需求，它的采购员经常向供应商提出一些改进产品的建议。它还向供应商提供产品广告上的帮助和市场信息。而且，西尔斯信任大供应商，有侧重地投资于供应商以求得稳定的供货来源，它向供应商开出大额定单，大大增加了他们的生产量，大幅度降低了生产成本。它还派工程师到生产厂家帮助他们改进产品和扩大产量。可以看到，早在近一百年以前，西尔斯便已经具备了供应链管理的先进思想。

五、西尔斯公司的营销战略

西尔斯拥有强大的战略决策支持体系，它的任何一项决策体现的都不仅仅是一个人的智慧。西尔斯的管理者们更为注重长期发展战略的制定和实施，随时跟踪经济形势的变化，预见未来市场需求的变动趋势，据此来制定和调整公司发展的战略方向。这种未来预见性和及时的战略调整在每一个重大关头都因决策正确而成功地实现了战略转折，从而使西尔斯这艘大船一次又一次绕过暗礁和险滩，在长达百年的航程中始终保持正确的航向，没有发生严重的偏离。其中最为关键的有两次转折，一是在继续传统邮购业务的同时，及时进军零售业，并不断调整商店形态，由城市中心区的商店向郊区大型综合商场，进而向大型购物中心发展。这次转折使得西尔斯在后来的零售高潮中能够始终占据主动位置。二是冲破单一的商业领域，大胆进入保险业，创建了全国保险公司，以后又相继向银行、信托、房地产、汽车租赁等服务业领域拓展。这种多元化发展战略的实施为西尔斯带来了巨大的发展潜力和多中心的利润来源。

1. 对顾客负责的态度至上

如今,"顾客第一""用户至上"口号风行全球,但真正牢固树立这种观念并付诸行动的并不多见,西尔斯公司则是坚持不懈贯彻这一原则的公司之一。该公司每次召开经理级会议,首席的座位总是空着,椅子靠背上写着两个醒目的大字:"顾客。"为了维护顾客利益,该公司多年来一直坚持商品检验制度,在自己建立的商品质量检验室里,各种检验设备一应俱全。例如皮鞋,若厂家注明鞋底可以经受3万次弯折,西尔斯质检员就用检验仪器抽样实地测量,达到标准才允许上柜台。由于售前严格把关,尽管西尔斯公司一直坚持"保证质量,包退包换",但真正因质量问题前来退货的顾客是绝少的。此外,为方便顾客,西尔斯公司还坚持送货上门、办理邮购、代为包装运输,甚至向手头暂时不宽裕的消费者提供贷款,从而赢得了较高的信誉。马丁·艾兹说:"这种信誉是公司千金难买的无价之宝。"

3M(人才、商品、方法)历来作为西尔斯公司的制胜之宝,也被马丁·艾兹得以继续发扬光大。该理论强调人才、商品、方法乃是公司经营的三大支柱,只有三位一体、相得益彰,才能取得最大的经济效益。为此,公司在挖掘培养经营人才、采购适销对路商品、引进创新科学管理与营销方法及手段方面向来不遗余力。公司还经常到哈佛大学、芝加哥大学、伦敦经济学院等著名学府招聘人才,委以重任。为了组织适销对路的商品,西尔斯公司还经常开展大规模的市场调查活动,调查消费者的生活方式、消费心理和习惯,甚至从妇女的发色和皮肤研究她们喜爱的颜色,并将调查结果反馈给2万多个供应商,从而掌握了进货的主动权。

此外,公司还十分注意引进先进的管理手段和营销方法,如最早开展电脑销售,建立标准结算柜台,引进POS条形码系统和建立信息管理系统等。

2. 独有场地策略

(1)增加新商店。从20世纪70年代开始,西尔斯公司在建造和翻修商业设施方面,平均每年投资3.6亿美元,其中70%左右的资金用于建新商店。

(2)提高单位面积营业额。传统大型百货商场面积一般为2.1万平方米,年销售额2000万美元,营业面积占总面积的49%,营业面积中的通道和空地又占去近65%,因此实际陈列商品的面积占35%。总面积中用来销售商品的地方仅为17%。调整后的百货商场营业面积由49%提高到57%,商品陈列面积也提高了近10%。他们设计了专门的高层货架和货箱,利用空间增加营业面积。公司拥有商场建筑公司,专门负责西尔斯商场的一切建筑、施工、绘图设计等。

3. 适销对路的商品策略

第二次世界大战以后,西尔斯公司面临着两面夹击的市场竞争态势,一方面是新兴的折扣商店,另一方面是旧有的百货商场。于是他们从商品结构上进一步扩展服饰品,使大众市场与流行商品完美地结合起来。

(1) 经营高中档商品。第二次世界大战以后,高级精品、服饰曾达该公司营业额的40%。而后根据消费变化,他们增加了汽车零件部、饮食餐具部、房屋装饰用品部、生活电器部和旅游用品部。

(2) 控制生产。①对有关工厂进行定向投资和加工订货;②向制造厂商提出要求,某些产品用西尔斯的牌子;③设立包装部门,从事研究设计工作,对厂商实行有效影响;④设立若干商品研究室,直接进行产品开发。

(3) 保证质量。西尔斯商店有自己的商品质量检验部,有设备齐全的各种检验工具,凡是存在质量问题的商品一律不准上柜。例如产品说明书上说明皮鞋底可经受3万次弯折,品质检验部门就用仪器实际检测,达不到标准就向厂方退货。

4. 分销策略

(1) 集中采购。西尔斯公司在美国设50多家采购站,向12000家厂商采购830大类商品。600多名采购员,平均每人每年进货额500万美元。西尔斯经销的70%的商品来自12000家厂商,有20%多的商品是由公司投资和附属的工厂供应的(西尔斯拥有30多家公司,278家工厂)。西尔斯提出具体要求和使用西尔斯商标。进口商品的销售额占总额的7%左右。

(2) 分散供应。①商店供应。西尔斯有83家分销中心供货给800多家商店。办法是:先由分销中心把进货的明细表分发给各商店,各商店自行决定经营哪些商品,然后向分销中心进货。②邮购商店供应。13家邮购分销中心负责供货给1700家邮购中心,再由各邮购中心供货给邮购商店。

(3) 产品流通。西尔斯公司的流通主要有以下三种形式:制造商——顾客;制造商——商店;制造商——分销中心——商店。

运送不同商品时选择不同的运输工具,主要依据为:①仓库所在地和它的容量;②商品的价格;③仓库、卖场所在地;④运输工具的种类。

(4) 价格管理。一般的百货商场,商品价格制定常常是在进价之外增加毛利出售,与商品制造方法没什么关系。

西尔斯公司别出心裁,他们是根据市场情况,先确定市场接受的零售价格,而后剔除经营费用和利润,得出进货时的底价,再向厂商进行大量订货。就这样,从生产原料的购买到商品的制造,直至摆上柜台,都纳入到整个组织体系之中。这样,西尔斯公司得到了比一般廉价商店更高的利润，而且其售价比廉价商店更低。

5．促销策略

（1）广告。西尔斯公司每年广告费超过5亿美元，商品目录年发行量几百万册，通过报纸广告宣传，保持其在诸如技术性商品、汽车零件的垄断地位。电视广告费占广告费用的25%。

（2）售后服务。为方便顾客维修，公司雇用了维修技术员。而绝大多数的代客维修工作，是由维修站派人在指定时间内到顾客家中服务。

总结

西尔斯公司真正成为一家现代企业是从20世纪开始，当时西尔斯公司看到美国农民代表了一个被隔离而独特的市场，于是发明了定期发行内容翔实的邮购目录，推出了"保证质量，否则退款"的政策，这些发明为西尔斯带来了第一阶段发展的成果。西尔斯第二阶段的成果同样得益于顾客需求的敏锐洞察和准确把握。20世纪20年代中期，罗伯特·伍德将军根据农民的变化做出的事业的调整使西尔斯再次获得了成功。从第一阶段的成果到第二阶段的成果，沿着这个思路下去，我们会发现，其实德鲁克先生给出了常胜公司的秘诀，那就是不断地赢得顾客的信任，有值得顾客信任的商品。

课堂练习

顾客资源在企业发展中的作用和意义有哪些？

第十一章 顾客满意策略

第一节 顾客让渡价值

本节主要学习内容
■顾客让渡价值的内容
■顾客让渡价值系统的建立
■实行全面质量营销

顾客让渡价值,是指企业转移的、顾客感受得到的实际价值。它的一般表现为顾客购买总价值与顾客购买总成本之间的差额。顾客让渡价值是菲利普·科特勒在《营销管理》一书中提出来的。他认为,"顾客让渡价值"是指顾客总价值与顾客总成本之间的差额。

一、顾客让渡价值的内容

顾客总价值是指顾客购买某一产品与服务所期望获得的一组利益,它包括产品价值、服务价值、人员价值和形象价值等。

顾客总成本是指顾客为购买某一产品所耗费的时间、精神、体力以及所支付的货币资金等,因此,顾客总成本包括货币成本、时间成本、精神成本和体力成本等。由于顾客在购买产品时,总希望把有关成本包括货币、时间、精神和体力等降到最低限度,而同时又希望从中获得更多的实际利益,以使自己的需要得到最大限度的满足,因此,顾客在选购产品时,往往从价值与成本两个方面进行比较分析，从中选择出价值最高、成本最低，即"顾客让渡价值"最大的产品作为优先选购的对象。企业为在竞争中战胜对手，吸引更多的潜在顾客，就必须向顾客提供比竞争对手具有更多"顾客让渡价值"的产品，这样，才能使自己的产品为消费者所注意，进而购买本企业的产品。为此，企业可从两个方面改进自己的工作：一是通过改进产品、服务、人员与形象，提高产品的总价值；二是通过降低生产与销售成本，减少顾客购买产品的时间、精神与体力的耗费，从而降低货币与非货币成本。

（一）基本概念

1. 总顾客价值：顾客购买产品或服务所期望获得的一组利益（产品、服务、人员、形象）。

2. 顾客成本：顾客购买某一产品或服务所消耗的时间、精力、精神、体力及货币资金。

3. 顾客让渡价值决定因素

总顾客价值	1. 产品价值
	2. 服务价值
	3. 人员价值
	4. 形象价值
总顾客成本	1. 货币成本
	2. 时间成本
	3. 精力成本
	4. 体力成本

4. 产品价值：核心内容（内部价值、外部价值、附加价值）。

（1）使用性；

（2）寿命；

（3）可靠性；

（4）安全性；

（5）经济性；

（6）审美性；

（7）信息性。

5. 服务价值：顾客满意（核心价值、追加价值）。

（1）货币成本；

（2）时间成本；

（3）精力成本；

（4）体力成本。

6. 人员价值：能动实现的思想、知识、作风。

7. 形象价值：企业市场地位的综合反映。

（二）分析顾客让渡价值的意义

1. 使营销者了解估计竞争者的总顾客价值和总顾客成本，以便了解其产品应有的定位。

2. 不同的顾客对八个因素的重视程度是不同的，企业应针对不同顾客有针对性地设计营销方案。

3. 对于一般企业来说，扩大总顾客价值，减少总顾客成本的结果，可能会导致企业无利可图。

4. 如果本公司的产品处于让渡价值的劣势，可采取相应的对策来取得优势。

（三）提高总顾客价值

企业在设计、生产、销售、发送和辅助产品生产过程中进行互相连动的活动都有助于顾客让渡价值，实现竞争优势，竞争者价值链之间的差异是竞争优势的关键。

企业经营的成功不仅取决于每个部门做得好坏，还取决于部门之间的协调好坏。

解决或避免部门缺乏配合协调的途径是加强对核心业务过程的管理。

核心业务过程包括：新产品实现过程；存货管理过程；订单—付款过程；顾客服务过程，降低顾客的非货币成本即交易成本，降低货币价格。

二、价值让渡系统

企业超越自身的价值链，进入供应商、分销商和最终顾客的价值链，以取得顾客满意的竞争优势。

对顾客让渡价值的考察，必须从顾客角度出发。企业为顾客所带来的潜在利益带有一定的客观性，但这种具有一定客观性的潜在利益的实现程度却取决于顾客的评价。在4C理论的角度下理解价值让渡系统。

（1）瞄准顾客（Customer）需求。即根据顾客的现实和潜在需求来生产和销售产品，而不是考虑企业能生产什么产品。

（2）了解消费者的成本（Cost）。即消费者为满足其需求和欲望，愿意付出多少钱，而不是企业从自身利益出发，先给产品定价，向消费者要多少钱。

（3）消费者的便利性（Convenience）。即考虑如何方便顾客购买，顾客最愿意、最容易接近的渠道是什么。

（4）与消费者沟通（Communication）。即通过互动、沟通等方式，将企业内外营销不断进行整合，把顾客和企业双方的利益无形地整合在一起。

三、全面质量营销——重视内部的服务管理

顾客让渡价值系统建立的实质是设计出一套满足顾客让渡价值最大化的营销机制。使顾客获得更大"让渡价值"的途径之一是改进产品服务、人员与形象从而提高产品或服务的总价值。其中每一项价值因素的变化都对总价值产生影响，进而决定了企业生产经营的绩效。

1. 产品价值

产品价值是由产品的质量、功能、规格、式样等因素所产生的价值。产品价值是顾客需求的核心内容之一，产品价值的高低也是顾客选择商品或服务所考虑的首要因素。那么如何才能提高产品价值呢？要提高产品价值，就必须把产品创新放在企业经营工作的首位。企业在进行产品创新、创造产品价值的过程中应注意：

（1）产品创新目的是更好地满足市场需求，进而使企业获得更多的利润。因此，检验某些产品价值的唯一标准就是市场，即要求新产品能深受市场顾客的欢迎，能为企业带来满意的经济效益，这才说明该产品的创新是有价值的。

（2）产品价值的实现是服从于产品整体概念的，现代营销学认为产品包含三个层次的内容：核心产品（主要利益）、形式产品（包装、品牌、花色、式样）和附加产品（保证、安装、送货、维修）。与此相对应，产品的价值也包含三个层次：

内在价值，即核心产品的价值；外在价值，即形式产品的价值；附加价值，即附加产品的价值。现代的产品价值观念要求企业在经营中全面考虑产品的三层价值，既要抓好第一层次的价值，同时也不能忽视第二、第三两个层次的价值，做到以核心价值为重点，三层价值一起抓。

2. 服务价值

服务价值是指企业向顾客提供满意所产生的价值。服务价值是构成顾客总价值的重要因素之一。从服务竞争的基本形式看，可分为追加服务与核心服务两大类：追加服务是伴随产品实体的购买而发生的服务，其特点表现为服务仅仅是生产经营的追加要素。从追加服务的特点不难看出，虽然服务已被视为价值创造的一个重要内容，但它的出现和作用却是被动的，是技术和产品的附加物，显然高度发达的市场竞争中，服务价值不能以这种被动的竞争形式为其核心。核心服务是追加服务的对称，核心服务是消费者所要购买的对象，服务本身为购买者提供了其所寻求的效用。核心服务则把服务内在的价值作为主要展示对象。这时，尽管存在实体商品的运动，两者的地位发生了根本性的变化，即服务是决定实体商品交换的前提和基础，实体商品流通所追求的利益最大化应首先服从顾客满意的程度。而这正是服务价值的本质。

3. 人员价值

人员价值是指企业员工的经营思想、知识水平、业务能力、工作效率与质量、经营作风以及应变能力等所产生的价值。只有企业所有部门和员工协调一致地成功设计和实施卓越的竞争性的价值让渡系统，营销部门才会变得卓有成效。因此，企业的全体员工是否就经营观念、质量意识、行为取向等方面形成共同信念和准则，是否具有良好的文化素质、市场及专业知识，以及能否在共同的价值观念基础上建立崇高的目标，作为规范企业内部员工一切行为的最终准则，决定着企业为顾客提供的产品与服务的质量，从而决定顾客购买总价值的大小。由此可见，人员价值对企业进而对顾客的影响作用是巨大的。

4. 形象价值

形象价值是指企业及其产品在社会公众中形成的总体形象所产生的价值。形象价值是企业各种内在要素质量的反映。任何一个内在要素的质量不佳都会使企业的整体形象遭受损害，进而影响社会公众对企业的评价，因而塑造企业形象价值是一项综合性的系统工程，涉及的内容非常广泛。显然，形象价值与产品价值、服务价值、人员价值密切相关，在很大程度上是上述三方面价值综合作用的反映和结果。所以形象价值是企业知名度的竞争，是产品附加值的部分，是服务高标准的竞争，说到底是企业含金量和形象力的竞争，它使企业营销从感性走向理性化的轨道。

第二节 顾客忠诚

本节主要内容
■顾客忠诚的概念
■顾客忠诚的效益
■顾客忠诚的途径

顾客忠诚受价格、产品、服务或其他要素引力的影响。由于顾客长久地购买某一品牌,对再次购买意图能保持常新的态度。

一、顾客忠诚概念

顾客忠诚（Customer Loyalty，CL）是指顾客对企业的产品或服务的依恋或爱慕的感情,它主要通过顾客的情感忠诚、行为忠诚和意识忠诚表现出来。其中,情感忠诚表现为顾客对企业的理念、行为和视觉形象的高度认同和满意,行为忠诚表现为顾客再次消费时对企业的产品和服务的重复购买行为,意识忠诚则表现为顾客做出的对企业的产品和服务的未来消费意向。

任何一个企业都不能仅以顾客满意作为最终目标,而应该追求顾客的忠诚度。衡量忠诚的唯一尺度是看顾客能否重复地购买企业的产品或者服务;保持发展顾客忠诚度会使企业在市场策略中获得竞争优势。

二、顾客忠诚的效益

（一）能计算流失顾客的成本

1. 确定和衡量顾客维系率。
2. 寻找导致顾客流失的不同原因,并找出可以改进的方法。
3. 测算流失顾客所造成的利润损失。
4. 计算降低顾客流失所需费用。

（二）保持顾客的必要性

1. 吸引一个新顾客所花费的成本要高于保持一个老顾客所花费的成本（5∶1）,而降低顾客流失的5%,其利润就可增加25%。

2. 与实施顾客满意战略的意义相同。

三、预测忠诚度保持顾客忠诚的途径

（一）设置高的转换壁垒

对顾客的转换可以利用人际关系、投入的转换成本和竞争的替代者三种转换障碍。

1. 关系性转换成本

该种成本主要是指顾客在情感上或心理上的损失，涉及了因为身份或契约关系的打破而导致的心理上和情感上的不舒服。由以下两种类别构成：

（1）个人关系损失成本（Personal Relationship Loss Costs）

个人关系损失成本是指顾客转向其他企业会由于身份关系的打破而导致相关情感的损失，即可能会造成人际关系上的损失。比如顾客与以往供应商非常熟悉，顾客因此而享受的优质服务水平，新的供应商无法立即达到。

（2）品牌关系损失成本（Brand Relationship Loss Costs）

与打破身份关系而导致的相关情感损失相类似，品牌关系是顾客与其喜欢的公司品牌或公司之间所形成的良好关系。品牌关系损失成本是指顾客转向其他企业可能会失去和原有企业的品牌关联度，造成在品牌支持和社会认同等方面的损失。

2. 投入的转换成本

（1）经济风险成本（Economic Risk Costs）

经济风险成本是对转换可能带来较低产品或者服务质量的感知。即顾客如果转购其他企业的产品和服务，可能会因为信息不对称等原因为自己带来潜在的负面结果，这种不确定构成了风险成本。比如说产品的性能并不尽如人意、使用不方便等；这种经济风险成本在服务行业表现得尤为明显。

（2）评估成本（Evaluation Costs）

评估成本是指顾客如果转向其他企业的产品和服务，必须花费时间和精力进行信息搜寻和评估；通过必要的信息收集并加以评估潜在可替代的供应商才能做出明智的购买决定。

（3）学习成本（Learning Costs）

学习成本是指顾客如果转向其他企业的产品和服务，需要耗费时间和精力学习产品和服务的使用方法及技巧。如学习使用一种新的电脑软件、数码相机等；学习上的投资往往和某一具体供应商相关，这意味着顾客必须做出新的投资以适应新的供应商。

（4）建立成本（Setup Costs）

3. 竞争成本

在许多市场中，顾客转换成本便于企业形成一定程度的市场力量，这意味着公司目前的市场份额决定了未来时期的获利情况。因此，每一时期每一企业都面临着权衡：一方面是投资于目前的市场份额，利用低价格来吸引顾客，这些顾客将在未来时期成为有价值的重复购买者；另一方面，制定高价格获取高额利润，但同时它也减少了目前时期的市场份额。经济学家结合对权衡的不同考虑，在对顾客转换成本分类的基础之上，首先证明了顾客转换成本能够影响许多关键的竞争策略。

（1）价格策略

克莱姆普尔曾以航空公司为例，在一个两期的双寡头竞争模型中分析了顾客转换成本的作用，在这个模型中，第一时期存在竞争而第二时期存在事后垄断，原因在于顾客转换成本导致了第二期的租金。他说明，航空公司第一时期给予顾客的须在第二期使用的常客折扣（顾客转换成本）会导致第二期只发生微弱的价格竞争，更一般而言，第二期的租金诱发了第一期的激烈竞争，其中顾客转换成本的存在也导致了社会福利的损失。法瑞尔和夏皮罗（Farrell &Shapiro, 1988）研究了存在顾客转换成本的动态竞争，通过一个迭代模型，引入了持续的消费者群体，说明拥有顾客的大企业怎样可以通过制定高价"挤出顾客的奶"；而反之，一家小企业可以制定低价以吸引年轻顾客并建立自己的顾客群。沙弗（Shaffer）进一步讨论了存在顾客转换成本时的价格歧视策略。他们将顾客依据转换成本划分为属于本企业和竞争企业的两大类别，若需求信息对称，则对竞争企业的顾客收取较低的价格是最优的；若需求信息不对称，则对属于本企业的顾客收取低价格是最优的。

顾客转换成本的存在还可以进一步解释为：企业开辟一个新市场；一批新顾客进入市场，且新老顾客可被区别对待；新企业进入市场这三种情况所导致的价格战。克莱姆普尔还将两阶段模型扩展到多阶段，证明当每一时期都有新顾客进入，而企业无法区分新老顾客时，顾客转换成本会导致市场均衡时的价格水平高于不存在顾客转换成本时的价格水平。

（2）进入策略

阿吉翁（Aghion）和博尔顿（Bolton, 1985）分析了因签订合约而产生的顾客转换成本如何阻止新企业进入的问题。史马兰奇和克莱姆普尔对这一问题作了进一步研究，认为如果在"第一期"仅有一个企业存在，并有大量的顾客购买其产品，那么对于"第二期"想要进入的企业而言，可用的市场份额是非常少的。如果"第一期"的销售额足够大，那么就可以完全阻止新企业的进入，即当顾客转换成本很高时，对于新企业进入一个存在顾客转换成本的市场是非常困难的，其引发的顾客转换成本会导致进入时的社会成本很高。然而，当市场的发展速度很快，或者顾客转换成本很低（顾客的转换率较高），顾客转换成本可能并不影响进入策略，因为在位者不能一方面向老顾客收取高价，而另一方面又为与新进入者竞争而制定较低的价格吸引新顾客，由此可见，顾客转换成本对新进入者进入策略的影响因市场条件不同而发生变化。事实上进入者面对在位者并不是无"计"可施的，格拉赫（Gerlach，2004）研究了创新企业宣布其进入存在顾客转换成本市场的动机，结果表明进入者宣布进入的策略可以在新产品投入之前，在某种程度上阻止潜在需求将被在位者锁定。

（3）产品多元化策略

顾客转换成本同样会影响企业的产品多元化策略。如果企业能够通过顾客转换成本而彼此区别开来的话，那么企业就没有动力去实施产品多元化策略。事实上如果企业拥有的产品与众不同，那么一些顾客可能不会在乎转换成本的存在而从多个企业购买产品以提高产品的多样性。因此面对顾客转换成本，企业采取多元化的产品策略需要考虑两种情况的权衡：不采用多元化的产品策略，原因在于多元化会造成固定销售成本增加，而顾客转换成本的存在可以锁定一部分顾客，企业由此可获得一部分的固定收益；采用多元化产品策略，原因在于多元化可以满足顾客多样化的需求，以增加企业利润，但所要付出的代价是多样化所增加的固定销售成本。鉴于对两种情况的权衡，克莱姆普尔解释了为什么竞争企业会提供相对较少的产品系列；另外，克莱姆普尔还和派迪拉（Padilla）从社会的角度讨论了企业应向顾客提供更多的产品，以增加顾客效用，同时企业可以通过向顾客提供额外的产品获取更多的利润。

（4）产品兼容性策略

上述关于顾客转换成本的竞争策略，其对顾客转换成本的研究大多集中在市场层面，即这些顾客转换成本是所有产品采纳者都必须面对的，在方法处理上将顾客转换成本视作"黑箱"，并认为顾客转换成本是"外生的"，不对顾客转换成本的具体类别进行讨论。因此，也有部分经济学家阐述了顾客转换成本的某些具体形式与竞争策略的关系。凯兹（Katz）和夏皮罗分析了由于产品兼容性或者网络外部性所造成的顾客转换成本与产品兼容性策略的关系，系统中的不同组件是由不同的制造商以非常不同的生产和商业模式制造出来的，不同组件不兼容会引发大量的顾客转换成本从而影响企业间的竞争。玛瑞诺苏（Marinoso，2001）也作了类似的分析，他认为对于要更新系统的顾客来说，以前购买的耐用品价格就是顾客转换成本，这种成本是内生的，企业一般会利用非兼容性策略来创造顾客转换成本以降低日后的竞争，然而随着同质耐用品达到兼容性的成本逐渐减小，内生的顾客转换成本将加剧期间的价格竞争,因此,企业更倾向于选择兼容技术来生产产品。这些关于产品兼容性策略的讨论大多应用于软件市场。

对顾客转换成本与竞争策略的研究推动了顾客转换成本理论的发展,目前此类问题的研究较多,其研究方法也相对成熟。这类研究的主要贡献在于从行业竞争的角度肯定了顾客转换成本的重要性,因为它直接影响了企业许多关键的竞争策略,这为管理学家的深入研究提供了理论依据。

(二) 提高顾客满意水平

在激烈的市场竞争中,没有再比让顾客满意更重要的了。由于市场中顾客需求千差万别,而且顾客的情况又各不相同,因此要想采取有效营销策略来满足每个顾客需求是非常困难的。互联网出现后改变了这种情况,利用互联网企业可以将企业中的产品介绍、技术支持和定货情况等信息都放到网上,顾客可以随时随地根据自己需要有选择性地了解有关信息,这样克服了在为顾客提供服务时的时间和空间障碍。

1. 提高顾客服务效率,顾客可以根据情况自行寻求帮助,这样企业的客户服务部门可以有更多时间处理复杂问题和管理客户关系,而且能有针对性地解决顾客提出的问题,增加顾客的满意程度。

2. 为顾客提供满意的定单制作产供销服务体系化。

3. 为顾客提供满意的售后服务。

4. 提供顾客满意的产品和服务。

(三) 增加客户份额

顾客在同类产品中购买公司产品的比例,许多营销者不再花大量的时间来寻找怎样增加市场份额的方法,而是花更多的时间努力让顾客份额增加。为了增加客户份额,公司可以通过为现有顾客提供多元化产品来作用于客户关系,也可以培养雇员的交叉销售和增值销售能力来对现有顾客营销更多产品和服务。

建立客户资产:企业所有现在和潜在客户的终身价值的折现总和。

蝴蝶	挚友
公司产品与顾客需求之间高度匹配: 高盈利潜力	公司产品与顾客需求之间高度匹配: 高盈利潜力
陌生人	藤壶
公司产品与顾客需求之间几乎不匹配: 低盈利潜力	公司产品与顾客需求之间有限匹配: 高盈利潜力

第三节　顾客价值测算

一般来说，顾客价值的测算，可采用如下公式：客户持续价值 = 客户生命周期内预计交易次数×平均每次购买金额 − 获得一个客户的成本 + 推荐客户的净收入。

正确地理解客户持续价值，不仅要从客户已发生的交易支出中去分析客户，还要以未来发展的眼光，考虑客户潜在的价值增长。比如循环消费的频度有多少，客户是每周来一次这个商场购物，还是每月、每季或一年来一次。循环消费的频度越高，客户潜在的价值增长就越大。再比如增量消费额及购买率，客户每次购买某种产品或服务的金额是多少，增量购买率有多高，这都关系着客户的潜在价值增长状况。但并不是说 A 客户的增量购买率高于 B 客户，A 客户的潜在价值就高于 B 客户。如果 B 客户影响和推荐的客户所创造的价值是巨大的，那么 B 客户的潜在价值实际上不低于甚至还会高于 A 客户。

曾听一家保险公司的代理人介绍说：他有十多项保险业务是由他的一位投保人转介绍的，虽然那位投保人自己只保了一个 300 多元的意外险，但经其介绍的保险业务的合同额都挺大，这位投保人自然成为这家保险公司备受尊宠的高价值客户。理解客户持续价值，不仅要分析客户为本公司带来的实际货币收入，还要考虑客户给予公司的其他形式的回报，比如，客户向其亲朋好友主动宣传和推荐公司，提高了公司品牌的市场认知度和美誉度，并由此获得了良好口碑；由于客户的义务宣传，使公司的销售费用降低，营销效率提高；由于推荐购买率的增加，又使公司销售额和利润大幅增加。这就是"跳出利的圈子，便能获得更大利"的道理。不再以简单的销售收入为基础，而要以成本为基础，更加关注服务于每个客户所耗费的成本。如果从某个客户身上获得的销售收入很高，但服务于该客户的成本也很高，两项相抵，最后公司获得的利润则很小，这种客户的价值就并不高了。如今，银行鼓励客户使用 ATM 机取款，商场鼓励消费者使用信用卡付账，目的就是降低营运成本，提高单位毛利率。所以，在分析和评价长期客户价值时，成本因素应作为一项重要的评价指标予以关注。不仅要分析客户直接创造的价值，还要考虑客户能影响到的业务，如推荐购买，在前面所举案例中，H 公司从 A 客户身上直接获得的收入是 5150 元，而因 A 客户推荐，从其推荐客户身上获得的收入是 8100 元。很显然，随着客户关系持续时间的延长，公司通过客户推荐购买所获利润会大大高于客户直接购买产生的利润。推荐购买的后发效应和拓展性极强，若能善加利用，会为公司创造出巨大的价值、高额的回报。

综合练习

一、选择题

(一) 单项选择题（每题只有一个最恰当的答案）

1. 顾客让渡价值是（ ）的差额。
   (A) 顾客总价值和顾客总成本
   (B) 顾客潜在价值和顾客总成本
   (C) 顾客潜在价值和服务总成本
   (D) 顾客总价值和服务总成本

2. 在CS营销战略下，企业开发产品的源头是（ ）。
   (A) 企业利润要求
   (B) 企业生产工艺
   (C) 顾客需求
   (D) 顾客购买行为

3. CS战略考虑问题的起点是（ ）。
   (A) 顾客　　(B) 企业形象　　(C) 市场　　(D) 产品品牌

4. 营销活动中应遵循的道德规范的总和构成了（ ）。
   (A) 营销道德　　(B) 职业道德　　(C) 生产道德　　(D) 研发道德

5. 所谓营销道德是指（ ）活动中所应遵循的道德规范的总和。
   (A) 生产　　(B) 研发　　(C) 财务　　(D) 营销

6. 在对市场秩序和营销人员行为进行调节时，道德相对于法律手段来说具有许多优点，下列对这些优点的描述中错误的是（ ）。
   (A) 道德具有及时性和超前的警示性、防范性的特点，它随时可以调控人的不良行为
   (B) 道德是最节约的社会调控手段和方法
   (C) 道德调控是强制的行为，它是一种外在的强制力
   (D) 道德的调控有利于发挥我国的国情优势

7. 道德调控过程是在人的内心完成的，不需要支付物质成本，因而是（ ）的社会调控手段和方法。
   (A) 最浪费　　(B) 最节约　　(C) 最直接　　(D) 最间接

8. 职业道德是人们在从事职业的过程中形成的一种（ ）的约束机制。
   (A) 外在的，非强制性的
   (B) 外在的，强制性的
   (C) 内在的，非强制性的
   (D) 内在的，强制性的

9. 营销道德的基本原则没有( )。
（A）守信原则　　（B）负责原则　　（C）公平原则　　（D）逐利原则
10. 下列行为中,不符合营销道德基本要求的是( )。
（A）营销人员偶尔违反向顾客许下的口头承诺
（B）营销人员对自己独立自主的营销活动及其可能带来的一切后果承担责任
（C）营销人员如实地为顾客介绍营销产品的优点和不足
（D）营销人员在与竞争对手的竞争中也始终遵循公平原则
11. 信誉是指信用和声誉,它是在长时间的商品交换过程中形成的一种( )关系。
（A）依赖　　（B）公平　　（C）信赖　　（D）买卖
12. 现代营销最主要的也是最基本的道德要求不包括( )。
（A）守信　　（B）负责　　（C）公平　　（D）诚恳
13. 承诺有明确的承诺和隐含的承诺之分。明确的承诺是( )。
（A）对待上司应履行的义务
（B）在与对手的竞争中应履行的义务
（C）合同、协议等明确规定的应履行的义务
（D）合同、协议等没有明确规定的应履行的义务
14. 负责即要求营销人员在营销过程中,对自己的一切( )承担政治、法律、经济和道义上的责任。
（A）经济行为及其后果　　　　（B）政治行为及其后果
（C）法律行为及其后果　　　　（D）企业行为及其后果
15. 遵循营销道德的营销行为,不必与( )的利益保持一致。
（A）营销人员个人　（B）企业　　（C）顾客　　（D）竞争者
16. 诚实守信首先表现在从业人员忠诚于( )。
（A）企业　　（B）上司　　（C）竞争对手　　（D）消费者

（二）多项选择题（每题有两个或两个以上正确答案）

1. 顾客总价值是指顾客购买某一产品与服务所期望获得的一组利益,具体包括( )。
（A）产品价值　（B）服务价值　（C）人员价值　（D）形象价值
2. 消费者在选择卖主时,价格只是考虑因素之一,真正看重的不是( )。
（A）顾客产品价值　　　　（B）顾客服务价值
（C）顾客人员价值　　　　（D）顾客让渡价值

3. 顾客总成本的构成要素包括（　　）。
(A) 货币成本　　(B) 时间成本　　(C) 精神成本　　(D) 体力成本

4. 顾客总成本是指顾客为购买某一产品的耗费，主要包括（　　）。
(A) 货币成本　　(B) 时间成本　　(C) 精神成本　　(D) 体力成本

5. 产品的价值包含的层次有（　　）。
(A) 内在价值　　(B) 服务价值　　(C) 外在价值　　(D) 附加价值

6. 建立顾客价值让渡系统的做法主要有（　　）。
(A) 利用价值链实现网络竞争优势　　(B) 实行核心业务流程管理
(C) 实行全面质量营销　　(D) 重视内部的服务管理

7. 一般来说，企业的核心业务流程有以下几种形式（　　）。
(A) 存货管理流程　　(B) 新产品的实现流程
(C) 顾客服务流程　　(D) 订货—汇兑流程

8. 下列对CS以及CI的描述中，正确的是（　　）。
(A) CS考虑问题的起点是顾客
(B) CI要建立的是企业形象
(C) CS要建立的是企业为顾客服务，使顾客感到满意的系统
(D) CI仍然摆脱不了推销的色彩

9. 企业实施CS营销战略的措施主要有（　　）。
(A) 开发顾客满意的产品　　(B) 提供顾客满意的服务
(C) 进行CS观念教育　　(D) 建立CS分析方法体系

10. CS营销战略取得成功的关键是提供顾客满意的服务。企业的下列行为中，属于完善服务系统的是（　　）。
(A) 在价格设定方面，要力求公平价格、明码标价和优质优价
(B) 在生产过程中，要力求员工按时上岗和认真负责
(C) 在包装方面，要力求安全和方便
(D) 在售后服务方面，要做到访问、帮助安装、传授使用技术等

11. 企业要不断完善服务系统，最大限度使顾客感到安心和便利，为此，需做到（　　）。
(A) 在经营中要尺足、秤满
(B) 在包装方面，要安全、方便
(C) 在价格设定方面，要力求价格公平、明码标价

(D) 在售后服务方面要帮助安装,定期进行访问

12. 职业道德的三方面的特征是（　　）。

(A) 范围上的有限性　　　　　　(B) 内容上的稳定性和连续性
(C) 形式上的多样性　　　　　　(D) 效果上的短期性

13. 道德调控是自觉的行为,它通过人们的（　　）来形成一种内心的压力和习俗的约束,迫使人们有意识、有目的地做出自己的道德选择。

(A) 道德观念　　(B) 道德感性　　(C) 道德理性　　(D) 道德信念

14. 下列说法中正确的是（　　）。

(A) 某一行业的职业道德适用于所有行业
(B) 职业道德是一种强制性的约束机制
(C) 职业道德是一种内在的约束机制
(D) 职业道德的形式因行业而异

15. 营销道德的基本原则是指与市场营销活动相适应的特殊道德要求,建立这些原则的基本出发点是（　　）。

(A) 有利于促进他人利益从而实现营销人员的利益
(B) 有利于促进社会利益从而实现营销人员的利益
(C) 有利于促进企业利益从而实现营销人员的利益
(D) 有利于促进自己利益从而实现营销人员的利益

16. 公平是社会生活中的一种普遍的道德要求,在营销过程中,营销人员必须遵守公平原则,其具体含义是指（　　）。

(A) 对企业员工必须公平
(B) 对营销对象即顾客必须公平
(C) 在与对手的竞争中应坚持公平的原则
(D) 在与社会公众的交往中应坚持公平的原则

17. 企业的社会责任可概括为（　　）。

(A) 保护消费者权益　　　　　　(B) 保护社会的利益和发展
(C) 保护社会自然环境　　　　　(D) 与竞争者和谐相处

18. 判断某一行为是否道德及担负社会责任,主要看该行为（　　）。

(A) 是否获得广大消费者的拥护　(B) 是否是合法的
(C) 是否符合行业的习惯　　　　(D) 与竞争者和谐相处

19. 影响企业道德水准和社会责任感的因素主要包括（　　）。
（A）个人道德观　（B）企业价值观　　（C）组织关系　　（D）报酬制度
20. 提升企业道德水准和社会责任感的措施主要有（　　）。
（A）优化市场营销环境　　　　　　　（B）塑造优秀企业文化
（C）制定营销道德规范　　　　　　　（D）奉行社会营销观念

二、简答题

1. 什么是顾客让渡价值？它包括哪些内容？
2. 建立顾客让渡价值有哪些基本措施？
3. 什么是顾客满意？它有哪些类型？
4. 顾客满意受哪些因素影响？有何战略可用？
5. 衡量顾客忠诚的唯一尺度是什么？如何促使顾客忠诚？

三、实训

1. 实训项目：顾客满意观念
2. 实训目的：

使学生真正理解"用户永远是对的"之内涵；树立用户就是企业的衣食父母，只要能够给用户提供最满意的产品和服务，用户就会给企业带来更好的效益的观念；把顾客满意作为企业的工作标准，把顾客抱怨作为企业的最好礼物。

3. 实训类型：角色扮演
4. 实训内容：为企业制定服务规范，按服务规范培训员工
5. 实训方式：学生直接实训
6. 实训过程：

（1）根据学生兴趣，分别成立调查编写组、模拟表演组、专家评审组（5~8人）；
（2）调查编写组收集企业服务用语，编写企业服务规范；
（3）专家评审组设计情景，模拟表演组演示；
（4）调查编写组和专家评审组分别进行评价和打分。

7. 实训要求：

每人参与；为角色扮演者制定评分标准；评审应公平公正。

8. 实训结果：填写实训报告

第四篇 综合理论

第十二章 网络营销

第一节 网络营销概述

本节主要学习内容
■网络营销的特征
■网络营销策划
■网络营销方式
■网络推广

网络营销是以现代营销理论为基础,借助网络、通信和数字媒体技术实现营销目标的商务活动;是科技进步、顾客价值变革、市场竞争等综合因素促成的;是信息化社会的必然产物。

早在2013年12月,中国网民规模达6.18亿,全年共计新增网民5358万人。互联网普及率45.8%,较2012年底提升3.7%。(资料来源土豆丫头站2014-1-31)

早在2013年12月,中国手机网民规模达5亿,较2012年底增加8009万人,较2012年底大幅增长19%,在网民中使用手机上网的人群占比提升至81.0%。(资料来源同上)

一、网络营销的特征

(一) 网络营销的特点

1. 交易成本的节省性

交易成本的节省体现在企业和客户两个方面。对企业来说,尽管企业上网需要一定的投资,但与其他销售渠道相比,交易成本已经大大降低了,其交易成本的降低主要包括通信费用、促销成本和采购成本的降低。

2. 交易的特殊性

交易的特殊性包括交易主体和交易对象的特殊性。从交易主体来看,随着网民的增加和电子商务的发展,网上购物的人数在不断增加。但是网上购物者的主体依然是具有以下共同特征的顾客群体:年轻、比较富裕、比较有知识的人;个性化明显、需求广泛的人、知识广博、头脑冷静、擅长理智分析和理性化选择的人、求新颖、求方便、惜时如金的人。从销售对象的特征性来看,并不是所有的商品都适合在网上销售。

3. 网络传播广、信息量大等特点

现在是网络时代,互联网成了各种信息传播的载体,近几年网络营销方式发展渐渐成熟,消费者对网络营销也从刚开始的怀疑与不接受逐渐变成了信赖与喜爱。

(二) 网络销售围绕着互联网展开,网络销售的定位特征

1. 产品特点定位。知道产品的核心竞争力是什么,也就是通常我们所说的卖点。

2. 产品人群定位。我们一定要知道我们的产品是卖给谁的。对相应的客户群体进行分析。

3. 产品市场定位。我们要知道我们的产品在市场上的占有份额是多少。我们的竞争对手又是谁。俗话说,知己知彼,百战不殆。

4. 网络销售方法定位。根据产品的卖点、客户群体分析、竞争对手及市场分析选择适合我们自己的网络销售方式。

二、网络营销策划

对于不同的产品和市场在进行网络营销行为之前必须对该产品投放市场以及产生效果有一个提前的预测,市场调查的出现,网络配合下进行的各种宣传行为,构成了整个营销环节。

对于网络营销策划,不仅要跟上网络市场的步伐,更需要洞察同行对手在网络营销上采

取的各种方法。对于一个企业在发展过程中遇到的问题,必须与网络市场相结合,只有网络与市场相结合发展,才能在网络大市场中占得一席之地。

(一) 制定网络营销方案基本思路

1. 网络营销战略规划

总体目标与战略方案。

2. 网络营销计划

(1) 网络营销目标;

(2) 企业实施网络营销的内容与方式;

(3) 企业网页设计框架;

(4) 网络营销实施方案;

(5) 网络营销应注意的问题。

(二) 企业网络营销策划书包括的基本内容

5W2H 定律:

1. 5W

What:方案要解决的问题是什么?执行方案后要实现什么样的目标?为企业能创造多大的价值。Who 谁负责创意和编制?总执行者是谁?各个实施部分由谁负责。Where:针对产品推广的问题所在?执行营销方案时候要涉及什么地方?单位。Why:为什么要提出这样的策划方案?为什么要这样执行等。When:时间是怎么样安排的;营销方案执行过程具体花费多长时间?

2. 2H

How:各系列活动如何操作?在操作过程中遇到的新问题如何及时解决处理?

Howmuch:本方案需要多少资金?多少人力?这犹如打仗,要做到精打细算。知己知彼,方为百战不殆。如果能读懂上面所说的,那么无论在什么情况下都能写出一份具有初级的网络营销策划书。

(三) 网络营销策划的主要步骤

1. 将自己的企业全面快速地搬到互联网。企业在建立自己的网络营销方案的时候,首先要选择属于营销型网站建立自己的企业网站。

2. 通过多种网络营销工具和方法来推广和维护自己的企业网站。我们在互联网做的任何宣传和推广活动都必须以企业的网站为核心。

3. 网站流量监控与管理。通常我们采用流量监控与分析系统和在线客服系统来实现。营销型网站需要一套功能齐聚的在线客服系统,以此来帮助我们时时主动将发出洽谈,能够及时将有效的流量(潜在客户或意向客户)转换为网上销售。

三、网络营销方式

(一) 找出客户期待什么

无论你的公司规模如何,都要用专业精神和礼貌来对待电子客户。

首先要告诉客户,你是一家正规的合法公司,你始终对产品负责。如果可能,在主页上解释你的服务和产品保证。告诉客户你非常在意客户的满意度,也就是在宣布你重视他们。

他们想知道你是值得信赖的。通过与客户的沟通,展示你的可靠性。迅速答复所有客户的电邮问询。

他们想知道你是人性化的。客户发电邮询问时,你在回信中使用的措辞要尽量人性化。

(二) 让客户轻易联系上你

在网上做生意,客户会觉得在一天24小时中不管什么时候来到你的网站都是受欢迎的。迅速处理订单。电子客户希望订单能得到快速处理。

对在网上购物的客户来说,最讨厌的事情就是问询信石沉大海,或者答复姗姗来迟。

通过电邮建立客户忠诚度。感谢客户对你公司的关注。用电邮告知大减价、特别折扣或新产品的信息。给回头客发邮件,让他们知道你公司最近的情况如何。但在电邮中要为不愿意收到这些邮件的客户提供选择退出的方法。

用电邮与客户沟通时,要确认所写内容正是你想表达之意。在点击"发送"按钮前要小心。利用优秀的沟通技巧。这要从邮件的标题开始,保证标题反映了邮件的内容。

(三) 让信息看上去有趣

信息应尽量简短。用短句和主动句来表达:段落要简短,用双倍行距在信息的主体部分中留下空间。尽可能使用项目列表或标题形式的文字。认真校对所有信息。结语有趣。说一些具体的事情。这是展示公司个性的好地方,可以加一句话表现你对生意的重视。落款要留下个人的名字和职位。

(四) 表现专业水准

不要把人模式化,不要居高临下地对他们说话,不要随便猜测。尊重别人,亦能表现出你的彬彬有礼与宽容。在回信中要尽量体现专业水准,对电子客户可能不理解的词或术语给予完整的解释。

四、网络推广

网络推广不仅仅是对企业形象的塑造同时更是在建立企业品牌，借助互联网覆盖面广的特点，打造知名品牌。在现代的产品销售中，定价除了考虑产品的成本和质量外，还需要考虑产品的品牌性，而现代消费者消费也具有品牌针对性。当消费者认准了一个品牌后，未来的消费都会倾向于该品牌。品牌的知名度是建立在不断地推广维护上的，所以在进行网络营销时需要考虑产品的品牌性，如著名的世界品牌，其定价便需要定高些，这样才能显示其品牌价值。

品牌是企业的发展之道，没有一流的品牌也就不存在一流的企业！如何提升品牌的影响力？如何增强品牌的附加价值？如何打开产品网络营销市场？

网络营销可以帮助企业在市场中取得更大的市场占有额，网络推广的特点就是"无孔不入"，任何有网络的地方都可以看到信息的传播，覆盖面之广，令企业的潜在客户数量在不断地增加。企业需要具有创新精神，而不是只拘泥于传统的营销方式，应该结合时代的发展尝试网络营销，从另一种不同的角度对企业进行宣传推广。最佳的营销方案，能够塑造企业形象，推广企业品牌，提高品牌知名度，跻身于顶级品牌行列。

网络营销的优势在于能够给企业提供直接面向消费者的平台，这不仅降低了企业的销售成本，使产品的价格可以实现价格的最小化，使企业获得最大利益，而且还能突出产品销售过程的价格优势，缩短产品与消费者之间流通的时间值。国际品牌网将利用网络资源的巨大潜力，不断地探索研究寻找网络推广最有效的网络营销方式，致力于发展企业在网络的营销服务。

第二节 网络营销的市场定位

本节主要学习内容
■网络营销定位
■网络营销的基本要素
■网络营销战略的主要内容

一、网络营销定位

(一) 网络营销目标市场的定位

网络市场经过细分之后,选定网络目标市场后,企业必须进行市场定位,为本企业以及产品在市场上树立一定的特色,塑造"核心竞争力"和预定的形象,并争取目标顾客的认同。

(二) 推广策划

根据客户资源、团队执行力、推广预算等具体情况,为客户制定策划投入产出比最高的网站推广执行方案。推广方法从搜索引擎优化、关键词广告投放、联盟推广、软文推广、博客推广、论坛推广、E-mail推广、数据库营销、口碑推广等上百种推广方法中选择出最适合合作客户的几种推广方法。

(三) 营销培训

再次对各公司网络团队进行网络营销培训,然后根据推广计划时间安排,执行网站推广方案。

(四) 营销管理

网站安装网络营销分析系统,针对营销效果进行准确分析、检测,以便及时根据统计数据调整网络营销推广计划。

(五) 运营咨询

网中王公司在互联网圈拥有大量的人脉和各种各样的资源,在网站运营过程中的问题和需求,都可以及时为客户提供咨询服务。

(六) 盈利策划

网站盈利,是企业非常关心的问题,网中王公司营销团队,将在对客户企业深入咨询和调研后,站在整个行业的高度,为客户提供专业的咨询和策划服务,让网站快速地为企业带来订单,带来客户。

二、网络营销的基本要素

网络营销的方法多种多样,综合这些主要营销方式,可以总结出网络营销必须注重的六项基本要素。

（一）曝光率

不管是什么样的营销，曝光率都是首要的。没有足够的曝光率，营销活动必定没有足够的人气。没有足够的人气，营销活动必然失败，达不到预期效果。以下列举一些关于曝光率的营销方法。

1. 电话营销。通过电话将营销的内容传达给潜在消费者。
2. 短信营销。通过手机短信将营销的内容传达给潜在消费者。
3. 邮箱营销。通过电子邮件将营销的内容传达给潜在消费者。
4. SEO。通过搜索引擎优化，将搜索关键字推到搜索的最前端。由于国内百度市场占有率最高，所以主要做百度搜索引擎的 SEO。
5. 网络视频。在网络视频中布置植入式广告或插入式广告。
6. 问答式社区。通过问答式社区提高营销内容的曝光率。关于提升曝光率的营销方法还有很多。如微博营销、博客营销、事件营销……在这里就不多进行阐述。需要附加说明的是，在进行曝光率运营的同时，如果数据库中有足够的信息，还可以进行精准定向的曝光。这大大有利于营销活动的推行及提升目标效果。

（二）用户体验及视觉效果

为了达到更好的营销效果，需要进行对营销活动的内容进行 E 化处理。主要的内容 E 化方式有以下几种：

1. 纯文案。可在一段笑话、短文、新闻等文章中植入描文本，潜在消费者点击时，可以链接到更加详细的宣传主题中或直接到达目的地。
2. 广告图。单幅的活动广告图，尺寸较小，一般插入到具有较高活跃度页面中。
3. 广告宣传页。将广告宣传图做成 html 页面，具有更强的互动效果。可以将营销主题层次化进行互动。
4. Mini SITE。小型互动网站。

用户体验主要是针对以上的内容及布局的阅读舒适性进行处理的结果。以便于用户阅读，便于用户在阅读过程中具有视觉冲击。简单地说就是让用户经历兴趣、联想、欲望的过程。这涉及美术设计、人文艺术等专业领域。

（三）商品竞争力

营销活动的宣传不仅要关注宣传的载体，还要分析营销的主体。当主体竞争力不足时，只会浪费宣传的载体，好不容易流量引进来了，但是由于主体本身不具备竞争力，营销活动的目的依然有限。我们在分析营销活动时，经常发现流量进来了，但是效果不明显。出现这两种情况的原因一般要么是假流量，要么是商品竞争力不足。商品竞争力不足也是在浪费成本，浪费流量引入的成本。还要注意商品竞争力足不足，不是拍着脑袋自己定论，一定要与竞争对手作比对。

（四）营销力度

营销活动的核心在于营销。营销的力度，并不是说要把商品的价格做低。这里必须要说明一个问题，商品除了本质价值，还具有附加价值。营销力度是体现在附加价值冲击，还是体现在本质价值的优惠，需要充分考虑商品的竞争力、商品的市场投放情况、营销的客户群体。还有营销的力度需要与竞争对手作比对。这里特别说明一下，如何与竞争对手作比对，波特五力分析模型非常有用。

（五）成本分析

一次成功的营销，需要注意成本的控制。以上列举的多种营销方式，有些财务成本比较高，有些财务成本比较低，有一些成本一次投入长期享用。计算成本的方式要考虑回报的力度。产出比才是衡量成本的方式，风险控制也是成本投入的重要指标。营销的最终目标是要实现回报，回报的方式也有多种。总结有两类：财务回报及商业价值。

（六）目标量化

没有量化目标的营销都是盲目的。假定一个目标：通过营销，要收集5万个有效会员邮箱，产生直接销售十万（可与平常不做营销时的销量作比对）。有了这样一个目标，如何去进行成本分解及战术布局就明确多了，也便于集思广益。

当然影响网络营销实现的要素很多，要做好网络营销还要充分考虑到网络面的全面展开、日常营销及重点营销，营销频率及营销的连续效应等方面的因素。

三、网络营销战略的主要内容

网络营销战略是在互联网这种新的营销环境中，利用各种互联网工具为企业营销活动提供有效的支持。

（一）网络品牌

网络营销的重要任务之一就是在互联网上建立并推广企业的品牌，知名企业的网下品牌可以在网上得以延伸，一般企业则可以通过互联网快速树立品牌形象，并提升企业整体形象。网络品牌建设是以企业网站建设为基础，通过一系列的推广措施，达到顾客和公众对企业的认知和认可。在一定程度上说，网络品牌的价值甚至高于通过网络获得的直接收益。

（二）网址推广

这是网络营销最基本的职能之一，在几年前，有人甚至认为网络营销就是网址推广。相对于其他功能来说，网址推广显得更为迫切和重要，网站所有功能的发挥都要以一定的访问量为基础，所以，网址推广是网络营销的核心工作。

（三）信息发布

网站是一种信息载体，通过网站发布信息是网络营销的主要方法之一，同时，信息发布也是网络营销的基本职能，所以也可以这样理解，无论哪种网络营销方式，结果都是将一定的信息传递给目标人群，包括顾客/潜在顾客、媒体、合作伙伴、竞争者等。

（四）销售促进

营销的基本目的是为增加销售提供帮助，网络营销也不例外。大部分网络营销方法都与直接或间接促进销售有关，但促进销售并不限于促进网上销售。事实上，网络营销在很多情况下对于促进网下销售十分有价值。

（五）销售渠道

一个具备网上交易功能的企业网站本身就是一个网上交易场所，网上销售是企业销售渠道在网上的延伸。网上销售渠道建设也不限于网站本身，还包括建立在综合电子商务平台上的网上商店，以及与其他电子商务网站不同形式的合作等。

（六）顾客服务

互联网提供了更加方便的在线顾客服务手段，从形式最简单的 FAQ（常见问题解答），到邮件列表，以及 BBS、聊天室等各种即时信息服务，顾客服务质量对于网络营销效果具有重要影响。

（七）顾客关系

良好的顾客关系是网络营销取得成效的必要条件，通过网站的交互性、顾客参与等方式在开展顾客服务的同时，也增进了顾客关系。

（八）网上调研

通过在线调查表或者电子邮件等方式，可以完成网上市场调研，相对传统市场调研，网上调研具有高效率、低成本的特点，因此，网上调研成为网络营销的主要职能之一。

由此可见，网络营销战略是在综合性强、各类职能相互交织、多种网络营销方法的共同作用下，形成网络营销、网络策划、网络运营、网络公关、网络整合等技巧的实践性网络营销方法。

第三节 网络营销与电子商务

本节主要学习内容
■网络营销与电子商务的区别
■网络推广
■网络推广工具

网络推广是指利用互联网宣传推广，通过互联网该类的推广最终达到提高转化率。电子商务推广通过结合各种网络营销方式来进行电子商务推广，才能起到更好、更长久的作用。

一、网络营销与电子商务的区别

1. 目标客户定位：站长做电商的基本都是从年龄、层次、消费水平、地域几个属性去定位客户。按照消费者的产品的属性把目标定位好，然后进行媒介的选择，到底是门户好、社区好或者是框架传媒好。

2. 推广渠道选择：网络推广渠道到底有多少种，细细地列一下，大概有以下这些：搜索引擎、网址导航、邮件营销、线下活动和团购的网络推广方式。

3. 核定推广预算：很多企业和网络推广的领导在做网络推广计划的时候不知道该要多少钱。其实想说，做推广完全可以把要花多少钱计算到点上。也就1~3个月的时间，然后把整体的思路盘活，就能开始做总体的预算规划了。每分钱都应该精打细算。

4. 效果监控：数据监测和分析是网络推广中的一个重要工作，如果技术能跟进，每个推广渠道都应该挂代码，要把每个渠道的推广数据分析到各个节点，每种推广方式各带来多少流量，流量的各种转化率是多少。

5. 推广优化：后一个部分就是推广优化的事情，每项工作都应该有记录和分析。一是为了分析渠道的可用性，二是为了分析渠道的持续发展能力。尤其在付费的渠道上更加应该注重渠道优化的工作。

从推广方式和思维上都和所从事的电商推广有些区别，网络推广和电子商务推广最重要的还是要根据具体的实际需要，才能有更好推广作用的效果。

二、网络推广

网络推广仍是一个新鲜的概念。国内的专业公司及专业人才非常缺少，无法满足现有的行业发展需求。有实力的公司常采取通过花钱来推广的途径，而大多数中小型刚起步公司则是通过具有针对性的且低成本的网络推广来达到增加品牌知名度的目的，根据各个企业不同的特点制定不同的推广方案，取得了一定的成效。

随着国家相关扶植政策的陆续出台，对电子商务行业的支持力度不断加大。电子商务行业以其低成本、无地域限制等特点，已经对传统行业产生了极大的冲击。很多之前从事传统购物的企业也纷纷开启购物网站，并通过互联网来宣传。随着电子商务的不断发展，为数不多的网络推广人员显得越来越重要。

（一）网络推广的主要形式

网站目录登录推广

在线网页登录推广

博客营销推广

问答营销推广

网络广告推广（包含广告互换）

电子邮件推广

网址导航推广

IM方式（QQ，MSN，雅虎通）

排名营销推广

事件营销推广

免费服务推广

友情链接包括网络付费链接和免费互换链接

在B2B网站上发布信息或登记注册

在新闻组或论坛上发布网站信息

软文推广

用网摘系统推广

病毒式推广

网站互动推广

活动赞助推广
积分兑换有奖促销推广
SNS 网络推广
策划活动推广
微博活动推广
微信活动推广
用户体验推广
网络视频推广
贴吧推广
论坛推广
分类信息推广
登录搜索引擎

(二) 网络推广的主要分类

1. 按范围分

(1) 对外推广

顾名思义,对外推广就是指针对站外潜在用户的推广。主要是通过一系列手段针对潜在用户进行营销推广,以达到增加网站 PV、IP、会员数或收入的目的。

(2) 对内推广

和对外推广相反,对内推广是专门针对网站内部的推广。比如如何增加用户浏览频率、如何激活流失用户、如何增加频道之间的互动等。以友答网举例,其旗下有几个不同域名的网站,如何让这些网站之间的流量转化、如何让网站不同频道之间的用户互动,这些都是对内推广的重点。

很多人忽略了对内推广的重要性,其实如果对内推广使用得当,效果不比对外推广差。毕竟在现有用户基础上进行二次开发,要比开发新用户容易得多,投入也会少很多。

2. 按投入分

(1) 付费推广

就是需要花钱才能进行的推广。比如各种网络付费广告、竞价排名、杂志广告、CPM、CPC、CPs 广告等。做付费推广,一定要考虑性价比,即使有钱也不能乱花,要让钱花出效果。

(2) 免费推广

这里说的免费推广是指在不用额外付费的情况下就能进行的推广。这样的方法很多，比如论坛推广、资源互换、软文推广、邮件群发等。随着竞争的加剧、成本的提高，各大网站都开始倾向于此种方式了。

3. 按目的分

（1）品牌推广

以建立品牌形象为主的推广。该类推广一般都用非常正规的方法进行，而且通常都会考虑付费广告。品牌推广有两个重要任务，一是树立良好的企业和产品形象，提高品牌知名度、美誉度和特色度；二是终要将有相应品牌名称的产品销售出去。

（2）销售推广

以增加收入为主的推广。通常会配合销售人员来做，具体情况具体对待，这里就不多说了。

（三）网络推广方法

1. 线上

（1）邮件营销。

（2）利用百度知道、百科、贴吧等产品。

（3）利用分类信息平台发布信息。网站作纯信息发布的平台，可以在上面发布企业的产品信息。

（4）视频推广、网络推广。网络营销是营销组成部分，是电子商务的核心，而推广是网络营销的重中之重，许多企业都有专门的网站来进行网络销售、网盟广告，通过网盟平台，实现企业广告按人群、网站、关键词、行为、地域等精准定向投放，真正到达广告受众。

（5）利用第三方网站推广，提高企业知名度。通过第三方网站发布相关信息来实现企业网站的推广是较为简单的一种推广方法，企业可以选择一些高权重的网络平台，这样发布出来的内容才能够有一个好的排名，才能够有更多的潜在客户看到，才能够提高自身企业知名度。在此，国际品牌网提醒各大企业，在利用第三方网站进行推广的时候，应该注意内容的标题设置，内容的编辑，发布平台的选择这三方面的细节。

（6）利用博客进行网站推广。企业可以巧妙地利用博客进行网站推广，这样可以提升自身网站的权重和排名。做博客的目的就是能更好优化企业网站本身，而且博客内的链接可以直接为企业网站带来流量，从而吸引更多客户。

（7）论坛。选择一些相关论坛泡馆及贴吧，对企业要宣传的信息进行发布和宣传。

（8）搜索竞价广告。企业常用的应是搜索竞价的广告，较常用的百度竞价（百度新推出专业版）和 Google 的关键词广告即 Google AdWords、搜狗竞价推广。

（9）搜索引擎优化。这个就是大家常见的 SEO，针对企业网站的分析，对相关的关键词，在搜索引擎做一下优化，可以排在各大搜索的前面，可以为企业带来相关的转化。

2. 标识推广

在出现企业标识的地方同时出现网址，如企业的名片、信封、车辆等。

3. 广告附带

在企业的其他平面和媒体广告中附带企业的网址。

4. 线下推广

在服装或一些赠品上印有企业的网址。

（1）QQ 群聊天

加入相关 QQ 群进行聊天讨论，发一些相关的内容。

（2）QQ 群共享

大家可以把一些企业的小册子之类的，有资料性的东西，上传到 QQ 共享。

（3）QQ 群邮件发送

许多 QQ 群都开设了邮件群发功能，可以利用这个进行相关内容的群发。

（4）自建 QQ 群

企业也可以开多个 QQ 群，这时就可以随时宣传了。

（5）QQ 群贺卡

加入相关群进行贺卡发送，在邮件里添加标签广告。

（6）QQ 群空间

可以通过群空间发布文章，进行宣传，还有群空间相册也可以。

（7）微信类推广

5. 水印

（1）图片水印

在企业的宣传图片上，都要打上企业的水印美化图片，在发布到其他的地方和别的网站转载时都是对企业网站的宣传。

（2）视频水印

有许多视频共享网站，企业可以把一些相关宣传视频打上水印上传到上面，如果特别精彩的话，相信会有许多人关注。

（3）资料水印

在写的一些文章上面注明原创的网址,还有就是做一些资料小册子如PDF和电子书在里面加上企业的网址。

(4) 网页水印

在公司网站上面或产品网页版面打上水印,让企业文化和产品更加容易推广。

6. 群发

(1) 邮件群发

在这里站长强调的是许可邮件群发,不是垃圾邮件群发,还有就是邮件列表订阅。

(2) 论坛群发

(3) 博客群发

(4) 留言本群发

(5) 微信群发

7. 网摘

有许多网摘网站,如365key、新浪vivi等,可以在上面加一些企业网站相关的内容。

三、网络推广工具

网络推广工具是辅助网络推广的,让网络推广变得更加轻松和高效,针对网络推广平台不同有各种功能的网络营销软件,如博客推广软件、论坛推广软件、邮件推广软件、分类信息推广软件等。也有组合营销软件,即将目前有效的推广方式组合到一套软件中,使其优势结合,只需简单操作就能实现多方位的网络推广效果。

(一) 推广中的主要内容

1. 关键词分析定位。这是进行SEO优化重要的一环,关键词分析包括:关键词关注量分析、竞争对手分析、关键词与网站相关性分析、关键词布置、关键词排名预测。

2. 网站架构分析。网站结构符合搜索引擎的爬虫喜好则有利于SEO优化。网站架构分析包括:剔除网站架构不良设计、实现树状目录结构、网站导航不链接优化,网站设计语言采用DIV+CSS样式,代码很有层次和简洁。

3. 高质量的友情链接。建立高质量稳定的友情链接,对于SEO优化来说,可以提高网站PR值以及网站的更新率,都是非常关键性的问题。

4. 不被搜索引擎收录对话。向各大搜索引擎登录入口提交尚未收录站点。在搜索引擎看SEO效果,通过site:消费者的域名,知道站点的收录和更新情况。通过domain:消费者的域名或者link:消费者的域名,知道站点的反向链接情况。更好地实现与搜索引擎对话,建议采用 Google 网站管理员工具。

5. 网站目录和页面优化。SEO 不只是让网站首页在搜索引擎有好的排名，更重要的是让网站的每个页面都带来流量，长尾关键词采用内页优化。

6. 网站流量分析。网站流量分析从 SEO 结果上指导下一步 SEO 策略，同时对网站的用户体验优化也有指导意义。

7. 内容发布和链接布置。搜索引擎喜欢有规律的网站内容更新，所以合理安排网站内容发布日程，每天更新的时间段固定，发布文章内容的原创性高，是 SEO 优化的重要技巧之一。链接布置则把整个网站有机地串联起来，让搜索引擎明白每个网页的重要性和关键词，实施的参考是第一点的关键词布置。友情链接和站外链接的战役也是在这个时候展开。

8. 网络推广可以找一些专业的公司，只是要花一些钱，基本上一些大型或者中小型企业都是找的专业的网络建设推广公司，在百度上专业的网络推广营销公司有很多，选择比较好些的。

（二）网站推广

网站推广不是网络营销。

做个网站，通过各种途径和方式进行推广，这是比较常见的网络推广形式，也是网络推广的主要形式。网络营销包含网站推广，网络推广的外延更为广泛；网站推广是网络推广的一部分，也是比较常见的网络推广形式。

（三）网络营销关系

网络营销关系又叫网络关系营销，是指企业借助联机网络、电脑通信和数字交互式媒体的威力来实现营销目标，它是一种以消费者为导向、强调个性化营销方式，使用了定制化时代的要求；具有极强的互动性，是实现企业全程营销的理想工具，它还能极大地简化顾客的购买程序，节约顾客的交易成本，提高顾客的购物效率，并且，网络营销更多地强调企业应借助于电子信息网络，在全球范围内拓展客源，为企业走向世界提供基础。现代企业应充分发挥互联网络的互动优势，灵活开展网络营销，促进企业的持续发展。关系营销中留住顾客的三个基本途径：

1. 加强"关系营销"。提供顾客满意的产品和服务，创造坚强的顾客忠诚度，紧紧抓住顾客的芳心。关系营销的目的就是要经由持续改进对顾客服务水平，让顾客满意，来留住顾客。

2. 提高顾客转换品牌成本。如通过通路控制与开发专属规格的产品等方式，让顾客不容易买到竞争者的产品或是必须付出非常高的成本才能完成品牌转换。

3. 进行"价值区隔"。市场区隔是以消费者的偏好为区隔的基础,而价值区隔则以顾客对企业的价值或利润贡献度来区隔消费者。因为,根据80/20法则,贡献企业80%利润的来源大多集中在20%顾客的身上,因此不仅要留住现有顾客,而且更要留住那贡献企业80%利润的黄金客户。

网络营销典型案例

一个存在了百年的区域市场老品牌,在短短5年时间内崛起,迅速成长为具有全国影响力的饮料销售冠军,而且博得了良好的社会美誉,这其中有什么不为人知的营销实践?又有着怎样的成长秘诀?梳理王老吉的发展史,我们注意到,有三大营销战役决定了这个品牌的崛起。撷取这三次营销个案,不但可以让我们知道王老吉的崛起密码,还可以了解到网络营销、品牌定位、产品延伸等营销前沿思想的现实实践。

一个"网络营销"的经典案例?

如果你善于把握机会,并且使用得当,灾难也可以转化为营销良机。

说这话似乎有点没心没肺,而且很明显,把灾难作为一种机会,很容易一不小心招致非议,偷鸡不成蚀把米,"营销"出负面名声和效果,比如,被扣上"发国难财"的帽子。但事实上,高手之所以是高手,就在于对"度"的把握和拿捏上,所谓"过犹不及"。

我这里要谈的,是在四川地震慈善赈灾活动中表现出色的王老吉品牌的运作方:加多宝集团(以下简称加多宝)。

在5月18日中央电视台为四川地震举行的赈灾晚会上,加多宝捐出了高达1亿元的善款,使这家原本默默无闻的公司"一举成名天下知"。

如果说在灾难发生时捐出巨额是有责任感的企业都会有的义举和都能想到的营销举措,那么,接下来的操作,恐怕就不是一般企业所能操作的了。

就在加多宝出人意料地以巨款捐助感动公众的社会心理下,次日晚,国内一知名网络论坛上出现了一个叫嚣要"封杀王老吉"的帖子,帖子标题为《让王老吉从中国的货架上消失!封杀它!》这个引人注目且不合时宜的标题吸引了足够多的眼球,并激起了被加多宝义举所感动的公众的愤怒。

但打开帖子看,发帖者是在故意耸人听闻,他所指的"封杀",其实是要表达"买光超市的王老吉,上一罐买一罐"的意思。正话反说产生的强烈反差刺激了无数公众跟帖留言,"今年夏天不喝水,要喝就喝王老吉""加多宝捐了1亿,我们要买光它的产品,让它赚10亿",类似这样的跟帖出现在众多网站的论坛上。

数日后，网上甚至出现了王老吉在一些地方卖断货的传言。

网络上数量惊人的讨论、转载和点击量，使这一事件引起众多传统媒体的关注和跟进报道。

许多人相信，"封杀王老吉"的帖子及其产生的巨大影响，只不过是一名受加多宝捐款所感染的网友的无心插柳的举动。

自然，灾难时期的人们盼望着英雄的诞生。而加多宝在赈灾中的表现，自然为它赢得了广泛的社会尊敬。

然而，逐渐有人怀疑这一起给王老吉及加多宝带来美誉的"封杀"事件，并非是网民的无心之举，实际上是"人为操作的"。

一位网名为 Sonia 的网络营销界人士说，她的一位朋友参与了这一事件的运作。她说："加多宝找了公关公司和专业发帖团体策划运作了此事，由这些公司和团队将帖子扩散到各大论坛上，并通过大量跟帖掌握着网络的舆论导向和延续影响。"

另一位有过网络营销经历的业内人士也在网上称，王老吉从 2007 年就开始重视网络营销的传播效果，并在该领域有所投入，"常规时期在论坛上每个月的投入数额都比较大"。他认为，正是因为有此前的资源和经验积累，加多宝才能在捐款后的关键时刻快速、高效地开展网络营销。"一个公众瞩目的企业行为、一条引人关注的帖子、一群高效有力的网络推手，以及最终引发的一个广受关注的社会新闻，这些重要因素都天衣无缝地融合在一起，可以说是一个网络营销的经典案例。"

企业在自然灾难中通过巨额捐款提升自己的品牌价值，其动机其实并无不妥。Sonia 从网络营销的角度表达了其对"封杀"王老吉一事的认可。她在博客上说："这是一次完美运用了互联网传播力量的网络营销事件。"她认为这不仅帮助加多宝树立了良好的形象，还提升了消费者对王老吉品牌的忠诚度。

网管说，由于相关公司均与加多宝签署了保密协议，所以具体内情外人难以获悉。不过，她提到一些有迹可循的细节，很多在不同网站论坛上频频跟帖赞美加多宝和王老吉的 IP 地址"都是重复的"，而且很多论坛用户也是"5 月 18 日以后才注册的"。

但广州一位接近加多宝管理层的咨询公司老板对此则持怀疑态度。他认为，通过网络发帖进行品牌营销的行为不符合加多宝的企业气质，尤其"在为地震灾区捐巨款这样的大事上，他们不会采用这种形式宣传自己"。他猜测帖子的发布或之后的部分跟帖有可能是加多宝员工的个人行为，而由此引发的社会反响并非这些员工事先所能预料到的。

究竟是"无心插柳"还是"精心栽花"，没有人去调查。因为，毕竟 1 亿元捐款已经显示了加多宝高度的社会责任感。在这样的良好社会认可氛围中，没有人会去做破坏企业形象的事情，何况即使真是"精心栽花"，也没损害什么人的利益。

无论怎样，网络传播使王老吉和加多宝赢得了公众的更多认可。如果说王老吉凉茶之前还只是一个饮料品牌，那么现在这一品牌已经获得了无数企业梦寐以求的社会美誉。

重新定位：加多宝让王老吉新生

事实上，中央电视台赈灾晚会上1亿元捐款所带来的美誉，只是王老吉品牌和加多宝的"收获"之一，其最现实的收获，是对企业来说最为重要的市场销售。

2018第一季度，国家统计局、中国行业企业信息发布中心发布的数据显示，王老吉已成为"2007年度全国罐装饮料市场销售额第一名"。其他数据显示，2007年王老吉的销售额达到了80亿元。

罐装王老吉的巨大影响，甚至使其与在科技领域取得神话般成就的谷歌（Google）联系到一起。"我们休息室里的饮料都是王老吉"，谷歌曾这样向社会公众传达它在中国的本土化努力。

这只是加多宝默默耕耘王老吉多年之后的"果"，其"因缘"，很多年前就开始了。

崛起的王老吉，就像突然在夜空中闪耀的巨星。

从2005年开始，"怕上火，喝王老吉"响彻了中国大江南北，一时间喝王老吉饮料成了一种时尚，王老吉成了人们餐间饮料的重要组成部分，而这句广告语也成了家喻户晓、路人皆知的口头禅。

王老吉何许人也？广东人都知道，这是个凉茶品牌，据说创始于清道光年间，距今长达175年，被公认为凉茶始祖，有"药茶王"之称。

20世纪50年代初，由于各种原因，王老吉凉茶铺分成两支：一支完成公有化改造，发展为今天的王老吉药业公司（2004年之前的羊城药业）；另一支由王氏家族的后人带到中国香港。在中国内地，王老吉品牌归王老吉药业公司所有；在中国内地以外的很多国家和地区，王老吉品牌为王氏后人所注册。

1995年，港资公司加多宝在广东东莞建厂，经羊城药业特许，在中国内地生产、经营王老吉罐装凉茶（食字号）。

2003年以前，从表面看，红色罐装王老吉（简称红罐王老吉）是一个活得很不错的区域品牌——在广东、浙南地区销量稳定，有比较固定的消费群，盈利状况良好，销售额连续几年维持在1亿多元。

但发展至此，加多宝管理层发现，要想把企业做大，走向全国，就必须解决一连串问题，甚至原有的一些优势也成为困扰企业继续成长的障碍。

而所有困扰中，核心的问题是：红罐王老吉是应该当"凉茶"卖，还是当"饮料"卖？

因为广东、浙南消费者对红罐王老吉的产品认知混乱。它拥有凉茶始祖王老吉的品牌，却长着一副饮料的面孔——锡罐包装，让消费者觉得它"好像是凉茶，又好像是饮料"；而且，发展了7年，红罐王老吉无法走出广东、浙南两个区域，因为在中国的很多地区，人们没有喝凉茶的概念。

这导致加多宝在推广产品时概念模糊，因为如果用"凉茶"概念来推广，担心其销量受到影响；但作为"饮料"推广，又没有找到合适的品牌区隔。

这个现实的难题，终于在2003年得到突破。

突破的机缘很偶然。2002年底，加多宝找到了一家营销顾问公司，想为红罐王老吉拍一条广告片，以期推动销售。但这家营销顾问公司研究后发现，红罐王老吉的销售问题不是通过拍广告片就可以解决的，它首先要解决的问题是品牌定位。正如广告大师大卫·奥格威所说：一个广告运作的效果更多地取决于你产品的定位，而不是怎样写广告（创意）。

加多宝决定暂停拍广告片，委托这家营销顾问公司对红罐王老吉进行品牌定位。

2003年初，王老吉新的品牌定位出炉了：明确红罐王老吉是在"饮料"行业竞争，竞争对手是其他饮料；品牌定位是"预防上火的饮料"，独特的价值在于喝红罐王老吉能预防上火，让消费者可以无忧地尽情享受生活：吃煎炸、香辣美食、烧烤，通宵达旦看足球……

这样的定位为王老吉带来的益处是显而易见的：

其一，有利于红罐王老吉走出广东、浙南。因为"上火"是一个全国普遍性的中医概念，不像"凉茶"局限于特定的地区，这就为红罐王老吉走向全国扫除了障碍。

其二，避免与国内外饮料巨头直接竞争，形成独特区隔。

其三，成功地将产品劣势转化为优势。淡淡的中药味不再是饮料销售的口味障碍，而成功转变为"预防上火"的有力支撑；3.5元的零售价格，因为"预防上火"的功能，不再"高不可攀"；王老吉品牌悠久的历史，成为预防上火"正宗"的有力支撑。

在传播上，尽量凸显红罐王老吉作为饮料的性质。在第一阶段的广告宣传中，红罐王老吉以轻松、欢快、健康的形象出现，避免出现对症下药式的负面诉求，从而把红罐王老吉和"传统凉茶"区分开来。

为更好地唤起消费者的需求，电视广告选用了消费者认为日常生活中最易上火的五个场景：吃火锅、通宵看球赛、吃油炸薯条、吃烧烤和夏日阳光浴。广告画面中人们在开心享受生活乐趣的同时，畅饮王老吉。结合时尚、动感十足的广告歌反复吟唱"不用害怕什么，尽情享受生活,怕上火,喝王老吉",促使消费者在吃火锅、烧烤时,自然联想到红罐王老吉,从而促成购买。

在地面推广上,除了强调传统渠道的POP广告外,还配合餐饮新渠道的开拓,为餐饮渠道设计了大量终端物料。比如,设计制作了电子显示屏、灯笼等餐饮场所乐于接受的实用物品,免费赠送。在传播内容选择上,充分考虑终端广告应直接刺激消费者的购买欲望,将产品包装作为主要视觉元素,集中宣传一个信息:"怕上火,喝王老吉饮料。"餐饮场所的现场提示,有效地配合了电视广告。正是这种具有极强针对性的推广,消费者对红罐王老吉"是什么""有什么用"有了更强、更直观的认知。目前餐饮渠道已经成为红罐王老吉的重要销售传播渠道之一。

同时,在针对中间商的促销活动中,加多宝除了巩固传统渠道的"加多宝销售精英俱乐部"外,还加强了对餐饮渠道的开拓与控制,推行"火锅店铺市"与"合作酒店"计划,选择火锅店、酒楼作为"王老吉诚意合作店",投入资金与其开展节假日促销活动。由于为商家提供了看得见的利益,因此,红罐王老吉迅速进入餐饮渠道,成为主要推荐饮品。

在传播媒体的选择上,加多宝主要锁定了覆盖全国的中央电视台,并结合原有销售区域广东、浙南的强势地方媒体。在随后的几个月里,加多宝共投入4000万元广告费。广告效果非常明显,销量立竿见影地得以迅速提升。

其后两年,加多宝乘胜追击,斥巨资购买中央电视台黄金广告时段。正是这种疾风骤雨式的投放方式保证了红罐王老吉在短期内迅速进入人们的头脑,给人们留下深刻印象,并迅速红遍全国大江南北。

红罐王老吉为加多宝带来了巨大效益:2003年,其销售额比上年同期增长了近4倍,由1亿多元猛增至6亿元,并冲出广东、浙南;2004年,销售额突破10亿元;接下来,每年都有爆炸式增长。

谈及加多宝的惊人业绩,一位业内人士说:"开创新品类永远是品牌定位的首选,一个品牌如果能将自己定位为与强势对手所不同的选择,其效果往往是惊人的。红罐王老吉作为第一个预防上火的饮料推向市场,使人们通过它知道和接受了这种饮料,最终它就会成为预防上火饮料的代表,随着品类的成长自然拥有最大的收益。"

产品延伸:盒装王老吉的成功

就在加多宝为红罐王老吉的现实难题所困扰时,羊城药业确立了药品、食品"双轮发展"战略,推出了绿色盒装的利乐包王老吉饮料,到2002年底,其每年的销售额约为1000万元。

红罐王老吉取得巨大成功后，羊城药业看到了其中"借力使力"的机会。

从2004年开始，经与加多宝协商，羊城药业（这一年的3月改名为王老吉药业）对盒装王老吉也使用"怕上火，喝王老吉"的广告语进行推广。这年7月，王老吉药业与肯德基达成合作，珠江三角洲的肯德基快餐连锁店开始卖王老吉药业生产的凉茶颗粒。

通过一年时间的推广，王老吉药业感到，采用"跟随策略"推广盒装王老吉，不能最大限度地促进销售。同时，王老吉药业隐约觉得，盒装王老吉的市场潜力应该来自于对红罐王老吉的细分。如果要细分，就一定要找到盒装王老吉与红罐王老吉的不同点，也许是不同的价格，也许是不同的人群，也许是不同的场合……

也是在这一年，王老吉药业决定与香港同兴药业合资。2005年2月，合资公司挂牌，王老吉药业的企业机制发生转变。合资双方经协商，聘请加多宝的管理人员加盟。

很难猜测、评估此举对王老吉药业产生的影响。外人能够观察到的是，2005年底，王老吉药业对盒装王老吉"思变"，并为此提出了一个课题"如何细分红罐王老吉的市场，以形成策略指导盒装王老吉的推广"，并与其合作伙伴一起进行研究。

双方从消费者、竞争者及自身三个方面进行了分析研究。

从消费者角度看，盒装王老吉与红罐王老吉没有区别，是同品牌的不同包装、不同价格而已。虽然盒装王老吉与红罐王老吉是两个企业生产的产品，但在消费者眼中它们不过是类似于瓶装可乐和罐装可乐的区别，只是将同样的产品放在不同的容器中而已，是同一个产品系列，不存在本质上的差别。而盒装王老吉与红罐王老吉在价格上的差异，也是因为包装的不同而产生的。

从产品本身看，盒装王老吉因包装、价格不同，已存在特定的消费群和消费场合。由于包装形式的不同，决定了盒装王老吉与红罐王老吉在饮用场合上存在差异。红罐王老吉红色铁罐的"着装"显得高档、时尚，能满足中国人的礼仪需求，可作为朋友聚会、宴请等社交场合饮用的饮料，故其在餐饮渠道表现较好。盒装王老吉以纸盒包装出现，本身分量较轻，包装质感较差，不能体现出档次，无法与红罐王老吉在餐饮渠道竞争。但在即饮（方便携带的小包装饮料，开盖即喝）和家庭消费（非社交场合）市场，红罐王老吉每罐3.5元的零售价格，与市场上其他相同包装形式的饮料价格相比，相对较高，不能满足对价格敏感、收入有限的消费人群（如学生等）的需要。而盒装王老吉每盒2元的零售价格，对于喜欢喝王老吉饮料的上述人群而言，无疑是最佳选择。况且，在家庭消费市场上，以批量购买为主，人们在家里喝饮料没有讲排场、面子的需求，在质量好的前提下，价格低廉成为家庭购买的主要考虑因素。因此，在即饮和家庭消费市场上，盒装王老吉具有明显的优势。

从竞争者角度看,"预防上火"饮料市场仍处于高速增长期,还有待开拓。红罐王老吉已经牢牢占据了领导品牌的地位,成为消费者的第一选择,开拓品类的任务,红罐王老吉当之无愧,也只有它才能抵挡下火王、邓老凉茶等其他凉茶饮料的进攻。因此,从战略层面看,盒装王老吉应全力支持红罐王老吉开拓"预防上火的饮料"市场,万不可后院放火,争夺红罐王老吉的市场,最终妨碍红罐王老吉开拓市场。

在具体实施中,首先,明确盒装王老吉与红罐王老吉的差异——相同的产品,不同的包装、价格,在推广时要避免刻意强调不同的公司生产。其次,确定盒装王老吉的目标消费群——对价格敏感、收入有限的人群。最后,确定盒装王老吉推广要达到的目的是:让消费者知道两者是相同的王老吉饮料,只是规格不同。

在具体的推广执行中,影视广告场景着重突出以家庭主妇及学生为主体的消费群,同时强调新包装上市的信息。而平面广告设计,大量借用红罐王老吉的表现元素,以便更好地与红罐王老吉产生关联,易于消费者记忆。

据此,盒装王老吉的广告语最后确定为:"王老吉,还有盒装。"

随后王老吉药业进行了强有力的市场推广。2006年,盒装王老吉的销售额由2005年的1.48亿元跃升至3.43亿元。2007年,盒装王老吉的销售额达到了6.09亿元。(资料来源华路卓网络营销外包网)

案例思考

1. 上述企业运用的是什么促进策略?具体有哪些步骤?
2. 上述策略为什么能够运用成功?成功之处是什么?

第十三章 关系营销

第一节 关系营销的含义

本节主要学习内容
■关系营销的含义
■关系营销基本内容
■关系营销理论的局限性
■关系营销的价值

一、关系营销的含义

所谓关系营销,是把营销活动看成是一个企业与消费者、供应商、分销商、竞争者、政府机构及其他公众发生互动作用的过程,其核心是建立和发展与这些公众的良好关系。

(一)关系营销中的关系类别

1. 第一级关系营销

指企业通过价格和其他财务上的价值让渡吸引顾客与企业建立长期交易关系。如对那些频繁购买以及按稳定数量进行购买的顾客给予财务奖励的营销计划。

2. 第二级关系营销

指企业不仅用财务上的价值让渡吸引顾客,而且尽量了解各个顾客的需要和愿望,并使服务个性化和人格化,以此来增强公司和顾客的社会联系。二级关系营销的主要表现形式是建立顾客俱乐部。

3. 第三级关系营销

指企业和顾客相互依赖对方的结构发生变化,双方成为合作伙伴关系。三级关系营销的建立,在存在专用性资产和重复交易的条件下,如果一方放弃关系将会付出转移成本,关系的维持具有价值,从而形成"双边锁定"。这种良好的结构性关系将会提高客户转向竞争者的机会成本,同时也将增加客户脱离竞争者而转向本企业的利益。

(二)关系营销的组织设计

1. 针对不同客户进行划分。在营销实践中,不同公司因产品和市场的不同,可以分别建立不同水平的营销关系。销售人员可以根据客户数量的不同、产品边际利润的不同等因素,选择建立并维持不同水平的营销关系。客户价值越大,客户的等级就应该越高,就越应该引起销售人员及公司的重视。

2. 建立客户关系。通常情况下,客户关系可以分为如下几个方面:

(1)基本关系。这种关系是指销售人员只是简单地向客户销售产品,在产品销售后不再与客户保持接触。

(2)反映关系。这种关系是指销售人员在销售产品的同时,还积极鼓励客户在购买产品或使用产品以后,如果发现问题或不满时及时向公司反映。

(3)可靠关系。这种关系是指销售人员在产品售后不久,就通过各种方式了解产品是否能达到客户的预期要求,收集客户有关改进产品的建议以及对产品的特殊要求,把得到的信息及时反馈给公司,以便今后不断地改进产品。

(4)伙伴关系。这种关系是指销售人员与客户持续地合作,使客户能更有效地使用其资金或帮助客户更好地使用产品,按照客户的要求来设计新的产品。

(三)关系建立的基本原则

关系营销作为一种营利营销模式,它是一系列通过连续性的情感利益交换,来提高品牌忠诚度和巩固市场的方法与技巧。作为一个具备销售韧性的营销模式,其不但能帮助经销商持续挖掘客户潜力,而且可以保护企业发展免受竞争对手的挤压。关系营销的实质是在市场营销中与各关系方建立长期稳定的相互依存的营销关系,以求彼此协调发展,因而必须遵循以下原则:

1. 主动沟通原则

在关系营销中,各关系方都应主动与其他关系方接触和联系,相互沟通信息,了解情况,形成制度或以合同形式定期或不定期碰头，相互交流各关系方需求变化情况，主动为关系方服务或为关系方解决困难和问题，增强伙伴合作关系。

2. 承诺信任原则

在关系营销中各关系方相互之间都应作出一系列书面或口头承诺，并以自己的行为履行诺言，才能赢得关系方的信任。承诺的实质是一种自信的表现，履行承诺就是将誓言变成行动，是维护和尊重关系方利益的体现，也是获得关系方信任的关键，是公司（企业）与关系方保持融洽伙伴关系的基础。

3. 互惠原则

在与关系方交往过程中必须做到相互满足关系方的经济利益，并通过在公平、公正、公开的条件下进行成熟、高质量的产品或价值交换使关系方都能得到实惠。

二、关系营销基本内容

（一）关系的建立模式

1. 企业的客户可能是产品的终端消费者，可能是分销商，也可能是零售商，根据企业的产品情况会有很大不同，但是也有很大的相同之处。其相同之处在于，产品为在市场上获得收益，企业得首先扩大产品在市场上与相应客户接触的机会，因为客户关系是在产品的接触中建立的，所以在一定程度上讲，必须扩大产品的市场覆盖率，这是关系营销的前提。

2. 关系营销的口碑模式是靠一个客户的关系而建立另外一个客户的关系，依次扩大。然而，产品的同质化现象的存在，给了客户很多选购不同企业产品的余地，并且客户在选购产品时，都是充满着理性思维的，所以这层关系的不断扩大必定是建立在企业精湛的产品质量、良好的公司信誉、到位的售后服务、合理的价格、产品不断更新的基础之上。如果说营销做的是市场竞争战中的前线工作，那么企业本身做好的就是营销前线的后方工作，目的在于为前方补充"枪支弹药"，如提高产品质量、保证信誉、不断降低产品成本等。

（二）关系的维持

关系营销的另外一个前提是在于客户关系的维持上。企业产品的回头客是企业不断向前发展的基石，只有维护和加强与他们之间的关系，才能在一定程度上扩大产品的市场份额，增强产品的市场竞争力，不断获得收益。然而随着市场经济的发展，产品的同质化程度增加，竞争越来越激烈，客户的需求也越来越倾向于对品牌的选择，在这样的市场条件下，品牌的力量开始凸显。所以，企业必须积极建立质量和品牌优势，树立良好的企业信誉，不断创新,以硬性指标及软性指标来维护与原有客户的关系。在企业产品条件较好的情况下,还要在销售队伍的管理上下功夫,不断提高销售人员的营销能力和服务意识,因为销售人员素质的提高,在推销产品、服务客户时,客户会在心理上感到满足,进而其心理行为促使购买行为发生。所以在很大程度上,销售人员在销售产品之前销售的是销售人员本身,显然销售人员对于关系营销的作用是非常巨大的,他们是关系营销的践行者。另外,企业及其产品广告在市场上的投放对客户关系的维护也发挥着非常重要的作用。我们知道,客户在选择产品时对产品的情感因素几乎是没有的,他们花钱买的产品是他们自己认为是所需的,是合理的,加之当今产品更新换代的时间差越来越小,各个企业都在进行产品创新,所以客户就会产生一种对以前用过的产品的健忘心理,企业不打广告,他们就会认为你的产品没有创新了,甚至怀疑你这个企业出了问题,效益不好了。自然,买你的产品就不放心了。

(三)关系的强化

在长期的合作关系建立以后,有些客户可能不仅仅满足于当前的买卖关系,他们会对这种买卖关系进行升华,提高到让产品供应者提供更多的优惠或进行战略合作甚至要求供应者不时地增加产品附加值的高度。这就好像一对自由恋爱的男女,从不认识到认识,从认识到熟悉,从熟悉到结婚,从结婚再到共同维护家庭、养儿育女。企业与客户之间的关系在一定程度上也是这样的。他们会对共同的利益进行维护。所以,特别是对于工业产品的供应商,企业要向经常使用和购买本企业产品和服务的客户提供额外的利益,增加其运用产品的附加值,尤其对于一些小型的企业客户,一定要站在客户企业发展的高度,为其在激烈的市场上立足、发展做出积极的努力,这不仅强化了企业的良好形象,获得了眼前的收益,还对建立和发展双方连续性效益做了铺垫,最终实现了关系营销的目的。

总之,关系营销的进行是以关系的建立、维护和强化为前提的,这样才更利于把顾客的购买行为转变为惯性行为,建立和提高客户的忠诚度,从而取得企业的长期稳定发展。

三、关系营销理论的局限性

关系营销能提高市场的占有率,也有其局限性,表现在如下几个方面。

(一)对关系营销学说目前还没有定论性的研究

由于研究者的背景不同,各种定义都只从某一方面出发,没有统一的标准,难以概括全貌,同时又缺乏旗帜性的学术权威。到目前还没有通用的、明确的和完整的关系营销定义。

(二)关系营销理论在应用层面遭遇尴尬

1. 关系营销的贡献在于一些理念和战略层面,而并没有开发出像营销组合4Ps一样的实用工具供实践者操作,因此现实是口头上讲的是关系营销理论,但落到实处仍无法回避传统的营销工具。

2. 没有建立一套行之有效的模型来筛选客户即判定哪些顾客值得建立关系，哪些类型顾客建立关系成本过高。

3. 信奉者对关系营销过度的崇拜，给公司中每一个部门而不仅仅是营销部门从上至下的每一个角落都灌输关系营销的思想，以至于出现了一大堆听起来很时尚的关系型导向的组织、企业，而它们能否成功值得商榷。特别是当把一切顾客神话为企业一切活动的焦点，奉为神圣而必需小心翼翼呵护的上帝的时候，顾客却常常投以怀疑和轻蔑眼光对待企业所做的行动。

（三）通过关系营销企业之间建立起长期的交易模式，形成网络

他们之间具有很强的依附性，当企业间关系网络正常运行时，各个企业都是安全的，只需做分内的事，不必担心供销的问题，长期形成的交易模式保护了他们免受竞争的威胁。而与此同时也容易出现因循守旧、不思变革的弊病，特别是当整个网络中一旦某个企业环节出现问题，就会导致整个企业价值网络的瘫痪。

总之，关系营销目前虽是营销理论界和实业界热衷的话题，但传统的交易式营销理论经过了长达五六十年的发展，其理论上的统一性、完整性及被接受的普遍性特别是在应用上的简明和可操作性具有不可比拟的优势。而全球市场的多样性和各国各地区经济发展水平的差异如此巨大的现实情况下，两种营销理论都必有其适用的市场环境和不断发展的土壤，两者的互补性决定了两者必将长期存在。关系营销理论必需要吸收成熟的交易营销理论优势来丰富自己的机体。

四、关系营销的价值

1. 顾客盈利能力。关系营销涉及吸引、发展并保持同顾客的关系，其中心原则是创造"真正的顾客"。这些顾客不但自己愿意与企业建立持续、长期的关系，而且对企业进行义务宣传。企业的顾客群体可能在产品的使用方式、购买数量、作用重要性等方面有很大不同，所以我们需要对以下几个方面的顾客素质进行分析：相对于公司能力的购买需求、顾客的增长潜力、顾客固有侃价实力、顾客的价格敏感性等。只要有可能挑选，公司就应向最可能盈利的顾客推销产品。

2. 顾客维系成本。科特勒对维系顾客成本进行研究，提出下面四个步骤来测定：测定顾客的维系率即发生重复购买的顾客比率；识别各种造成顾客损失的原因，计算流失顾客的比率；估算由于不必要的顾客流失，企业将损失的利润；企业维系顾客的成本只要小于损失

的利润，企业就应当支付降低顾客损失率的费用。

3. 分析"漏桶"原理。丹尼尔·查密考尔这样分析"漏桶"原理：在环境宽松时，企业不注意维系顾客，使得顾客就像漏桶里的水一样流走，这样，当买方市场形成时，企业就会受到惩罚。进攻性营销的成本大于防守营销成本，因此，最成功的公司应修补桶上的洞，以减少顾客流失。

第二节 关系营销的实施

本节主要学习内容
■关系建立的类型
■关系资源配置

一、关系建立的类型

关系营销是在人与人之间的交往过程中实现的，而人与人之间的关系多种多样、极为复杂。归纳起来大体有以下几种形态：

（一）亲缘关系营销形态

指依靠家庭血缘关系维系的市场营销，如父子、兄弟姐妹等以亲缘为基础进行的营销活动。这种关系营销的各关系方盘根错节，根基深厚，关系稳定，时间长久，利益关系容易协调，但应用范围有一定的局限性。

（二）地缘关系营销形态

指以公司（企业）营销人员所处地域空间为界维系的营销活动，如利用同省同县的老乡关系或同一地区企业关系进行的营销活动。这种关系营销在经济不发达，交通邮电落后，物流、商流、信息流不畅的地区作用较大。在我国社会主义初级阶段的市场经济发展中，这种关系营销形态仍不可忽视。

（三）业缘关系营销形态

指以同一职业或同一行业之间的关系为基础进行的营销活动，如同事、同行、同学之间的关系，由于接受相同的文化熏陶，彼此具有相同的志趣，在感情上容易紧密结合为一个整体，可以在较长时间内相互帮助、相互协作。

（四）文化习俗关系营销形态

指公司（企业）及其人员之间以共同的文化、信仰、风俗习俗为基础进行的营销活动。由于公司（企业）之间和人员之间有共同的理念、信仰和习惯，在营销活动的相互接触交往中易于心领神会，对产品或服务的品牌、包装、性能等有相似需求，容易建立长期的伙伴营销关系。

（五）偶发性关系营销形态

指在特定的时间和空间条件下发生突然的机遇形成的一种关系营销，如营销人员在车上与同坐旅客闲谈中可能使某项产品成交。这种营销具有突发性、短暂性、不确定性特点，往往与前几种形态相联系，但这种偶发性机遇又会成为企业扩大市场占有率、开发新产品的契机，如能抓住机遇，可能成为一个公司（企业）兴衰成败的关键。

二、关系资源配置

（一）关系资料的实质

1. 顾客的关系是关系营销的核心和归宿

关系营销的实质和核心关系营销的实质是在买卖关系的基础上建立非交易关系，以保证交易关系能够持续不断地确立和发生。

科特勒认为：企业营销应成为买卖双方之间创造更亲密工作关系和相互依赖关系的艺术。关系营销的核心是建立和发展同利益相关者兼顾双方利益的长期关系。企业作为一个开放的系统从事活动不仅要关注顾客，还应注意大环境的各种关系，企业与客户的关系、与上游企业的关系、企业内部关系以及与竞争者、社会组织和政府之间的关系。其中与顾客的关系是关系营销的核心和归宿。

2. 顾客关系是企业的生命线

顾客关系是企业至关重要的外部关系，是企业的生命线。关系营销非常重视顾客关系的管理，强调充分利用现有资源，为顾客服务，努力留住老顾客。因此，顾客服务是关系营销的基本手段。要想与顾客建立和维持长期密切的关系，必须注意：

（1）企业必须从顾客的需求和利益出发，不以销售本公司产品为目的，而以解决顾客的问题为目标。

（2）为顾客提供方便、周到的服务。产品本身包含3个层次：核心产品、扩大产品、外延产品，消费者需要的不仅仅是核心产品，更要求良好的外延产品。

(3) 不断地创造新需求。在知识经济时代，科技的变化日新月异，消费者很难意识到新技术的发展方向，需要企业进行引导。如为了满足消费者对计算机速度的要求，英特尔公司连续推出了赛扬系列、奔腾系列，这些产品如果等到消费者意识到再去研究，将会大大损害消费者利益。

（二）关系营销的效率提升

关系各方环境的差异会影响关系的建立以及双方的交流。跨文化间的人们在交流时，必须克服文化所带来的障碍。对于具有不同企业文化的企业来说，文化的整合，对于双方能否真正协调运作有重要的影响。关系营销是在传统营销的基础上，融合多个社会学科的思想而发展起来的。吸收了系统论、协同学、传播学等思想。关系营销学认为，对于一个现代企业来说，除了要处理好企业内部关系，还要有可能与其他企业结成联盟，企业营销过程的核心是建立并发展与消费者、供应商、分销商、竞争者、政府机构及其其他公众的良好关系。无论在哪一个市场上，关系具有很重要的作用，甚至成为企业市场营销活动成败的关键。所以，关系营销日益受到企业的关注和重视。

第三节　关系营销理论的发展

本节主要学习内容
■关系理论的不同观点
■向客户提供附加的社会利益
■关系子市场模型
■关系资源的实施

一、关系理论的不同观点

关系营销理论产生以来得到了广泛的传播和发展，对这种新的理论不同学者又有不同的理解，主要有：

（一）英、澳学派的六市场模型

该理论把对企业营销有影响的因素划分为六个市场，即顾客市场（已有的和潜在的顾客）、供应商市场（要成为供货商的伙伴而不是对手）、分销商市场（协助企业销售其产品或劳务)、竞争者市场(寻求资源共享或优势互补)、影响者市场(财务分析人员、记者、政府)、内部市场(组织及其员工)。

(二) 投入—信任理论

美国学者摩根和亨特将影响企业营销成功的关系分为四组共10种合伙关系,即供货商合伙关系(产品供货商、服务供货商)、隐性合伙关系(竞争者、非营利组织、政府)、购买者合伙关系(最终顾客、直接顾客)、内部合伙关系(职能部门、员工、业务单位)。关系营销是直接指向建立、发展和维持成功交换关系的所有营销活动。

(三) 古姆松(Gummession)的30R理论

1997年瑞典学者古姆松提出关系营销就是从关系、网络和交互的角度来看营销。他把企业面临的关系分为市场关系和非市场关系两大类共30种关系,前者主要包括顾客与供货商关系、分销渠道关系、顾客与服务提供者关系等17种关系,后者主要包括人际和社会网络关系、大众媒体关系、内部顾客关系、所有者关系等13种关系,其中顾客关系是核心。

(四) 格恩鲁斯(Gronross)的价值、交互和对话

过程理论芬兰学者格恩鲁斯把关系营销看成是包含了价值、交互和对话的过程,即为顾客创造价值是关系营销的目的,交互过程是关系营销的表现形式,对话过程则是关系营销的沟通层面。他认为关系营销就是指为了满足企业和相关利益者的目标而进行的识别、建立、维持、促进并在必要时终止关系的过程。

(五) 实现关系营销的主要途径

向客户提供附加的经济利益。公司向经常使用和购买本公司产品或服务的客户提供额外的利益。比如中国移动通信公司向其手机用户提供的用户积分奖励计划就是典型例子。

二、向客户提供附加的社会利益

公司的营销人员在工作中要不断地增强对客户所应承担的社会责任。比如对消费者的选择表示赞赏,向消费者提出使用更好的产品或服务的建议,不回避产品使用中可能出现的问题,勇于承担责任并通过有效的方法解决等。

1. 建立公司与客户之间的结构性纽带。公司可以通过向客户提供更多的服务来建立结构性的关系纽带。比如在流通行业,厂商可以帮助其销售网络中的成员特别是一些较小的成员提高其管理水平,合理地确定其进货时间和存货水平,改善商品的陈列或者向销售网络中的成员提供有关市场的研究报告等信息。

2. 强化品质、服务与价格策略。产品的品质、质量等是建立营销关系的基础。自然推行关系营销的途径也少不了从品质、服务及价格等营销组合方面入手。销售人员一定要加强产品的服务性工作，搞好产品的售前、售中与售后服务，不断提高公司的服务水平。另外，就是要制定合理的价格水平。互惠互利是公司进行关系营销的核心，只有这样客户的利益才能得到保证，客户才能成为公司的忠实的顾客，公司的关系营销才能真正发挥作用。

随着社会分工的日益精细和明确，独享市场美羹的情形可能已经不复存在，合作共赢注定成为获取利益回报的必然，这就要求企业在从事营销活动的时候，毫不吝啬地付出相当多的时间和精力，用于创造和谐的市场环境，维护稳定的营销关系，以共同获得财富。竞争激烈的商业社会已经进入一个关系营销的年代。一个优秀的营销人员在业务洽谈中，重点并不一定是推销产品，而是建立彼此之间的关系，以作为日后合作的基础，当顾客感受到彼此已超越一般生意伙伴关系时，自然会产生一种恒久的信任；有了这种信任基础，再通过各项相关的关系营销活动，保持并加深双方的友谊，才能巩固双方的和谐关系。

三、关系子市场模型

关系营销的市场模型概括了关系营销的市场活动范围。在"关系营销"概念里，一个企业必须处理好与下面六个子市场的关系：

（一）供应商市场

任何一个企业都不可能独自解决自己生产所需的所有资源。在现实的资源交换过程中资源的构成是多方面的，至少包含了人、财、物、技术、信息等方面。因此，佩恩所说的招聘市场我们将其归入供应商市场是合理的。与供应商的关系决定了企业所能获得的资源数量、质量及获得的速度。生产1辆汽车大约需要8000到1万个零配件，任何一个企业都不可能单独生产全部零部件，必须通过与其他供应商进行专业分工协作来生产；麦道飞机公司1993年生产的100架喷气式客机，有18种重要的零部件是由供应商负责设计的，公司因此而节约了2亿美元的生产成本。由此可以看出，企业与供应商必须结成紧密的合作网络，进行必要的资源交换。另外，公司在市场上的声誉也是部分地来自与供应商所形成的关系。例如，当IBM决定在其个人电脑上使用微软公司的操作系统时，微软公司在软件行业的声誉便急速上升。

（二）内部市场

内部营销起源于这样一个观念，即把员工看作是企业的内部市场。任何一家企业，要想让外部顾客满意,它首先得让内部员工满意。只有对工作满意的员工,才可能以更高的效率和效益为外部顾客提供更加优质的服务,并最终让外部顾客感到满意。内部市场不只是企业营销部门的营销人员和直接为外部顾客提供服务的其他服务人员,它包括所有的企业员工。因为在为顾客创造价值的生产过程中,任何一个环节的低效率或低质量都会影响最终的顾客价值。

(三) 竞争者市场

在竞争者市场上,企业营销活动的主要目的是争取与那些拥有与自己具有互补性资源竞争者的协作,实现知识的转移、资源的共享和更有效的利用。例如,在一些技术密集型行业,越来越多的企业与其竞争者进行了研究与开发的合作,这种方式的战略联盟可以分担巨额的产品开发费用和风险。种种迹象表明,现代竞争已发展为"协作竞争",在竞争中实现"双赢"的结果才是最理想的战略选择。

(四) 分销商市场

在分销商市场上,零售商和批发商的支持对于产品的成功至关重要。IBM 公司曾花费一亿美元为其新产品做广告,结果还是以失败而告终,原因在于作为第三方的供应商和零售商反对该产品,IBM 公司投入了大量的资源去争取顾客,而忽略了与零售商、经销商等对产品的销售起关键作用的个人或组织建立积极的关系,扼杀其新产品的正是分销商一类的市场基础设施。

(五) 顾客市场

顾客是企业存在和发展的基础,市场竞争的实质是对顾客的争夺。最新研究表明,企业在争取新顾客的同时,还必须重视留住老顾客,培育和发展顾客忠诚。例如,争取一位新顾客所花的费用往往是留住一位老顾客所花费用的 6 倍。企业可以通过数据库营销、发展会员关系等多种形式,更好地满足顾客需求,增加顾客信任,密切双方关系。

(六) 影响者市场

金融机构、新闻媒体、政府、社区,以及诸如消费者权益保护组织、环保组织等各种各样的社会压力团体,对于企业的生存和发展都会产生重要的影响。因此,企业有必要把它们作为一个市场来对待,并制定以公共关系为主要手段的营销策略。

四、关系资源的实施

(一) 筛选合作伙伴

企业首先从所有的客户中筛选出值得和必须建立关系的合作伙伴,并进一步确认要建立关系营销的重要客户。选择重要客户的原则不仅仅是当前的营利能力，而且包括未来的发展前景。企业可以首先选择 5 个或 10 个最大的客户进行关系营销，如果其他客户的业务有意外增长也可入选。

（二）指派关系经理

对筛选出的合作伙伴指派关系经理专人负责，这是建立关系营销的关键。企业要为每个重要客户选派干练的关系经理，每个关系经理一般只管理一家或少数几家客户，并派一名总经理管理关系经理。关系经理对客户负责，是有关客户所有信息的汇集点，是公司为客户服务的动员者，对服务客户的销售人员应当进行关系营销的训练。总经理负责制定关系经理的工作职责、评价标准、资源支持，以提高关系经理的工作质量和工作效率。

（三）制订工作计划

为了能够经常地与关系对象进行联络和沟通，企业必须分别制订长期的和年度的工作计划。计划中要确定关系经理职责，明确他们的报告关系、目标、责任和评价标准。每个关系经理也必须制订长期和年度的客户关系管理计划，年度计划要确定目标、策略、具体行动方案和所需要的资源。

（四）了解关系变化

企业要通过建立专门的部门，用以跟踪顾客、分销商、供应商及营销系统中其他参与者的态度，由此了解关系的动态变化。同时，企业通过客户关系的信息反馈和追踪，测定他们的长期需求，密切关注合作伙伴的变化，了解他们的兴趣。企业在此基础上，一方面要调整和改善关系营销策略，进一步巩固相互依赖的伙伴关系；另一方面要及时采取措施，消除关系中的不稳定因素和不利于关系各方利益共同增长的因素。此外，通过有效的信息反馈，企业将会改进产品和服务，更好地满足市场的需要。

关系营销案例分析

乔·吉拉德是美国著名的推销员。他是吉尼斯世界纪录大全认可的世界上最成功的推销员，从 1963 年至 1978 年总共推销出 13001 辆雪佛兰汽车。乔·吉拉德是世界上最伟大的销售员，连续 12 年荣登世界吉尼斯纪录大全世界销售第一的宝座，他所保持的世界汽车销售纪录：连续 12 年平均每天销售 6 辆车，至今无人能破。

乔·吉拉德把成交看作是推销的开始。他在与客户成交之后，并不是把他们置于脑后，而是继续关心他们，并恰当地表示出来。他每月要给自己的 1 万多名客户寄去一张贺卡。一月份祝贺新年、二月份纪念华盛顿诞辰日、三月份祝贺圣帕特里克日……凡是在他那里买了汽车的人，都会收到他的贺卡。正因为他没有忘记自己的客户，客户才不会忘记乔·吉拉德。乔·吉拉德在销售过程中总结出了著名的"250定律"。他认为在每位客户的背后，都大约站着250个人，这是与他关系比较亲近的人：同事、邻居、亲戚、朋友。如果一位推销员在年初的一个星期里见到50个人，其中只要有两个客户对他的态度感到不愉快，到了年底，由于连锁效应就可能有5000个人不愿意和这位推销员打交道。因此，在销售过程中不能得罪任何一个客户，得罪一个客户就等于得罪了250个客户。反过来讲，如果你赢得了一个客户的口碑，就等于赢得了250个客户。（资料来源：网友都在线）

典型案例

红罐之争尘埃落定！"中国包装装潢第一案"终审"反转"

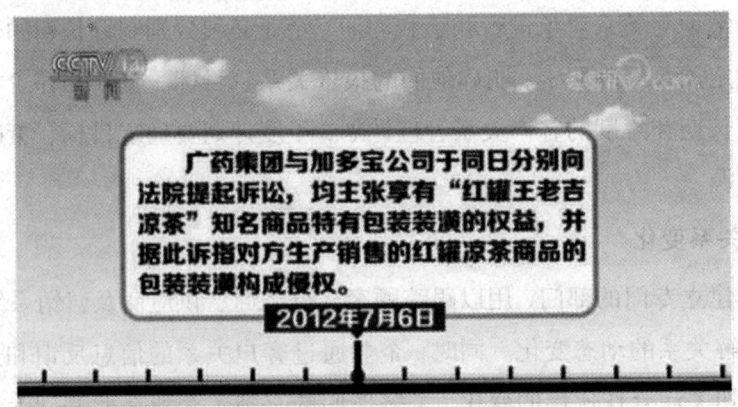

2012年7月6日，广药集团与加多宝公司于同日分别向法院提起诉讼，均主张享有"红罐王老吉凉茶"知名商品特有包装装潢的权益，并据此诉指对方生产销售的红罐凉茶商品的包装装潢构成侵权。

2013年5月，广东高院开庭审理广药集团与加多宝"红罐之争"案。

2014年12月，一审判决王老吉胜诉，加多宝不服提出上诉。

2015年6月16日，最高人民法院公开开庭审理加多宝诉王老吉、广药集团擅自使用知名商品特有包装、装潢纠纷两案。

2015年6月23日，王老吉称追加5家加多宝公司为共同被告。

2015年12月12日，广药集团将加多宝公司诉至北京大兴法院，要求加多宝停止侵权等。

2017年8月16日，最高人民法院终审判决，广药集团和加多宝可在不损害他人合法利益的前提下，共享"红罐王老吉凉茶"包装装潢的权益。双方互不侵权、互不赔偿。

随着最高人民法院的一锤定音，历时5年之久、涉及约16.5亿元赔偿、被称为"中国包装装潢第一案"的加多宝与王老吉红罐凉茶之争尘埃落定。当日下午，加多宝凉茶微博发布标题为《衷心感谢、热烈欢迎最高人民法院就加多宝与广药集团红罐凉茶包装装潢案作出公平公正终审裁决》的公告，广药集团也表示尊重法院判决结果。

从一审判定加多宝侵权并赔偿广药集团经济损失1.5亿元，到二审"红罐包装"最终被共同享有，最高人民法院的终审判决可以说是"剧情大反转"，这样的判决结果是怎样做出的？

最高人民法院对此认为，结合红罐王老吉凉茶的历史发展过程、双方的合作背景、消费者的认知及公平原则的考量，因广药集团及其前身、加多宝公司及其关联企业，均对涉案包装装潢权益的形成、发展和商誉建树发挥了积极的作用，将涉案包装装潢权益完全判归一方所有，均会导致有失公平的结果，并可能损及社会公众利益。因此，涉案知名商品特有包装装潢权益，在遵循诚实信用原则和尊重消费者认知并不损害他人合法权益的前提下，可由广药集团与加多宝公司共同享有。典型人物评价："就这个案件本身来讲，双方当事人对于这种知名品牌特有包装装潢都做出了贡献，我们这个判决也恰恰是体现了中国反不正当竞争法和相关司法解释，包括在贯彻中央依法保护产权这样的一些基本原则。"两家企业持续博弈不会有真正的赢家，而且社会公众的利益也会跟着受损。此外，加多宝公司与广药集团的系列诉讼，除了有复杂、漫长的历史背景因素外，还有国企与民企的平等产权保护裁定标准。

（央视网新闻 2018-02-03）

综合练习

一、选择题

（一）单选题

1. 关系营销是指（　　）。
（A）企业开展公共关系的营销方式
（B）企业搞好与政府有关部门关系的营销
（C）以系统论为基本思想，建立并发展与消费者、竞争者、供应者、分销商、政府机构和社会组织的良好关系的营销
（D）根据顾客之间的关系来开展营销

2. 关系营销的基本体系不包括（　　）。
（A）供应商　　　（B）竞争者　　　（C）消费者　　　（D）公众

（二）多选题

1. 关系营销和交易营销的主要区别是（　　）。
（A）交易营销的核心是交易，关系营销的核心是关系
（B）交易营销把其视野局限于目标市场上，关系营销所涉及的范围则广得多
（C）交易营销强调如何获得顾客，关系营销更加强调保持顾客
（D）交易营销不太强调顾客服务，关系营销高度强调顾客服务

2. 关系营销的主要类型和层次有（　　）。
（A）被动型　　　（B）负责型　　　（C）能动型　　　（D）伙伴型

3. 关系营销的实施主要包括（　　）。
（A）关系营销的组织设计　　　　　（B）关系营销的资源配置
（C）关系营销的效率提升　　　　　（D）关系营销计划

二、简答题

1. 怎样理解关系营销？
2. 怎样利用关系营销的资源提升关系价值？

三、实训

1. 实训名称：关系营销的本质特征
2. 实训目的：学会处理营销方面的关系
3. 实训内容：进一步了解双赢与控制
4. 实训步骤：

选择名优企业的成功关系营销事例。

5. 分组讨论并填实训手册

（1）每个人对关系营销的理解发表看法。

（2）实训要求及评分标准：

①每小组成员亲自填写关系营销的优势。

②小组成员缺一人填写扣除小组实训成绩10分（请假除外）。

③实训建议和总结由小组讨论后形成统一意见填写在实训报告册上，总结不能少于3条。缺一条扣总成绩的20%。

参考文献

1. 多金荣. 市场营销概论. 中国商业出版社, 2014 年版
2. 丁明利. 市场营销学. 中国科学技术出版社, 2010 年版
3. 丁明利. 市场营销学习题集. 中国科学技术出版社, 2010 年版
4. 甘华名. 营销管理速成. 企业管理出版社, 2000 年版
5. [美] 谢尔比·亨特. 市场营销理论基础. 上海财经大学出版社, 2006 年版
6. [美] 飞利浦·科特勒. 市场营销原理. 清华大学出版社, 2008 年版
7. 吴勇. 市场营销. 高等教育出版社, 2011 年版
8. 吴建安. 市场营销学. 高等教育出版社, 2007 年版
9. 车慈慧. 市场营销. 高等教育出版社, 2007 年版
10. 冯金祥、张再谦. 市场营销知识. 高等教育出版社, 2012 年版
11. 毕四勇. 市场营销学. 高等教育出版社, 2013 年版
12. 李晏墅. 市场营销学. 高等教育出版社, 2008 年版
13. 郭国庆. 市场营销通论. 高等教育出版社, 2013 年版
14. 吴健安、王旭. 市场营销学（第三版）学习指导与练习. 高等教育出版社, 2007 年版
15. 吕一林. 市场营销学. 高等教育出版社, 2010 年版
16. 苏兰君、肖涧松. 现代市场营销. 高等教育出版社, 2007 年版
17. 郭国庆. 市场营销学概论. 高等教育出版社, 2008 年版
18. 徐阳、张毅. 市场调查与预测. 高等教育出版社, 2013 年版
19. 国家职业资格三级. 营销师. 中国就业培训技术指导中心, 2011 年 3 月
20. 国家职业资格三级. 营销师指南. 中国就业培训技术指导中心, 2011 年 3 月
21. 冯亮能、蒋志华. 市场调查与预测. 高等教育出版社, 2012 年版
22. 宋文光. 市场调查与分析. 高等教育出版社, 2013 年版
23. 刘文广. 商务谈判. 高等教育出版社, 2011 年版

24. 刘文广、张晓明. 商务谈判. 高等教育出版社, 2011年版
25. 夏圣亭. 商务谈判技术. 高等教育出版社, 2011年版
26. 聂元昆. 商务谈判学. 高等教育出版社, 2011年版
27. ［美］谢尔比·亨特. 市场营销理论论争. 上海财经大学出版社, 2009年版
28. 市场营销典型案例